I0409203

www.ingramcontent.com/pod-product-compliance
Lightning Source LLC
Chambersburg PA
CBHW060250290526
45789CB00001B/268

9781539784531

حکمرانوں کے جرائم نے پاکستان کو برباد کرڈالا اب صرف عوام ہی اسے بچا سکتے ہیں

کس کا پاکستان

انتخاب کالم

دانیال رضا

چنگاری پبلی کیشنز۔ جرمنی

WWW.Chingaree.Com

رابطے کے لیے ای میل

Chingaree@gmail.com

نام کتاب۔	کس کا پاکستان
مصنف۔	دانیال رضا
پبلیشرز۔	چنگاری ، فرینکفرٹ جرمنی
دوسرا ایڈیشن۔	2016
قیمت۔	16 یورو
ٹائٹل۔ بشکریہ شریف اکیڈمی جرمنی	

انتساب

پاکستان کے عوام اور نوجوانوں کے بلند حوصلوں ، جرات مند جذبوں اور انکی انقلابی جدوجہد پر ناقابل تسخیر اعتماد اور یقین کہ صرف وہی اس خطے کی قدیر کو بدلیں سکتے ہیں اور وہی بدلیں گئے۔ کیونکہ دنیا کا سب سے بڑا سچ محنت اور محنت کرنے والے ہیں۔

فہرست

پیش لفظ

حکمرانوں کے جرائم کی سزا عوام 72 سال سے مسلسل اپنے خون، معاش اور زندگی سے بھگت رہے ہیں ایک طرف حکمرانوں کی عیاشیاں اور بدمعاشیوں کا بازار گرم ہے تو دوسری طرف عوام بھوک ، ننگ اور افلاس کی چکی میں پس چکے ہیں۔ بداعنوانیاں جو کبھی چھپ کر اور شرمندگی سے کی جاتیں تھیں آج کھلے عام بڑی دلیری سے اپنا حق سمجھ کر کی جاتیں ہیں۔ حکومتیں اور ریاست جو شہریوں کے حقوق کا تحفظ اور عوام کی خدمت کے فریضے کے لیے سمجھی جاتیں تھیں آج لوٹ مار ، کرپشن اور عوام پر ظلم و جبر اور بھیانک استحصال کا بے رحم ہتھیار اور اوزار بن چکی ہے اور عوام بے سہارہ اور لاورث ہیں ۔ آج وہ کون سا جرم ہے جو اس دھرتی ماں کی کوکھ میں نہیں ہوتا۔ معصوم اور نا بالغ بچیوں سے زیادتیاں ، عورتوں کی بے آبروری، بچوں کو اٹھانے اور ان سے پر تشدد بد سلوکی ، غربت اور بے روزگاری سے خود کشیاں، انسانی جسم اور اعضا کی خرید و فرخت کا بازار، بجلی ، پانی ، گیس کی لوڈ شیڈنگ سے ذہنی کچھاو اور نفسیاتی بیماریاں ،اسی لیے 1947 کو جن آنکھوں نے آزادی ، امن اور خوشحالی کا خواب دیکھا تھا آج پتھرا چکی ہیں یا پھر خون کے آنسو رو رہی ہیں۔ پاک سر زمین کے لیے جدوجہد کرنے والے آج اپنی جدوجہد سے شرمندہ ہیں کیونکہ اس انتہائی وسیع طبقاتی سماج میں جسم فروشی سے ضمیر فروشی تک کا وہ بازار گرم ہے جو تاریخ نے پہلے کبھی نہیں دیکھا۔ وکی لیکس سے پانامہ لیکس تک مقامی اور عالمی حکمرانوں کے سیاسی اور مالی کالے دھندوں کی منہ بولتی فلمیں ہیں۔ سوئس بینکوں کے سکینڈل سے 32 سے زائد خاندانوں کی

پاکستان پر بادشاہت کے قصے آج نئے نہیں رہے۔اور اسی مالیاتی لوٹ کھسوٹ کو قائم رکھنے کے لیے آج کے سیاسی اور ریاستی ڈھانچے کی آمرانہ تعمیر و تشکیل اس طرح کی گئی ہے۔جس میں عوام کے سیاسی ، معاشی ، سماجی حقوق کو غصب کیا جاتا ہے اور اسکے خلاف عوامی مذاحمت روکنے کے لیے حکمران طبقات خود پاکستان میں مذہب ، رنگ ،نسل ، قوم کے نام پرخون کی ندیاں بہا رہے ہیں اور اس پر محب الوطنی کا کھواڑ کیاجاتاہے۔میڈیا اور حکومت فوجی آپریشن ضرب عضب کی ناکام ڈرامہ بازی کو بڑھا چڑھا کر پیش کر رہے ہیں تاکہ ماضی میں فوجی آمریتوں کی خونی یلغار سے پاکستان جو آج بھی زخموں سے چور اور خون آلودہ ہے اس کا ازلہ ہو سکے ۔فوجی آمروں کی خاکستری کے بعد نام نہاد جمہوری ادوار میں ہمیشہ فوجی حکمرانوں کی ذلت و رسوائی کم کرنے اور انکی عزت بحال کرنے کے لیے پاکستان بچاو فوجی آپریشن شروع کیے جاتے ہیں اس لیے کہ آج پاکستان میں مالیاتی جمہوریت اور آمریت ایک دوسرے کے لیے لازم و ملزم ہیں جو وقفوں وقفوں سے اپنی تعشیات یا لگژری زندگی اور مالیاتی استحصال کے لیے عوام کو قربانی کا بکرا بناتے ہیں۔

پاکستانی ریاست کے حکمران ہر روز عوامی حقیقی ایشوز دبانے کے لیے نان ایشوز کی فلمیں میڈیے پر چلتے رہتے ہیں کیونکہ انہیں نے عوام کو کچھ تو دینا ہے مسائل کا حقیقی حل نہیں تو حل کی گولی یا جھانسا ہی سہی اور میڈیا اپنے اس مقدس فریضے کو بڑے احسن طریقے سے ادا کرتا ہے آخیر میڈیا بھی ریاست کے ستونوں میں سے ایک ہے جو ہر وقت عوام کے ذہنوں کو مجروح کرنے کا حکمرانوں سے بھاری معاوضہ وصول کرتا ہے ۔ جو اپنے مالکان کی اچھی تعبداری کرتا ہے وہ معاوضہ بھی اچھا پاتا ہے اسی لیے آج پاکستانی میڈیا اپنے اپنے منتخب کردہ حکمران کے لیے دن رات ایک کیے ہوئے ہیں کوئی موجودہ برسر اقتدار اور کوئی مسقبل کے

برسر اقتدار حکمرانوں کے لیے اور کچھ تو فوجی جرنیلوں کے لیے حمد و ثنا کر رہے ہیں سب اپنے اپنے مفادات کی جنگ بڑی بے شرمی سے عوام کے نام پر کرنے میں مشغول ہیں جبکہ عوام اپنے ساتھ ہونے والے یہ سب پتلی تماشے اور زیادتیاں ابھی تک بڑی خاموشی اور صبر سے دیکھ رہے ہیں لیکن وہ اب زیادہ لمبا عرصہ اس کے متحمل نہیں ہو سکتے کیونکہ محنت کش عوام کی زندگی دولت مندوں کی اندھی لوٹ مار نے عذاب بنا دی ہے۔ دماغی سائنس کا قانون ہے کہ ہر صبر کی ایک حد ہوتی ہے جسکی اب حد ہوگئی ہے۔ عمران خان کی تحریک میں بھی اس کا اظہار بڑے واضح انداز میں ہو رہا ہے۔ یہ اب تک صرف مڈل کلاس کی اصلاح پسند تحریک ہے جس میں پاکستان کے 99 فیصد لوگوں کے لیے کوئی پروگرام نہیں ہے یعنی بے روزگاری کا خاتمہ یا الاونس، مزدوروں کی ایک تولہ سونے کے برابر تنخواہ، بجلی، پانی، گیس، لوکل ٹرانسپورٹ، مکان، اور تعلیم تمام سطحوں تک تمام عوام کو بالکل مفت مہیا کرنا ریاست کی اول ذمہ داری ہے اور اس عوامی پروگرام اور محنت کشوں کی قیادت کے بغیر پی ٹی آئی کی تحریک حکمرانوں کو ٹھنس تو پہنچا سکتی ہے لیکن حقیقی تبدیلی کبھی نہیں لاسکتی پاکستانی عوام کا تمام روائتی پارٹیوں سے مکمل مایوس اور نامید ہونا پی ٹی آئی کی حمائت بن رہی ہے لیکن یہ مستقل اور دیرپا نہیں ہے جب تک عوامی پروگرام کے ساتھ عوامی قیادت نہیں ابھرتی

آج نظام اور ریاست کے جرائم پر پردہ پوشی کے لیے کبھی انڈین جاسوں کا اور کبھی غداروں کا سکرپٹ بنایا جاتا ہے۔ اور کبھی اپنے ہی مسلح گرپوں کو دہشت کہہ کر ان سے لڑنے کی ڈرامہ بازی کی جاتی۔ کبھی ایم کیو ایم کو تیار کر کے اسے کراچی کے جدید اور ترقی یافتہ مزدورں کی طاقت توڑنے کے لیے استعمال کیا جاتا ہے اور منہ زور ہونے پر پھر اس کی طاقت کو کنٹرول کیا جاتا ہے۔ الطاف حسین کی ایم کیو ایم (جس کے کاغذی شیر آج فاروق ستار ہیں) اور نواز شریف کی مسلم لیگ ، اور مذہبی جماعتیں ضیا آمریت کی باقیات ہی ہیں اگر ایک غدار ہے تو پھر دوسری کیسے محب

الوطن یادودھ کی دھولی ہو سکتی ہیں یہ سب انہیں کے اپنے پیدا کردہ کبھی غدار اور کبھی وطن پرست ہیں جس کا عوام سے کوئی تعلق نہیں ہے۔جب پاکستان عوامی ہو گا تو پھر غدار اور وطن پرست بھی عوامی ہوں گئے ابھی تو یہ حکمرانوں کے اپنے کھیل تماشے ہیں جو عوام کے پیسوں اور زخموں پر رچائے جاتے ہیں۔

مالیاتی نظام اور حکمرانوں کے جبر استحصال نے پاکستان کو اپنے بھیانک انجام پر لاکھڑا کیا ہے یہ آج نہ صرف خون میں آلودہ ہے بلکہ اپنی ٹوٹ کی طرف بھی گامزن ہے جس میں غیر اعلانیہ خانہ جنگی جاری ہے پاکستان کواب صرف عوام اور انکا اشتراک ہی بچا سکتے ہیں۔میں نے پچھلے چند سالوں میں دنیا میں رونما ہونے والے اور خاص طور پر پاکستان میں اہم واقعات پر کئی کالم لکھے ہیں جنکی نظریاتی سچائی کو وقت نے ثابت کیا ہے۔روائتی اہل قلم کے مضامین تو دوسرے دن ہی خواتین کے کپڑوں یا فیشن کی طرح اوروڈیٹ ہو جائے ہیں اور کسی ماضی کا قصہ لگتے ہیں۔لیکن آپ کو اس کتاب کے یہ آرٹیکل پڑھ کر آج بھی ایسا لگے گا اور محسوس ہو گا کہ یہ موجودہ حالات کے لیے ہی لکھے گئے ہیں ان میں بیان کیے گئے پیش منظر واضح طور پر درست ثابت ہوئے ہیں جو نظریاتی سچائی کا ٹھوس ثبوت ہیں اور اگر پاکستان میں کوئی حقیقی تبدیلی آ سکتی ہے تو وہ یہی عوامی اوراشتراکی نظریات اور ان کے لیے جدوجہد ہے وگرنہ یہ تو ثابت شدہ ہے کہ چہروں کی تبدیلی نے عوام کا امن و سکون اور زندگی برباد ہی کی ہے جسکا آج پاکستان اورنہ ہی اسکی عوام مزید متحمل ہوسکتے ہے۔

دانیال رضا (ستمبر 2016)

پاکستان میں کون سا انقلاب اور کیوں ضروری ہے

تمام انسانی تاریخ میں دو الفاظ کی شعوری یا لا شعوری طور پر بڑی قدر و اہمیت رہی ہے اور آج بھی ہے ایک اصلاحات اور دوسرا انقلابات۔جب بھی کوئی سماج جمود کا شکار ہوتا ہے تو اس میں ترقی کی رفتار نہایت کمزور پڑ جاتی ہے اور بحران جنم لیتے ہیں۔جس سے اس نظام میں اصلاحات اشد ضروری ہوجاتی ہیں جو اس معاشرتی جمود کو توڑ کر سماجی ارتقا کو جاری رکھتی ہیں جس سے اس نظام کی میعاد یا عمر مزید بڑھ جاتی ہے۔اسطرح انسانی معاشرے ترقی کی طرف بڑھتے رہتے ہیں یہ اصلا حات تب تک کار آمد ہوتی رہتی ہیں جب تک کسی سماج میں یا اسکی پیداواری قوتوں کی صلاحیت میں ترقی کے لیےاصلاحات کی گنجائش ہوتی ہے یہ گنجائش اس وقت تک کسی بھی نظام میں رہتی ہے جب تک رائج الوقت نظام کے اصول وضوابط سے مرتب ڈھانچہ تمام سماجی وسائل کی ترقی کے استعمال میں روکاوٹ اور ان پر بوجھ نہیں بنتا بلکہ اس میں نشو نما اور بڑھوتی کا باعث ہو تا ہے۔لیکن ایک وقت پر جا کر جب سماجی نظام کا ڈھانچہ ان پیداواری قوتوں کی منہ زور طاقت یاانکے پھیلاو کو کنٹرول اور منظم کرنے میں اور ان کی ترقی میں بری طرح فیل ہونے لگتا ہے جس سے بحران اُمڈ آتے ہیں پیداواری قوتیں کی وسعت موجود نظام کے ڈھانچوں سے تجاوز کرنا شروع کر دیتیں ہیں اور ایک وقت پر یہی پیداواری رشتے نظام کی بنیادوں کو ہی چیلنج کر دیتے ہیں تب رائج الوقت

نظام اپنی زندگی کی بقا کے لیے سماجی ارتقا کے مد مقابل آکر کھڑا ہو تا ہے اور بڑی بے رحمی سے وسائل اور پیداواری زرائع کو برباد کرنا شروع کر دیتا ہے صنعتیں ، کارخانے اور فیکٹریاں بند کرتا ہے ، پیداوار کو بے دریغ ضائع کرتا ہے ، اور ایک بڑی بے روگاری کو جنم دیتا ہے ، معاشی اور سیاسی انارکی پھلنے لگتی ہے۔رائج الوقت نظام کے اندر اصلاحات ناکام اور بے سود ہو نا شروع ہوجاتیں ہیں سماج میں بہتری کے لیے کی جانے والی ہر اصلاح اپنے منفی اثرات مرتب کرتی ہے سماج کو آگے لے جانے کی بجائے پسماندگی میں لے جاتی ہے ترقی کی بجائے پستی میں دھکیل دیتی ہے جس سے ایک خلفشار ہر طرف پھیل جاتا ہے۔

جدلیاتی قانون کی رو سے اب دلیل اپنی عدم دلیل میں تبدیل ہو جاتی ہے۔یعنی ہر بہتری کا قدم سماج کی ابتری کا باعث بنتا ہے۔جو ثابت کرتا ہے کہ یہ نظام تاریخ میں اپنا وقت پورا کر چکا ہے کیونکہ اس نظام کے طریقہ کار سے پیداواری قوتوں نے جتنی ترقی کرنی تھی کر لی اور اب یہ طریقہ کار یا نظام پیداواری زرائع کے لیے بوسیدہ اور ناکار ہو گیا تب ترقی کے لیےایک نئے طریقہ کار یا نظام کی لازمی ضرورت ہو تی کیونکہ اس مرحلے پر سماج میں اصلاحات کی ہر گنجائش دم توڑ دیتی ہے۔جب سماج میں اصلات کی گنجائش ختم ہوجاتی ہے تب انقلاب کی گنجائش پیدا ہوتی ہے۔تحریکیں جنم لیتی ہیں بغاوتیں ابھرتیں ہیں ماضی کی پارٹیاں ٹوٹ ، پھوٹ اور انتشار کا شکار ہونے لگتی ہیں روائتی قیادت سر بازار ذلیل و سوا ہو جاتی ہیں ماضی کی ہر قدر ، ریت و روایت ،سماجی معاشی اور سیاسی فلسفے ، رشتے غرض پورا نظام اور اس کا ترتیب و تشکیل دیا ہوا دیو ہیکل اوراب تک نظر آنےوالا ناقابل تسخیر سماج آج ریت کی دیوار کی طرح زمین بوس ہوتا چلا جاتا ہے۔پورے سماج کو انارکی ، سیاسی ،معاشی ، سماجی مسائل کا اژدھا نگلنا شروع کر دیتا ہے۔ایک بے چینی اور خلفشار ہر طرف پھیل جاتا ہے۔

حکمران اپنے تمام ہتھکنڈے آزادی اور جبر کے، جمہوریت اور آمریت، امن اور جنگ کے استعمال کر چکے ہوتے ہیں۔ بربادی ہر طرف پھیل جاتی ہے جو مسلسل بڑھتی ہی چلی جاتی ہے یہ کسی بھی نظام کی ناکامی، تباہی اور موت کی آخیری بڑی بھیانک ہچکیاں ہوتی ہیں جب نظام ناکام اور حکمران نامراد ہوتے ہیں۔

اسی ذلت، زوال اور اندھیری رات کے آخیری پہر میں نئی سحر کی پھو پھوٹتی ہے تبدیلی کی نئی امیدیں اور امنگیں ابھرتی ہیں جس کے لیے نئی انقلابی اور عوامی پارٹیاں بنتی ہیں اور نئی قیادتیں عوام میں روشناس ہوتی ہیں۔ طبقاتی جنگ کا آغاز ہوتا ہے۔ انقلاب اور رد انقلاب کا میدان لگتا ہے۔ دیر یا بدیر ٹھوس سچے نظریات کی فتح ہی مقدر ہوتی ہے۔ یہ واقعات تاریخ میں غیر معمولی لمہات ہوتے ہیں جب ایک نئے انقلاب کی بنیاد پڑتی ہے پرانا نظام اور اس کے حکمران تاریخ کی ردی کی ٹوکری میں جا گرتے ہیں۔ انقلاب سماج کو تعمیر و ترقی کی نئی جہتوں سے آشکار کرتا ہے اسکی بلند انسانی صفات پر تعمیر و تشکیل کرتا ہے۔

انقلابات معاشرے میں ایسی انسانی عظمت کے احساس کو اجاگر کرتے ہیں جس کا وہ ماضی میں تصور بھی نہیں کر سکتا تھا۔ انقلاب سماجی ترقی کی منازل کو چھلانگوں میں عبور کرتا ہے۔ یہی انقلاب ہوتا ہے اور یہی اس کا مقصد بھی ہے۔ تمام تاریخ میں انسانی معاشرے نے اسی طرح اپنے ارتقا کو جاری رکھا اور یہی آج تک کی انسانی اور سماجی ترقی کی ٹھوس بنیادیں ہیں جو غلام داری سے جاگیرداری پھر سرمایہ داری اور آج کے عالمی مالیاتی نظام تک پھیلی ہوئیں ہیں اور یہی سماجی سائنسی قوانین آج سماجی ارتقا کے لیے اشتراکیت کی پکار کر رہے ہیں۔

تمام انسانی سماجوں میں ہر انقلاب کی بنیادوں میں بل واسطہ یا بلا واسطہ معاشی مسائل جن میں

مہنگائی ، بے روزگاری ، غربت اور سماجی ٹوٹ پھوٹ ہی کی اذیت ہوتی ہے۔جب کوئی نظام اور اس کے حکمران اس کے حل میں نااہل اور ناکام ہوتے ہیں تو پھر عوام اور محنت کش طبقہ انکے خلاف لڑنے پر مجبور ہوتے ہیں ۔معاشی بحران کے ساتھ اب سیاسی بحران بھی منظر عام پر ابھرتے ہیں۔

کوئی انسان بھی شوق سے انقلاب نہیں کرتا اور نہ ہی کرنا چاہتا ہے کیونکہ عام حالات میں انسان کی فطرت قدامت پرستانہ ہے وہ آخیر تک مروجہ نظام میں ہی زندہ رہنے کی کوشش کرتا ہے لیکن تمام ترآسان کوششوں کے بعد ایک وقت پر انقلاب یا بغاوت اس کی ضرورت بن جاتی ہے اس کے علاوہ اس کے پاس کوئی دوسرا حل نہیں ہوتا اپنی زندگی کو جاری رکھنے کے لیے جب ہر متبادل دم توڑ جاتا ہے تو پھر عوام کی اپنی زندگی کو قائم رکھنے کی جدوجہد شعوری یا لاشعوری طور پر انقلاب کے راستے پر چل نکلتی ہے اور یہ ناگفتہ باحالات ہی ہوتے ہیں جو عوام کو مجبورا انقلاب کی جدوجہد میں دھکیل دیتے ہیں۔اصل میں انقلاب زندگی کے لیے جدوجہد کا نام ہی ہے۔

آج پاکستان سمت تمام ترقی پذیر ممالک اور امریکہ یورپ سمت تمام ترقی یافتہ ممالک میں معاشی ، سماجی اور سیاسی بنیادی مسائل ہیں جو ناقابل حل ہو چکے ہیں عالمی حکمرانوں کی تمام تر کوششوں کے باوجود بے روزگاری ، غربت اور مہنگائی یہ تین بنیادی مسائل ہیں جو بڑھتے ہی جا رہے ہیں ان کی تمام اصلاحات اور آئے دن کی قلابازیاں کسی مداری سے کم نہیں ہیں لیکن سماجی ومعاشی مسائل ہیں کہ زخم سے ناسورہ بنتے جا رہے ہیں۔ان مسائل کے حل کا دنیا کے کسی ایک حکمران یا انکے معیشت دانوں کے پاس پروگرام تو کیا کوئی خواب اور کوئی امید بھی اب باقی نہیں رہی ہے۔اور نہ ہی انکے پاس کوئی عوام کے لیے دلاسا اور تسلی ہے۔

موجودہ مقامی اور سامراجی حکمرانوں کا اپنا اعتماد اور یقین بھی مالیاتی نظام سے اٹھ چکا ہے۔وہ بوکھلا چکے ہیں اور بلبلا رہے ہیں۔انکی عقلوں نے کام کرنا چھوڑ دیا ہے اور وہ پاگل کتوں کی طرح لڑ رہے ہیں جس کا عالمی سطح پر تضادات اور جنگوں سے اظہار ہو رہا ہے۔شرح منافع کی ہوس اور ملٹی نیشنل کے پاس اندھی دولت کے ارتکاز نے معاشی بحرانوں اور سماجی تباہی کو اس کی آخیری حدوں تک پہنچا دیا ہے۔اور یہی آج مقامی اور عالمی شدید عدم استحکام کا باعث ہے۔ آج جہاں ایک طرف مہنگائی بے روز گاری غربت بڑھ رہی ہے وہاں دوسری طرف حکمران اور ان کی ریاستیں اور انکے ادارے آپس میں دست و گریباں ہیں۔ ترقی پذیر ممالک میں انکی لڑائی اکثر خونی شکل اختیار کر جاتی ہے جس کی غمازی آج پاکستان کے حالات کر رہے ہیں کبھی حکمرانوں اور انکے نمائندوں کا قتل اور کبھی انکے ٹوٹتے اور بنتے اتحاد، بداعنونیوں کے سیکنڈل لا چاری ، مجبوری اور بے بسی کا بیہودہ تماشہ ہیں۔

یورپ میں یونان ، آئرلینڈ ، پرتگال، سپین کے بعد پھر یونان دوالیہ ہو چکے ہیں۔اٹلی بھی دیوالیہ کی لائن میں ہے جو یونان سے تین گناہ بڑی معیشت ہے۔اسے کون اور کیسے بچائے گا ۔یہ بڑا اور اہم ترین سوال ہے جس کے جواب سے کوئی بھاگ نہیں سکے گا پھر برطانیہ بھی آن ٹارگٹ ہے جس کا اقتصادی بحران سیاسی منظر نامہ پر جلد نمایاں ہو گا۔۔۔۔۔

دنیا کی بڑی ترین معیشت امریکہ بھی زندگی اور موت کی کشمکش میں ہے۔ قرضوں میں پلس ٹرپل اے کا حدف کراس کر چکا ہے۔اس کے قرضے اس کی جی ڈی پی کے50 پچاس فیصد سے تجاوز کر رہے ہیں لیکن امریکہ یونان نہیں ہے عالمی معیشت کا بادشاہ ہے۔اس کے ایک بینک ،، لیمین،، نے دنیا بھر میں سرمایہ داری کی تاریخ کا بڑا ترین بحران پیدا کر دیا۔اور اگر امریکہ دوالیہ ہوتا ہے تو پھر کیا ہو گا جس کے آثار بعید نہیں ہیں؟۔وہ کیا کہتے ہیں۔ ضنم ہم

تو ڈوبے ہیں تمہیں بھی لے ڈوبیں گئے۔

امریکن صدر اوبامہ نے حال ہی میں کہا ہے کہ امیر لوگ بھی اس موجودہ بحران کا کچھ بوجھ اٹھائیں۔اوبامہ کے ان الفاظ سے معلوم ہوتا ہے کہ امریکی معیشت کے بحران نے یا تو اوبامہ کی مت ہی مار دی ہے یا پھر یہ بہت سادہ اور شریف آدمی ہے جو وہ بظاہر لگتا نہیں ہے۔ کیونکہ دولت مند صرف دولت کمانا جانتے ہیں دان کرنا نہیں اگر وہ اس طرح خرچ کریں گئے تو کمائیں گئے کہاں سے اور اگر وہ ایسے شریف النفس بن جائیں گئے تو دنیا میں کبھی کوئی بحران نہیں آئے گا۔اوبامہ کا موجودہ منڈی کے نظام میں امیر لوگوں کو بحران تقسیم کرنے کی تبلیغ احمقوں کی جنت میں رہنے کے مترادف ہے۔

دولت کی غیر مساوی تقسیم اور بڑھتی طبقاتی خلیج نے تمام دنیا کو جہنم بنادیا ہے آج کے تمام مسائل کی جڑ بھی یہی دولت کی غیر مساوی تقسیم ہے اور تمام انسانی تاریخ اسکی گواہ ہے کہ حکمرانوں اور دولت مندوں نے کبھی بھی اپنی مراعات اور سماجی وسائل پر اپنے جبرانہ قبضے سے کبھی بھی رضا کارانہ دست بردار نہیں ہوئے بلکہ عوام نے ہمیشہ اپنے حقوق چھین کر ہی حاصل کیے ہیں۔

اینگلز نے ایسے ہی نہیں لکھا تھا کہ اب انسانیت کا مستقبل اشتراکیت یا بربریت کے سوا کچھ نہیں ہے ۔جس کو لینن نے مزید آگے بڑھاتے ہوئے سامراج سرمایہ داری کی آخیری منزل میں لکھا تھا کہ اب جوں جوں سرمایہ داری کے خاتمے کا عرصہ لمبا ہوتا جائے گا توں توں یہ زیادہ بھیانک اور خونی ہوتی چلی جائے گئ اور عالمی انسانیت کو برباد کر دے گئ۔کیا آج کے حالات و واقعات اسے ثابت نہیں کر رہے جنہیں مستقبل میں زیادہ بھیانک انداز میں دیکھیں گئے؟

۔

انسانی تاریخ اور اسکے سائنسی ارتقا سے ناواقف آج چند پارٹیاں یا لیڈر پاکستان میں جاگیرداری کے خلاف انقلاب فرانس کا نعرہ لگاتے سنائی دیتے ہیں۔یہ درست ہے کے انقلاب فرانس نے عالمی سرمایہ داری کو ابھرنے میں ٹھوس سماجی بنیادیں مہیا کیں تھیں اوریہی حضرات یہ دلائل بھی دیتے ہیں کہ پاکستان میں آج جاگیرداری ہے اور ہمیں کلاسیکل دیانیدار ، امانیدار ، انصاف پسند اور جمہوری سرمایہ داری کی ضرورت ہے جس کی عمران خان بھی بات کرتا ہے۔انکی عقل شاید گھاس چرنے گئی ہے یا پھر یہ پڑھے لکھے جاہل ہیں ،جس سے یہ ایسی باتیں اور حرکتیں کر رہے ہیں کیونکہ ایک طرف یہ عالمی جمہوریت کے چیمپین اور سر چشمے امریکہ یا یورپ کے خلاف باتیں کرتے ہیں انکی عراق ، افغانستان ، لیبیا اورمڈل ایسٹ میں سامراجی جارحیت کے خلاف بولتے ہیں انکی تیل کی حوص اور دوسری منڈیوں پر قبضے کے خلاف پراپیگنڈہ کرتے ہیں اس کا یہ مطلب ہے کہ انکی یہ تمام الفاظی اور تحریکیں جھوٹی، منافقانہ اور دیکھاوئے کی ہیں (شاید اس لیے کہ درپردہ یہ ان سے مالی یا دوسرے مفادات لیتے ہیں یا بلیک میل کر کے لینا چاہتے ہیں) اور جب یہ انہیں طاقتوں کو ہی نہیں مانتے تو پھر انکے نظام کو کیوں کر مانتے ہیں۔

جس سرمایہ داری کی یہ بات کرتے ہیں جو نجی ملکیت اور شرح منافع کا نظام ہے جو منڈی پر انحصار کرتا ہے اور آج تمام مقامی اور عالمی بحرانوں کی بنیادی وجہ بھی یہی بازاری معیشت کا نظام ہے جس میں دولت کاارتکاز چند ہاتھوں میں مرکوز ہونے سے عوام میں غربت پھیلنے سے، قوت خرید کا ختم ہو جانا ہے۔جس سے منڈی میں سرد بازاری اٹڈ آئی ہے۔پیداوار نہیں بکتی سرمایہ داروں کو مطلوبہ منافع جات حاصل نہیں ہوتے جو آج تمام بحرانوں کی بنیادی وجہ

ہے۔جبکہ دوسری طرف پیداواری قوتیں بہت ترقی یافتہ اور طاقت ور ہیں جو وافر مقدار میں چیزیں پیدا کر رہی ہیں اور انکی کھپت نہ ہونے سے زائد پیداوار کی بہتات ہے جس نے زائد پیداوار کے بحران کو جنم دیا ہے اور آج یہی زائد پیداوار کا بحران تمام عالمی بحرانوں کی بنیادی وجہ ہے۔جیسے ہم بے رحیم اور سنگدل نظام سے تعبیر کرتے ہیں یا کہتے ہیں کیونکہ ایک طرف دنیا کی اکثریتی عوام بنیادی ضروریات کے ہاتھوں مر رہی ہے جبکہ دوسری طرف ہر سال ہزاروں ٹن گندم ، دوھ ، چاول ، گوشت ،مکھن، پنیر اور دوسری بے شمار بنیادی انسانی اشیائے صرف کو صرف اس لیے سمندروں میں ضائع کیا جاتا ہے کہ منڈی میں پیداوار کی قیمتیں نہ گر جائیں اور دولت مندوں کے منافعے اور شرح منافعے کم نہ ہو جائیں۔

لاگت کو کم کر کے نفع کو بڑھانے کے لیے غیر معیاری اشیا بنائی جاتی ہیں مزدوروں کی چھانٹیاں کی جاتیں ہیں انکی اجرتیں کو کم کیا جاتا ہے، کام کے اوقات کار بڑھے جارہے ہیں ، کام کے ماحول اور جگہ کو ناقص ، غیر محفوظ اور غیر صحت مند بنا دیا گیا ہے جس سے ایک طرف کام کی جگھوں پر حادثات بڑھتے جا رہے ہیں جس سے محنت کشوں کی شرح اموات میں اضافہ ہوتا جا رہا ہے اور انکی معاشی حالات بدسے بدترین ہوتی جا رہی ہے تو دوسری طرف منڈی میں قوت خرید مزید گرنے سے منڈی کی معیشت مزید برباد ہوتی چلی جا رہی ہے جس سے آج ہر طرف تباہی ، بربادی اور خون ریزی کا بازار گرم ہے۔

سستی لیبر کی بنیاد پر آج چین کا حکمران طبقہ ایک بڑی طاقت بن کر ابھرا ہے جہاں مزدوروں کا زبردست استحصال کیا جاتا ہے۔اور اب محنت کشوں پر اس گھناونی استحصالی بیماری(سستی لیبر) کی وبا پوری دنیا میں سرائیت کر چکی ہے۔ہر جگہ مزدوروں کے زبردست استحصال سے ارزاں محنت تلاش کی جا رہی ہے اور عالمی منڈی میں آج اسی کا سخت مقابلہ ہے۔جو عالمی

مالیاتی اور سیاسی عدم استحکام کا سبب ہے۔

ہماری قیادتیں پاکستان میں اس سنہری سرمایہ داری کے نہ پورے ہونے والے خواب دیکھ یا بنا کر بیچ رہے ہیں۔اگر ہم پاکستان کا حقیقی اور سنجیدہ تجزیہ کریں تو ہم پر یہ ثابت ہو گا کہ پاکستان میں کلاسیکل جاگیرداری جس کا ڈنڈھورہ پیٹا جا رہا ہے یہ سرے سے ہے ہی نہیں بلکہ پاکستان میں کمزور جاگیرداری اور گماشتہ سرمایہ داری ہے۔جس میں مضبوط اور فیصلہ کن رشتے سرمایہ داری کے ہی ہیں نہ کہ جاگیرداری کے ، کیونکہ اگر پاکستان میں کسان ہڑتال کر دیتے ہیں یا کسی بھی زرعی پیداوار کی قلت ہو جائے تو اسے کچھ دیر میں درآمد کر لیا جاتا ہے اور یہ نظام کو جام یا بلاک نہیں کرتے لیکن اگر بجلی ، پانی ، گیس ، تیل ، ٹیلی فون ، ریل و ہوائی سفر ، ٹرانسپورٹ ، وغیرہ مکمل بند ہوجائے تو پھر فورا ہر چیز بند ہو جائے گئی ہر پہیہ روک جائے گا پورا نظام بے کار ہو جائے گا اور پورا سماج اپاہج ہو جاتا ہے۔یہ ہے صنعت اور اس کی طاقت جو پاکستان جیسے کمزور سرمایہ دارانہ ملک میں بھی طاقت ور ترین ہے۔اسی لیے پاکستان میں بھی انقلاب کی شکل انقلاب فرانس کی نہیں ہے اور نہ ہو گئی۔یہاں صرف اب بالشویک انقلاب ہی ہوسکتاہے۔کیونکہ یہاں کی قومی بوژوازی جو اول موجودہ ہی نہیں اور جو نام نہاد ہے وہ جدید سرمایہ داری کی تاریخ کا بہت دیر سے حصہ بنی جب سرمایہ داری کا آخیر وقت(منڈیوں کا جمود ، مزید صنعت کاری اور اس کے لیے سماجی ڈھانچوں کی تعمیر ترقی نہیں بلکہ خام مال ، وسائل کی چوری ، لوٹ اور سستی لیبر کی تلاش) تھا اور جب کوئی خود مر رہا ہو وہ بھلا کسی کو کیا زندگی دے گا بلکہ وہ خود مرنے سے پہلے دوسرے کو مار دے گا جو اس سے مدد مانگے گا۔اس لیے پاکستان کے حکمرانوں کو یہاں پاکستان میں سرمایہ درانہ نظام قائم رکھنے کے لیے پاکستانی ریاست کو عالمی منڈی میں ایک حقیر اور سستی تحائف کی حیثیت

اختیار کرنی پڑی ہے۔اسی لیے عالمی مالیاتی نظام کے مرنے کا تعفن سب سے زیادہ پاکستان یا ترقی پذیر ممالک میں اٹھ رہا ہے کیونکہ عالمی منڈی کے سمندر میں بڑی مچھلیاں چھوٹی مچھلیوں کو کھا کر ہی زندہ رہتی ہیں۔اس پس منظر اور موجودہ حقائق میں تحریک انصاف اور ایم کیو ایم کا جاگیرداری کے خاتمے اور انقلاب فرانس کا نعرہ آج ایک رجعتی اور پسماندہ نعرہ ہے جو آج قابل عمل نہیں اس نعرے کا مقصد عوام کے خلاف پی ٹی آئی اور ایم کیو ایم کی نئی سامراجی سازشیں ہیں۔

صرف ایک عالمی اشتراکی انقلاب ہی پاکستان کی حقیقی تبدیلی کی واحد ضمانت دے سکتا ہے ۔ تاریخ نے محنت کشوں کے کندھوں پر قومی جمہوری انقلاب کے فرائض کی ادائیگی کا بوجھ بھی لاد دیا ہے جس سے ہم کبھی بھی پیچھا نہیں چھوڑوا سکتے۔ایک حقیقی سوشلسٹ انقلاب کے لیے مارکسزم پر ناقابل تسخیر کیڈرز پر مبنی ایک انقلابی پارٹی ناگزیر ہے جس کے بغیر کوئی عوامی انقلاب اپنی آخیری اور حقیقی منزل حاصل نہیں کرسکتا جس کی آج واضح مثال عرب انقلاب کی ہے جو مارکسی پارٹی کی عدم موجودگی میں رسوا ہو رہا ہے۔وگرنہ عرب انقلاب کی سوشلسٹ تکمیل کے لیے چوبیس گھنٹے بھی زیادہ تھے لیکن پاکستان میں آج انقلابی پارٹی کی ایک مضبوط اور ان مٹ بنیاد قائم ہوچکی ہے جو آنے والے وقت میں اپنا انقلابی فریضہ سر انجام دے گئی جس کو دنیا دیکھے گئی ۔اس لیے کہ، لازم ہے ہم بھی دیکھیں گئے وہ دن کہ جس کا وعدہ ہے۔

اور اگر آج ترقی یافتہ ممالک میں سرمایہ داری مزید چلنے سے قاصر ہے تو پھر پسماندہ اور کمزور ممالک میں یہ کیسے چل سکتی ہے۔اس لیے جو بھی قومی جمہوری انقلاب کا نعرہ لگاتے ہیں وہ دھوکہ دہی اور جعل سازی کر رہے ہیں تاکہ انکے اپنے مالیاتی مفادات محفوظ رہیں اور یہ

عوام کو ان نعروں سے بیوقوف بنا کر سرمایہ دارانہ استحصال کے جبر کو قائم رکھ سکیں جس کی وجہ سے پاکستان کی اکثریتی عوام بھوک ننگ اور افلاس سے مر رہی ہے ، بے روزگاری کا ٹھاٹھیں مارتا سمندر ہے ، جدید اور اچھا علاج ومعالج ماضی کا شاید کوئی قصہ ہو ، شہری صفائی نام کی کوئی چیز نہیں رہی ، پاکستان آج ایک غربت اور غلاظت کا ڈھر ہے جو بڑھتا اور پھیلتا ہی جا رہا ہے ، کراچی اور پورے پاکستان سے امن کی فاختائیں ہمیشہ کے لیے کوچ کر گئی ہیں ، سیاسی اور معاشی استحکام کا لفظ لغت سے مٹ گیا ہے عوام کی زندگی کسی عذاب ، دکھ اور تکلیف سے کم نہیں جبکہ حکمران اپنی لوٹ مار ، عیاشیوں اور خرمستیوں میں مشغلول اور بد مست ہیں۔ لیکن عوام ابھی مرے نہیں اور نہ ہی کبھی مر سکتے ہیں وہ مذاحمت کر رہے ہیں بے شک یہ مذاحمت ابھی کمزور اور بکھری ہوئی ہے لیکن یہ ہمیشہ کمزور اور بکھری نہیں رہے گی اور جس دن یہ متحد ہو گئی اسی دن طاقت وار اور فیصلہ کن بھی ہو جائے گئی۔

یکم ستمبر دو ہزار گیارہ

انڈو پاک جنگ ہو نہیں سکتی اور امن رہ نہیں سکتا

انڈو پاک کے جنگی جنوں کی ڈرامہ بازی آج ایک بار پھر میڈیے کی منڈی میں گرم بازاری لے آئی ہے جو عوام اپنے حکمرانوں سے تنگ اور میڈیے کی لاحاصل خبروں اور بور ٹاک شوز سے اکتا چکے تھے آج ایک بار پھر اپنی ٹی وی سکرینوں کے سامنے آبیٹھے ہیں کیونکہ خبر گرم ہے جو مرچ مصالے سے بیچی جا رہی ہے اور عوام کو بے وقوب بنا کر خوب مال بنایا اور کمایا جا رہا ہے۔لیکن عوام کے حالات زندگی بہت تنگ دست اور خستہ حال ہیں اس لیے یہ سوکھی خبر زیادہ دیر نہیں بکے گئ اور نہ ہی حکمرانوں کی یہ کھوکھلے جنگی جنون کی ڈرامہ بازی زیادہ دیر حقیقی عوامی ایشوز کو دبا سکے گئ اس لیے کہ ہمیں ووٹ چور حکمرانوں کی طرح معلوم ہے کہ جنگیں کیا ہوتیں ہیں کیوں اور کیسے اور کس کے لیے کی جاتیں ہیں اور اس پیش منظر میں آج انڈو پاک کے حکمرانوں میں یہ صلاحیت اور طاقت ہی موجود نہیں ہے کہ وہ کوئی جنگ فوڈ کر سکیں ماسوائے اس کے داخلی مسائل کو دبانے کے لیے خارجی سطح پر مولا جٹ کی دھمکی آمیز بڑھکیں ماریں اور کنٹرول لائن یا سرحدوں پر فلمی شوٹنگ کریں اس کے علاوہ یہ کچھ نہیں کر بھی سکتے۔اسی لیے عمران خان کے دھرنے اور احتجاج جاری ہیں ورگرنہ حقیقی جنگی کیفیت میں روائتی سیاست نہیں ہوتی۔

یہ سمجھ لینے کے بعد کے جنگ میں جس چیز کا سب سے پہلے قتل ہوتا ہے وہ ،، سچ، ، ہے۔

اس سچ کے بعد ہی ہم جنگی حقائق یا ٹھوس سچ تک پہنچ سکتے ہیں۔موجودہ نظام میں کوئی کام یا کچھ بھی کرنے سے پہلے اس کے نفع و نقصان کو دیکھا جاتا ہے اور کوئی بھی ایسا کام جس میں نقصان ہو ، نہیں کیا جاتا اور جس میں فائدہ ہو وہی سر انجام دیا جاتا ہے۔یہ آج کے وقت کا بڑاسچ ہے جسے کاروباری حقیقت کہا جاتا ہے۔

جب نفع و نقصان کے ترازو میں ہر شے اور قدر کو تولہ جاتا ہے تو جنگیں بھی اسی منڈی کی جنس ہیں جنہیں خریدا اور بیچا جاتا ہے۔کیونکہ جنگیں بہت بڑے سرمایوں سے لڑی جاتیں ہیں اس لیے ان سے حاصل ہونے والے منافع بھی اتنے ہی بڑے اور زیادہ ہوتے ہیں جبکہ دوسری طرف کا نقصان بھی اتنا ہی ہولناک ہوتا ہے۔اسے سمجھنا کوئی زیادہ مشکل نہیں ہے۔ جس کا بہت سے ماہرین معاشیات اکثر پریشان کن انداز میں بڑے بڑے اعداوشمار سے ذکر کرتے ہیں۔یقیناًان جنگوں میں فائدہ اسلحہ بنانے والے، اسے بیچنے والے اور دومیان سے کمیشن کھانے والوں اور جنگی بربادی کے بعد اس کی تعمیر کے لیے ٹھیکیداروں اور دوسری تعمیراتی کمپنیوں کا ہوتا ہے جبکہ نقصان عوامی دولت یعنی قومی خزانے کا ، سماجی ڈھانچے کی تباہی یعنی عوامی املاک ، اور محنت کش عوام کی زندگیوں کا جو وردی میں فوجی ہوں ہوں یا بغیر وردی عام مزدور ہوں تمام کا تمام نقصان عوام کا ہی ہوتا ہے اور پھر عوام کے پیسے سے ہی اسے پورا کیا جاتا ہے اس طرح عوامی بربادی پر حکمران اور سرمایہ دار خوب موٹا مال بناتے ہیں اور عوام ہر طرف سے پس جاتی ہے۔ان جنگوں میں جتنی زیادہ تباہی ہو گئی دوسری طرف اتنا ہی زیادہ نفع ہو گا۔جسے سمجھنے کے لیے کسی راکٹ سائنس کی ضرورت نہیں ہے ۔ماضی سے حال تک کی تمام جنگیں ایک ہی داستان کو دھراتی ہیں یعنی ملکوں ، خطوں ، اور عوام کی مسماری پر وسائل کی لوٹ اور قبضے کے دھندوں کی لڑائیاں ۔ہر جنگ کا یہی ایک

بڑا سچ ہے۔

جنگ ایک بڑا خوفناک کاروبار ہے اس لیے اس کے لیے نہ صرف بڑے سرمایے کی ضرورت ہے بلکہ ملک میں سیاسی ، سماجی اور معاشی استحکام بھی ضروری ہے تاکہ عوام اس جنگ میں حکمرانوں کے ساتھ کھڑی ہو جو فوج کا مورا بلند کرئے اور انکی طاقت بنے۔اس کے بغیر نہ تو جنگ کی جاسکتی ہے اور نہ ہی جیتی جاسکتی ہے اور خاص طور پر عوامی حمائت اور طاقت کے بغیر کوئی جنگ جیتا ممکن نہیں۔انتشار زدہ معاشروں میں جنگ ملکی تباہی ، ٹوٹ اور بربادی کا سبب بنتی ہے جنگوں کی تمام تاریخ اس کی گواہ ہے۔

امریکہ اور یورپ جو ایک عرصے تک جنگوں سے بڑے بڑے منافع کماتے رہے ہیں آج مالیاتی بحرانوں اور زوال پذیر معیشت میں یہ ممکن نہیں رہے کیونکہ جنگوں کے لیے نہ تو ملکی معیشتوں میں دم ہے اور نہ ہی یہ عوامی معیارزندگی کو بڑھانا تو درکنار ماضی والی سطح پر بھی نہیں رکھ سکتے جس وجہ سے نہ صرف جنگوں کے خلاف بلکہ حکمرانوں کے خلاف بھی عوامی مذاحمتیں تیز ہو رہی ہیں اور اسی وجہ سے امریکہ اور یورپ نئ جنگیں کرناتودرکنار جاری جنگوں سے بھی بھاگ رہے ہیں اور مزید جنگوں سے ڈرتے ہیں.مزید برآں ان جنگوں سے مطلوبہ منافع اور سامراجی عزائم بھی پورے نہیں ہو رہے اور یہ جنگیں آج اپنی متضاد شکل اور نتائج میں سامنے آ چکی ہیں جو اقتصادی ، سماجی اور سیاسی طور پر تباہ کن ہیں۔اسی لیے امریکہ نہ صرف افغانستان سے بھاگا بلکہ عراق میں بھی اسے اپنی دم دبانی پڑی۔شام میں جنگی مداخلت کے نام سے بھی ڈرتا ہے اس لیے امن امن کی رٹ لگا رہا ہے لیکن مڈل ایسٹ میں اپنے سامراجی عزائم کے لیے شکست خوردہ دہشت گردوں اور اسد مخالفوں کی پشت پناہی اور مکمل سپورٹ میں پیش پیش ہے. روس ، ایران اور ترکی مڈل ایسٹ میں امریکہ کے خلاف اپنی

مان مانی کر رہے ہیں مشرق وسطی میں آج امریکی بے بسی کا تماشا گرم ہے جو امریکہ کے عالمی راج کے زاول کا پیش خیمہ ہے جیسے امریکی حکمران ماننے کو تیار نہیں ہے۔اور بھلا اپنی موت کو کون تسلیم کرتا ہے

آج جب دنیا کی بڑی طاقتیں کسی جنگ کی متحمل نہیں ہو رہیں تو پاکستان اور انڈیا کی ٹٹ پونجی ریاستیں جو سامراجی امداد کے ٹیکوں پر زندہ ہیں جنگ کا نام لیتے اچھی نہیں لگتیں اور اگر یہ انڈو پاک کی جنگ ہوئی جس کے امکانات بہت ہی کم ہیں تو پھر یہ دونوں ریاستیں ہی نہیں رہیں گئی ٹوٹ پھوٹ اور تباہی انکا مقدر بن جائے گئی۔اس وقت انڈیا کی آٹھارہ ریاستوں میں مسلح اور غیر مسلح علیحدگی کی تحریکیں ہیں کشمیر ، بنگلور اور کرناٹکا میں کئی ماہ سے کرفیوں ہیں۔ہندوستان دنیا کی بڑی جمہوریت ہو یا نا ہو البتہ دنیا کی بڑی ترین غربت ضرور ہے ۔دہلی ، کلکتہ، بمبے میں مزدروں کے ریاست کو جھنجوڑ دینےوالے احتجاج ہیں۔عورتوں سے زیادتی کے خلاف تحریکیں ہیں۔اور دوسری طرف پاکستان میں بھی کچھ الگ نہیں ہے ،طبقاتی استحصال کے ساتھ علاقائی اور قومی استحصال کی وجہ سے بلوچستان کے عوام نے پاکستان کو کبھی تسلیم ہی نہیں کیا اسی لیے بلوچستان میں ابتدا سے آج تک جنگ جاری ہے۔کراچی ، حیدر آباد یا سندھ کے شہروں کے محروم مہاجروں کا جناح پور بنانے کا خواب ابھی زندہ ہے۔ صرف تخت لاہور میں ساٹھ ہزار سے زائد نابالغ بچیاں پیٹ بھرنے کے لیے جسم فروشی کرتی ہیں۔پاکستان کے 80 فیصد عوام کو پینے کا صاف پانی اور صحت مند خوراک میسر نہیں جس سے آنے والی نئی نسل معذور ہو رہی ہے۔ضرورت اس چیز کی ہے کہ ان بدحال سماجی حالات کے خلاف جنگ کی جائے لیکن افسوس کے حکمران اپنی لوٹ مار کو جاری رکھنے کے لیے جنگ کررہے ہیں اور سماجی واقتصادی مسائل سے عوام کی توجہ ہٹانے کے لیے جنگ کا بے

ہودہ اکثر و بیشتر شور مچا رہتے ہیں جو جنگ یہ دونوں ریاستیں فوڈ نہیں کر سکتیں۔

اگر سنجیدگی سے دیکھا جائے تو ان دونوں ممالک میں پہلے کون سا امن و سلامتی ہے جو کسی نئی جنگ کی ضرورت ہے کیونکہ جنگ تو پہلے ہی دونوں طرف موجود ہے۔دونوں ممالک میں غربت اور ریاستی و انفرادی دہشت گردیوں میں مسلسل لوگ مر رہے ہیں بلکہ شاید ان لوگوں کو جو سسک سسک کر زندگی گزار رہے ہیں انہیں جنگ سے موت کا سکون اور امن مل جائے گا۔لیکن اس بار ایسا نہیں ہو گا کیونکہ دونوں طرف سے چلنے والا ایک بھی اٹیمی بم پورے خطے کو خاموش کر دے گا جو حکمران نہیں کر سکتے وہ عوام کی زندگیوں پر تو جنگ کر سکتے ہیں لیکن اپنی زندگی پر یہ کاروبار کبھی نہیں یہ کریں گئے۔اس لیے یہ جنگی نعرہ بازی کی دوکان جلد ٹھنڈی ہو جائے گئ ہمارے لیے اس سے زیادہ اہم یہ ہے کہ اس جنگی جنوں کے بعد عوامی تحریک کو دبانے کے لیے حکمران اور میڈیا عوام کو آگے کیا بیچے گا کیونکہ بھوک میں امن رہ نہیں سکتا اور جنگ ہو نہیں سکتی۔

جنگوں کا کردار بھی ہمیشہ طبقاتی ہوتا ہے۔موجودہ جنگیں بھی حکمرانوں کی لوٹ مار اور قبضے کی جنگیں ہیں۔جو اندرونی پالیسیوں کا بیرونی اظہار ہوتا ہے جس میں جموں کشمیر میں ایک طاقت ور عوامی تحریک ہے جو حکمرانوں اور انڈین ریاست کے کنٹرول سے باہر ہو چکی ہے۔کرناٹکا کی منہ زور تحریک ہے۔اور محنت کشوں کی تاریخی ہڑتالیں جس میں بھارتی ریاست کی طاقت اور حکمران کی حمائت بکھر چکی ہے اور پاکستان میں بھی ایم کیو ایم کا انتشار ، بلوچستان کی جنگ اور قبائل اور اپنے پالتو دہشت گردوں کے خلاف ریاست کے ناکام فوجی آپریشن ، حکومت اور ریاست کی کمزوری اور بے بسی کا ثبوت ہے جو اسکے وجود پر سوال اٹھا چکا ہے ان خطرات کو ٹالنے کے لیے اس انڈو پاک جنگ کے نام پر بھوکی ، ننگی محب الوطنی اور ٹوٹی پھوٹی ریاستی

طاقت کو اکھٹا کرنے کی مصنوعی کوشیش کی جا رہیں ہیں۔

ہم نے کئی بار لکھا ہے کہ اب بہت ہو چکا عوام نے بہت برداشت کر لیا اب فیصلے کا وقت زیادہ دور نہیں ہے جب عوام کی زندگیوں کے ساتھ ساتھ پاکستان کے وجود کا فیصلہ ہو گا یہ ملک عوام کا ہو گا یا نہیں ہو گا۔۔ان حکمرانوں کی جنگوں کے بے ہنگم شور میں عوام کی طبقاتی جنگ بہت جلد ایک حقیقت بن کر ابھرے گئی۔جو محنت کشوں کی ذلت آمیز زندگی کے خلاف لڑی جاتی ہے جس میں عوام زندہ رہنے کا حق مانگتے نہیں بلکہ چھین لیتے ہیں۔اپنی محنت اور ہاتھوں سے بنائی ہوئی ہر شے پر اپنا قبضہ کرتے ہیں۔مفت خوروں ، نکموں ، اور ہڈ حراموں (جو آج کے حکمران ہیں جن میں سرمایہ دار ، جاگیر دار ، فوجی جرنیل اور ملا شاہی شامل ہے) سے بھی مزدوری کراتے ہیں یا جیل کرتے ہیں اور تمام حکمران طبقے سے ظلم کا حساب لیتے ہیں۔ عوام کے خلاف ہر قانون ، ضابطہ ، ریت و رواج اور قدر کو مٹا ڈالتے ہیں۔انسان کا انسان پر استحصال کو ختم کرتے ہیں اور انسان کو ابدی آزاد بنادیتے ہیں اسی جنگ کا نام عوامی جنگ ہے جو انسانی امن وسلامی ، خوشحالی اور بقا کے لیے کی جاتی ہے۔۔جس کے بعد عوامی راج ہوتا ہے

بنیاد پرستی کیا ہے اور اس سے کیسا لڑا جائے

اوباما نے اسامہ کا ڈرامہ اس لیے رچایا کہ افغانستان سے دم دبا کر بھاگا جائے جس کی وجہ عراق جنگ میں امریکی شکست ، عالمی رائے عامہ کا امریکی جارحارانہ پالیسوں کے خلاف نفرت ، مذاحمت ،اور موجودہ عالمی مالیاتی نظام کے گہرے بحرانوں سے بڑھتے امریکی ریاست کے ناقابل حل تضادات نے امریکہ کو اس پر مجبور کردیا ہے کہ وہ افغانستان سے نکل جائے۔اور عالمی دنیا میں اپنے پولیس مین کے کرادار کو کم کرے۔یہی آج کی موجودہ دنیا میں سامراج کا شدید ترین اور سنجیدہ ترین تضاد ہے کہ جس میں وہ ایک طرف عالمی مالیاتی نظام کی حکمرانی کو قائم رکھنا چاہتا ہے جو اس کی سرمایہ دارانہ زندگی کی واحد ضمانت ہے۔جبکہ دوسری طرف اس کے معاشی اور سماجی حالات اس چیز کے متقاضی ہیں کہ یہ اپنے کردار کو محدود کرے۔ کیونکہ اب یہ ماضی جیسا سب کچھ کرنے کے قابل اور اہل نہیں ہے اور آئندہ مستقبل کچھ ایسا ہی ہو گا۔

لیون ٹراٹسکی نے دوسری عالمی جنگ کے بعد لکھا تھا کہ ، ، تمام انسانی تاریخ میں آج امریکہ ایک دیو ہیکل سامراج ہے لیکن بد قسمتی سے اس کے پاوں ریت کے ہیں۔

سرد جنگ کے خاتمے کے بعد امریکہ ایک بڑا عالمی حکمران بن کر ابھرا لیکن اس کی سماج کو ترقی نہ دینے کی صلاحیت نے دنیا میں طاقتوں کے توازن کو خراب کر دیا اور فطرت کو خلا

پسند نہیں۔جس نے ایک حقیقی مارکسی یا عالمی مزدور تحریک اور انقلاب کی عدم موجودگی میں اس کے اپنے ہی پیدا کردہ بنیاد پرستی کے بتوں کو زبان اور جان دے دی اس کے اپنے ہی ہتھیار اس پر ٹوٹ پڑے ، جو اس کی اپنی کمزوری کا ثبوت ہیں یہ بنیاد پرستی یقیناً ان سامراجی قوتوں کا کسی طور بھی متبادل نہیں ہیں لیکن وقت بہت بے رحیم ہے وہ کسی کو معاف نہیں کرتا اور اس نے آج کے انسانی سماج کے ساتھ بھی کوئی رعائت نہیں برتی۔سٹالنزم اور اس کے پوجاریوں کی کوتاہیوں اور غداریوں کی سزا آج اس کرہ ارض پر بسنے والی پوری انسانیت کو بھیانک ، خونی سامراجیت اور اسکی گماشتہ وحشت ناک بنیاد پرستی کی شکل میں مل رہی ہے سماجی سائنس میں کوئی واقعہ اس وقت تک جنم نہیں لیتا جب تک اس کے لیے ٹھوس حالات موجودہ نہیں ہوتے۔اور آج کی بنیاد پرستی کے لیے موجودہ سرمایہ داری نظام اور کمزور مارکسی قوتوں نے راستے ہموار کیے ہیں۔یہی آج کا ٹھوس سچ ہے جس کا ہم کبھی انکار نہیں کرسکتے۔ اور اگر ہمیں حقیقی طور پر وحشی بنیاد پرستی کے خلاف لڑ کر جیتنا ہے تو پھر حقیقی عوامی طاقتوں کو مضبوط کرنا ہوگا۔

بنیاد پرستی کی خونی وحشت نے آج پورے پاکستانی سماج کوہی اپنی لپیٹ میں نہیں لے لیا ہے بلکہ بیرونی دنیا پر بھی اس کے نہایت گہرے منفی ہولناک اثرات بڑھ رہے ہیں۔مذہب کے نام پر دن دھارے کھلے عام قتل وغارت اور غنڈہ گردی کا بازار گرم ہے۔بم دھماکے اور فرقہ واریت نے پاکستان میں جمہوریت ، سیاست اور حقیقی مسائل پر عوامی تحریکوں کا گلا گھونٹ دیا ہے۔یہ رجعتی جنونیت پاکستان میں مسائل کو حل نہیں کر رہی بلکہ ان کی مقدار ، معیار اور شدت میں بھیانک اضافے کا باعث ہے۔یہ بنیاد پرستی پاکستانی عوام کے معاشی ، سیاسی اور سماجی مسائل کے زخموں پر تیزاب بن کر گر رہی ہے۔عوام کی قوت کمزور اور ان

کے ذہنی کھچاو میں اضافہ کر رہی ہے۔

ایک طرف یہ رجعتی یلغار پاکستانی عوام پر عذاب ہے تو دوسری طرف اسکی منافقت ، جھوٹ ، دھوکہ دہی اور مذہبی دھندے بھی کسی سے ڈھکے چھوپے نہیں ہیں۔جہاں چند مذہبی علما پاکستان میں اس کھیلی جانے والی انسانیت سوز مذہبی ہولی کے خلاف ہیں وہاں دوسری طرف کچھ اس کے ساتھ بھی ہیں دونوں کے پاس ایک ہی مذہب میں سے اپنے اپنے حق میں مذہبی اور اسلامی جواز موجودہ ہیں جو وہ پیش کرتے ہیں ان ملاوں نے اسلام کو عمرو عیار کی زمبیل بنا رکھا ہے جس میں سے ہر چیز نکل آتی ہے ان کے پاس ایک ہی چیز کو درست یا غلط ثابت کرنے کے لیے قرآنی آیات اور احدیث موجودہیں۔

سلیمان تاثیر کے قتل کو سرکاری ملاوں نے دہشت گردی اور غیر اسلامی قرار دیا ہے جبکہ غیر سرکاری ملاوں نے اس کو عین اسلام قرار دیا ہے یہاں تک کہ سنی تحریک سلمان تاثیر کے قاتل قادری کو کھلے عام قانونی تحفظ بھی دیا اور اس کے حق میں مظاہرے بھی کیے (شاید انہیں اپنی مذہبی دوکان کے لیے کسی شہید کی ضرورت ہے)۔ہر سیاسی قتل پر ایک جیسا ہی شہادت کا تماشا کیا جاتا ہے۔جس سے حقائق چھپ جاتے ہے اور عوام کے زخم ہرے رہتے ہیں۔

گورنر پنجاب کا قتل حکمرانوں اور ریاست کی آپس میں جاری اقتدار کی لڑائی کا نتیجہ تھا دونوں متحارب گروہوں نے اسے استعمال کیا۔پیپلز پارٹی حکومت اس قتل پر مظلوم بن کر اپنا اقتدار بچانے لگی۔جبکہ مخالفین موجود حکومت کو نا اہل اور تمام مسائل کی وجہ قرار دے کر ، ملک میں عدم استحکام پیدا کر کے اس کو اکھاڑ نا چاہتے تھے اور خود اقتدار کے حریص کی تسکین

کے متمنی ہیں۔جبکہ ریاست اور اسکی افسر شاہی اس قتل سے ملک میں مہنگائی ، بے روزگاری اور دوسرے مالی اور سماجی مسائل سے پیدا ہونے والا عدم استحکام پر پردہ ڈال رہی تھی۔اور جماعت اہل سنت ممتاز قادری میں اپنا شہید تلاش کر رہی ہے۔سب اپنے اپنے مفاد کا دھندہ کر رہے ہیں اور عوام اس میں پس رہے ہیں اور انہیں نان ایشوز کو ایشوز بنا کر عوام کو بے وقوف بنایا جا رہا ہے کبھی مذہب ، ملک اور کبھی سیاست کے نام پر سیاسی اور مالی بازاروں کو گرم رکھا جاتا ہے۔حکمران اور ریاستی ادارے اپنی اس آپسی لڑائی میں مذہب اور مذہبی جماعتوں اور انکی قیادتوں کو بطور مہر استعمال کرتے ہیں جس کی وہ انکو مناسب قیمت بھی دیتے ہیں۔اس لیے چند مذہبی جماعتیں اور انکے پیشوا اپنے مفادات کے لیے موجودہ اقتدار پر براجمان حکمرانوں کے ساتھ ہیں اور چند اقتدار سے باہر دوسرے حکمرانوں کا ساتھ دیتے ہیں۔ پاکستان کی معاشی و سماجی تباہ حالی کی وجہ سے حکمرانوں کی لوٹ مار کے زرائع میں کمی سے انکی دولت کی بڑھتی ہوص کی تسکین نہ ہونے سے حکمرانوں کے تضادات میں نہ صرف اضافہ ہوا ہے بلکہ موجودہ مالیاتی بحرانوں نے حکمرانوں کی جاری لڑائی کی شدت اور ہیت کو بڑھا دیا ہے۔

پاکستانی ریاست اور اس کے حکمران خود شعوری طور پر مذہب اور بنیاد پرستی کو استعمال کر رہے ہیں۔(جبکہ کہ یہ بذات خود حقیقی طور پر کسی مذہب کو نہیں مانتے، کیا، آصف زرداری ، نواز شریف ، شہباز شریف ، مولانا فضل الرحمان ، فوجی افسر شاہی ، عمران خان ، جماعت اسلامی یا دسری روائتی پارٹیوں کے لیڈر کسی اسلام کو مانتے ہیں بالکل نہیں بلکہ یہ تو صرف اس کو استعمال کرتے ہیں کیونکہ ان کا کردار اس کو واضح طور پر ثابت کرتا ہے۔یہ اسلام پر ماسوائے ڈرامہ بازی کر کے اپنی سیاسی اور مذہبی دوکانداری کے مفادات حاصل کرتے ہیں

ان کے کردار اور ان کا ماضی اس کا غماز ہے)جس کی بنیادی وجہ پاکستان میں جاگیرداراری ، سرمایہ داری اور سامراج گماشتگی کا نظام چلنے سے قاصر ہے وہ عوامی مسائل کے حل کرنے اور معاشرے کو ترقی دینے میں نااہل ہے۔

اب حکمران کریں بھی تو کیا کریں ایک طرف عوام کی بڑھتی بھوک ننگ اور افلاس اور دوسری طرف ان حکمرانوں کی اپنی دولت کی ہوس کو پورے کرنے کے لیے تمام ناجائز طریقے اور ہتھکنڈوں کو بروکارلانا ہے اور اسے عوام سے چھپانا ہے ؟اپنی کھلے عام بداعنوانیوں سے ملک وقوم سے لوٹی ہوئی بے تحاشہ دولت ، بڑی بڑی جاگیروں اور جائیداوں کو عوام کے غیض و غصے سے بچائیں تو کیسے؟ اس کے لیے وہ عوامی اتحاد کی طاقت کو توڑتے ہیں۔محنت کشوں کی قوتوں کو تقسیم کرنے سے ، مذہب اور فرقہ واریت سے ، مذہبی ، لسانی ، قومی ، علاقائی جنونیت سے ، نان ایشوز کو ایشو بنانے سے ، جعلی تحریکوں کو ابھر کر اس میں عوام کو تھکانے سے(کبھی ججوں کی بحالی کی تحریک، آج بھی عوام پہلے سے زیادہ بھوک اور ننگ سے مر رہے ہیں۔خود کشیاں کر رہے ہیں اور حکمران بداعنوانی کے ریکارڈ توڑ رہے ہیں میں پوچھتا ہوں یہ بحال جج کہاں ہیں اور کیا کر رہے ہیں عدلیہ اور پارلیمنٹ کی جعلی لڑائی میں عوام کے مسائل کو پس پشت ڈال دیا گیا ہے؟ ، کبھی مسلم لیگوں کی اور کبھی پی پی پی کی نان ایشوز پر تحریکیں ، کبھی اقتدار بچانے کی اور کبھی اقتدار میں آنے کی ، تمام روائتی پارٹیوں کی تحریکیں ، کبھی شہید کرنے اور کبھی شہید کرانے کی سیاست ،۔ایک کا شہید اور دوسرے کا دہشت گرد ، بر سر اقتدار آکر بداعنوانی کرنے اور جزب اقتدار میں اس کے خلاف لڑنے)سب حکمرانوں کے کھیل تماشے ہیں جو عوام سے دھوکے اور کھلواڑ ہیں۔

سرمایہ داری کے ظلم واستحصال کو قائم رکھنے کے طور طریقے ہیں۔اور بنیاد پرستی ان میں سے

ایک آزمودہ ، تیز ،زہریلا اور تیکھا ہتھیار ہے جس کو ہر کوئی عوام پر بڑی بے رحیمی اور بے شرمی سے کھل کر استعمال کرتا ہے۔جو شاید اب کند ہو چکا ہے اس لیے یہ(بنیاد پرستی)پاکستانی سماج کو اب پہلے جیسی آسانی اور خاموشی سے نہیں بلکہ بڑی بے دردی اور سنگ دلی سے کاٹ رہی ہے۔جس کی کاٹ کی پہلے کبھی سی بھی نہیں اٹھی تھی آج چیخ و پکار ہے۔جو پہلے کبھی زخم تھا آج ناسور ہے۔

بنیاد پرسی کو ہم کبھی بھی رائج الوقت نظام سے الگ کرکے نہیں دیکھ سکتے کیونکہ بنیاد پرستی خود کوئی نظام حیات نہیں ہے بلکہ ماضی کی اخلاقیات سے سوا کچھ بھی نہیں یہ موجودہ مالیاتی نظام کو چلانے کا ایک بیرونی طریقہ کار ہے۔(جس طرح آج کی جمہوریت سرمایہ داری کی سیاسی شکل ہے بذات خود جمہوریت کوئی سماجی نظام نہیں ہے۔)جو براہ راست موجودہ معاشی نظام پر انحصار کرتی ہے۔

بنیاد پرستی کی نظریاتی کمزوری ہی اس کی سماجی کمزوری ہے جس سے اس کو اپنا وجود قائم رکھنے کے لیے ہمیشہ حکمرانوں کے جوتے چاٹنے پڑتے ہیں اس لیے تمام مذہبی جماعتیں خدا کی عبادت سے زیادہ دولت مندوں کی زیادہ عبادت کرتیں ہیں یہ(ملا)کسی بھی سماج کے نکمے ، نکھٹو اور مفت خورے ہوتے ہیں۔ انکے اپنے کوئی زرایعے پیداوار نہیں ہیں اور نہ ہی کسی پیداروای عمل میں ان کا کوئی معمولی سا بھی کردار ہے ماسوائے مذہب پر دھندہ اور نوکری کرنے کے۔جبکہ مذہب بھی کوئی پیدارورار نہیں کرتا اور نہ ہی یہ کوئی زرایع پیداوار ہے اور نہ ہی انہیں منظم کرتا ہے۔اس لیے اس کو رواج دینے اور ابھارنے کے لیے ہمیشہ جعلی اور سطحی ہتھکنڈوں کو جبرانہ طریقے سے بروکار لایا جاتا ہے۔بنیاد پرستی کو اپنے وجود کے لیے سرمایے کی ضرورت بھی درکار ہوتی ہے۔آج مذہبی تنظیموں کے وسیع اوربھاری بھر کم

ڈھانچوں کو قائم رکھنے کے لیے اسی مقدار میں زیادہ سرمایہ کی ضرورت ہے جس سے یہ بنیاد پرستی ماضی کی نسبت آج زیادہ سرمایہ کی وفادار داشتہ ہے۔ آج بنیاد پرستوں کے دیو ہیکل نیٹ ورک اور ڈھانچے اس چیز کی غمازی کرتے ہیں کہ اس مذہبی دھندہ میں بڑے پیمانے پر ملکی وغیر ملکی ، سرکاری اور غیر سرکاری سرمایہ کاری ہو رہی ہے جس میں زیادہ کالا دھن ہے اس سے یہ مذہب کا کاروبار پھل پھول رہا ہے جو آج کے نظام کی خونی دین ہے۔

پاکستان میں ان مذہبی جماعتوں میں کارکن اور انکے لیڈر زیادہ تر جاہل اور ان پڑھ ہیں ان کا تعلق لمپین خاندانوں یا بہت ہی پسماندہ گھرانوں سے ہے۔ یہ اپنی معاشی اور سماجی احساس کمتری کے مارے ہوئے لوگ ہیں جو اپنی محرمیوں اور فعل و کرادر میں تضاد کا مذہبی پلیٹ فرموں پر اظہار کرتے ہیں جس طرح سبز، کالی، پیلی اور نیلی رنگوں والی عجب وغریب پگڑیوں والے بازاروں میں چندہ کے نام پر جگا ٹیکس لیتے نظر آتے ہیں۔ اور اگر چند پڑھے لکھے افراد ہیں تو وہ اسے خوب اچھے طریقے سے استعمال کر کے اس سے اپنا اچھا روزگار وابسطہ کیے ہوئے ہیں کیونکہ پاکستانی سماج میں روزگار ختم ہونے سے یہ اس کے علاوہ کریں تو کیا کریں۔

مذہبی جماعتوں کی بڑھوتری کی بڑی وجہ پاکستان میں بے روزگاری اور غربت ہے جب عام غریب گھرانے اپنے بچوں کی جدید تعلیم تربیت کا بندوبست نہیں کر سکتے تو وہ انکو مذہنی تعلیم کے لیے بھیج دیتے ہیں اور جب اپنا اور اپنے بال بچوں کا پیٹ پانے سے قاصر ہو جاتے ہیں تب یہ اپنے بچے مذہبی مدرسوں میں ہمیشہ کے لیے جمع کروادیتے ہیں جو بچوں کو مارنے یا کسی سڑک پر پھینکے سے والدین بہتر سمجھتے ہیں۔ جبکہ عملی طور پر یہ سب پر عیاں ہے کہ تمام مذہبی رہنما اپنے بچوں کو مذہبی مدرسوں سے دور رکھتے ہیں اور جدید تعلیم دلاتے ہیں تقریبا تمام مذہبی لیڈروں کے بچے بیرونی ممالک میں تعلیم حاصل کرتے ہیں اور اگر کوئی نکما ہو تو

اس کو اپنی مذہبی سربراہی کی گدی دے دیتے ہیں۔جس سے پتہ چلاتا ہے کہ مذہبی رہنماوں کا بھی کتنا دوغلا اور منافقانہ کردار ہے۔انہیں بھی اس کا احساس ہے کہ مذہبی نوکری کتنی گھٹیا اور ذلت آمیز ہے۔

پاکستان میں بد تر معاشی حالت کی تبدیلی میں روائتی پارٹیوں اور انکی قیادتوں کی مسلسل غداریوں نے عوام کو مایوس کر دیا ہے۔موجودہ حالات میں عوام کو اپنے مالی اور روزمرہ کے اقتصادی و سماجی مسائل کے حل میں تمام راستے مخدوش ہونے ، اور کسی متبادل کے نہ ہونے نے عوام کو کسی حد تک عارضی طور پر مذہبی رجحان کی طرف مائل بھی کیا ہے اور وہ اپنے مسائل کا حل اس میں تلاش کر رہے ہیں۔لیکن بہت جلد جب انکے مسائل حل نہیں ہوں گئے جو یقینا نہیں ہوں گئے تو پھر کیا ہو گا؟

یہ ہے آج کا اہم ترین سوال۔باشعور نوجوانوں کو اسی کے حل کے لیے آج تیاری کرنا ہے جب عوام طبقاتی جنگ کے لیے میدان میں اتریں گئے تو انکی مکمل کامیابی کے لیے ایک اشتراکی سماجی تبدیلی لازمی ہوگئی جس کے لیے محنت کش طبقے اور خصوصا اس کے نوجوانوں کو مارکسی علم سے آج روشناس اور مسلح کرنا بنیادی کام ہے تاکہ وہ اپنی قیادت کرنے کے خود قابل اور اہل ہو سکیں اور وہ عوامی تحریک کو اس کی سوشلسٹ منزل سے ہم کنار کرا سکیں۔

سرمایہ داری کی ایک مشہور کہاوت ہے ،، پیسہ بولتا ہے،، جس کا روپیہ ہے حکم بھی اسی کا چلتا ہے جیسے ماننا لازمی ہے اس سے روگردانی موت کے مترادف ہے۔اسی وجہ سے پاکستانی ریاست اور حکمران صرف اور صرف پاکستان میں امریکی پالیسیوں اور احکام کی تکمیل کرتے ہیں کیونکہ پاکستان کی سرمایہ درانہ معیشت میں اتنی سکت اور گنجائش نہیں ہے کہ وہ سامراجی

بھیک کے بغیر زندہ رہ سکے وہ مکمل طور پر ڈالروں اور یورو کی محتاج ہے۔پاکستان کے تمام حکمران اپنی ریاست سمیت اپنے امریکی آقاوں کی خشنودی میں من و تن سے دن رات مگن رہتے ہیں موجودہ نظام میں صرف یہی ان کی زندگی کی واحد ضمانت ہے اورجب امریکی آقاان کے سروں سے ہاتھ اٹھالیں گئے پھریہ کسی اور کوڈھونڈلیں گئے۔اور اس کے لیے وہ مذہب اور مذہبی جماعتوں کو بھر پور استعمال کرتے ہیں۔

آج مذہبی جماعتیں کالے دھن کے زور پر بازاری معیشت کی کمزوری کا بھر پور فائدہ اٹھاتے ہوئے اکثر اوقات پاکستانی حکمرانوں اور امریکی آقاوں کو بلیک میل بھی کرتی ہیں۔ان کے مطابق پاکستان مین آج سرمایہ داری کا ظلم وجبر ملائیت کی ہی وجہ سے قائم ہے یا ان کا زیادہ اہم کردار ہے جو اتنا غلط بھی نہیں ہے۔اس لیے غیر ملکی امداد اور قومی خزانے پر یہ ملا اپنا زیادہ حق جتواتے ہیں اور اسی بنیاد پر یہ بنیاد پرست اکثرو بیشتر تمام روائتی حکمران پارٹیوں سے دست و گریبان رہتے ہیں۔

پاکستان کے روائتی بائیں بازو کے دانشواروں کی ایک نہایت مہک کمزوری رہی ہے کہ عام لوگوں ، محنت کشوں اور نوجوانوں کو طبقاتی شعور دینے کی بجائے اس سے پہلے لا دین کرنے کی کوشیش کرتے ہیں جو کہ درست طریقہ کار نہیں ہے۔مذہب کیونکہ لوگوں کا بڑا جذباتی مسئلہ ہے۔خاص طور پر علمی اور عقلی طور پر کمزور لوگوں کا تو آخیری سہارہ ہے جس پر وہ کوئی بھی تنقید اور اعتراز برداشت نہیں کرتے اس کے باوجود کے ان کے پاس اپنی سوچ کے دفاع میں کوئی ٹھوس دلائل بھی نہیں ہوتے۔اس لیے وہ بائیں بازو کے خلاف منفی رد عمل پر اتر آتے ہیں۔جس کو مفاد پرست اور خاص طور پر مذہب پر دکانداری کرنے والے پروفیشنل ملا اسے بائیں بازو کے خلاف خوب استعمال کرتے ہیں۔اس تمام غیر ضروری اور غیر

اہم مسئلے کے گورکھ دھندے میں ہم اپنے اہم اور ضروری مقصد سے ہٹ جاتے ہیں اور عام لوگوں میں انقلابی شعور بیدار کرنے کی بجائے ایک منفی اور نہایت پسماندہ شعوری رجحان کی داغ بیل ڈال دیتے ہیں۔

مارکسزم ایک سماجی سائنس ہے جس طرح دوسری سائنسیں ہیں ، بیالوجی زندگی کی سائنس ، کمیسٹری ، یا کیمیا کیمیائی عناصر کی ، فزکس مادے کی سائنس ، نفسیات انسانی ذہین کی سائنس وغیرہ وغیرہ جس طرح دوسری سائنسوں کا مذہب سے تعلق ہے اس طرح مارکسزم کا بھی صرف مذہب اسلام سے ہی نہیں بلکہ تمام مذاہب سے یہی تعلق ہے۔اگر ہم سائنس کو بطور سائنس نہیں دیکھیں گئے اور بطور سائنس نہیں لیں گئے تو وہ اپنی اصل شکل اور مقصد کھو دیں گئی جس سے وہ سائنس نہیں بلکہ کوئی دوسری توہم پرستی یا تعصب بن جائے گا جس کی کسی بھی سائنس میں کوئی گنجائش نہیں ہے اور نہ ہی مارکسزم میں۔

مارکسزم ہمیں یہ علم فراہم کرتا ہے کہ آج تک کی تمام انسانی ترقی کیسے ممکن ہوئی ؟ کہاں سے ہوئی؟ کن بنیادوں پر ہوئی ؟ آئندہ کیسے ممکن ہوگئی ؟ آج کسی ایک ملک یا عالمی دنیا میں بھوک ننگ افلاس بحران اور عدم استحکام کیوں ہے؟ اور اس کا خاتمہ کیسے ممکن ہے ؟
مارکسزم واقعات کی پرستیش کا نام نہیں بلکہ معاشرہ میں واقعات کو انکے جنم سے پہلے بیان کرکے اس میں مداخلت کرکے استحصال کے خلاف لڑنے کا نام ہے۔مارکسزم پیش منظر کی سائنس ہے۔مارکسزم انقلاب کی سائنس ہے ، مارکسزم انٹرنیشنلزم ہے۔مارکسزم مارکیٹ اکانومی کے خاتمے اور منصوبہ بند معیشت کا نام ہے۔سماجی عظمت اور ترقی کا نام ہے۔بھوک، ننگ ، افلاس ، بے روزگاری ، کے خاتمے اور انسانی ترقی و معراج کا نام ہے ، ایک حقیقی اور خالص جمہوریت کے علاوہ مارکسزم کچھ نہیں ہے۔

اب مارکسزم پر اختلاف کرنے یا اتفاق کرنے کا صرف اسی کو حق حاصل ہے جو اس کے بارے جانتا ہے یا اس نے اس کا مطالعہ کیا ہے لیکن آج سب سے بڑا المیہ یہ ہے کہ آج مارکسزم پر تنقید کرنے والے وہی ہیں جو اس کی ا، ب، سے بھی واقف نہیں۔ مثلا ملائیت، جاگیرادار، سرمایہ دار یا انکے گماشتے جن کو ہر وقت جائز کم اور ناجائز زیادہ، ہر طریقہ سے اپنی پیسے کمانے یا لوٹنے کی نہ ختم ہونے والی ہوس سے فرصت نہیں ہے یہ ہر وقت اپنی بے تکی ڈنگیں مارتے رہتے ہیں۔ ہم نہ تو ان پر بات کرنا چاہتے ہیں اور نہ ہی ہمارے پاس اتنا فضول وقت ہے۔ ہم تو اپنے محنت کش طبقے اور باشعور نوجوانوں سے مخاطب ہیں جو سماج کی حقیقی تبدیلی کے خواہاں ہیں اور اس میں اہم کردار ادا کرنا چاہتے ہیں اور انہی باشعور نوجوانوں اور مزدوروں کا انقلاب میں اہم کردار ہے۔

مارکسزم کو ہم عام مفہوم میں سماجی ترقی یا سماج میں مانگ کے خاتمے کا علم بھی قرار دے سکتے ہیں۔ بنیاد پرستی نہ تو کوئی نظام ہے اور نہ ہی کچھ اور ماسوائے ماضی کی اخلاقیات کے جس کو موجودہ حکمران اپنی سیاست اور نااہل نظام کو بچانے کے لیے استعمال کرتے ہیں جس طرح ہماری طبقاتی لڑائی جو کبھی بھی براہ راست بنیاد پرستی سے نہیں بنتی اسی طرح بنیاد پرستی کے خلاف لڑائی بھی نظام اور حکمران طبقے کے خلاف لڑائی نہیں ہے جن کی یہ پھیلائی ہوئی ہے۔ اس لیے اصل لڑائی طبقاتی ہے۔ اور صرف بنیاد پرستی کے خلاف ہی لڑنا بھی عوامی جدوجہد سے دشمنی ہے۔ نظام اور حکمران طبقے پر حملہ ہی بنیاد پرستی پر حملہ ہے۔ بنیاد پرستی کے تمام کے تمام مفادات اور جڑیں موجودہ نظام اور انکے حکمرانوں سے منسلک ہیں۔ ہاں ہمیں طبقاتی لڑائی میں اس تمام بنیاد پرستیوں، فرقہ واریتوں، تعصابات سے لڑنا پڑے گا لیکن موجودہ نظام کے ایک جزو کی طرح نہ کہ کل کی طرح۔ بس یہی فرق ہمیں سمجھنا ہے۔

بنیاد پرستی کا آج ابھار کوئی غیر فطری اور غیر منطقی بھی نہیں ہے۔ فطرت میں کبھی کوئی خلا نہیں ہوتا روس اور مشرقی یورپ میں سٹالنزم کی تباہی نے موجودہ سماج میں ایک خلا پیدا کر دیا تھا اور دنیا میں طاقت کا توازن غیر متوازن ہو گیا تھا جس کو بنیاد پرستی مصنوعی طریقے سے بیلنس کر رہی ہے جس نے موجودہ مالیاتی نظام کو پہلے سے بھی زیادہ بھیانک، بے رحم اور سفاک بنا دیا ہے۔

پاکستان میں آج کی بنیاد پرستی موجودہ حکمران طبقات کے درمیان کھیلی جانے والی شطرنج کے مہرے ہیں۔ جو ان کے تضاد اور نا اہلیت کا ثبوت ہے۔ موجودہ نظام کی کمزوری اور لوٹ مار کے لیے کم ہوتی ہوئی دولت نے پاکستانی حکمران طبقات اور تمام ریاستی اداروں کو آپس میں لڑوا دیا ہے جس میں یہ بنیاد پرستی کی وحشت کو استعمال کر رہے ہیں جس کا نشانہ صرف غریب عوام ہے اب تو اس کا شکار حکمران طبقات کے اپنے افراد بھی ہو رہے ہیں جو حکمرانوں کی آپسی سنگین تضادات اور خونی جنگ کی اعکاسی کرتے ہیں جو کسی بھی نظام کے آخیری ایام کی نشان دہی ہوتی ہے۔ جیسے ہمیں زیادہ واضح اور نمایاں طور پر پیش کرنا ہے۔

موجودہ ظلم و استحصال صرف محنت کش طبقے کی تقسیم اور فرقہ واریت کی وجہ سے ہی قائم ہے۔ ہمیں اپنے طبقے کو جوڑنا ہے اکھٹا کرنا ہے ہر تعصب سے بالا کر کے صرف اور صرف طبقاتی اتحاد پر ایک عوامی انقلاب کے لیے ناقابل مصالحت جدوجہد کرنا ہے جو ہماری فتح کی واحد ضمانت ہے۔

تیس ستمبر دو ہزار گیارہ

پاکستان۔اقلیتوں اور قومیتوں کا اذیت خانہ

جہلم میں مذہب احمدیت سے تعلق رکھنے کی پاداش میں جماعت اہل سنت کے بنیاد پرستوں نے ایک فیکٹری اور مسجد کو آگ لگا دی اور یہ کوئی نیا واقعہ اور شاید اب زیادہ حیران کن بھی نہیں ہے کیونکہ یہ ایسے انسانیت سوز مسلسل واقعات کا نہ ختم ہونے والا ایک تسلسل ہے ۔اس سے پہلے لاہور میں بھی ایسا ہی ایک خون خوار المیہ ہو چکا ہے۔پاکستان میں احمدی ، عیسائی ، ہندو اور دوسری مظلوم اقلیتوں پر طبقاتی ظلم و جبر کے ساتھ ساتھ جسمانی اور ذہنی ٹارچر بھی بڑھتا جا رہا ہے۔بادامی باغ لاہور میں عیسائیوں کی پوری بستی کو آگ میں راکھ کر کے اسلام کی عظمت کا جھنڈا بلند کیا گیا کوٹ راداکش میں ایک عیسائی جوڑ کو زندہ جلا کر اسلام کی فتح کا جشن منایا گیا۔تھر اور اندرون سندھ میں ہندو وں کی ماوں ، بہنوں ، بیٹیوں اور بیویوں سے آئے دن کھلے عام زادتیاں کر کے ان کی عبادت گاہوں کو مسمار کر کے ان سے اچھوتوں سے بدتر سلوک کر کے اسلام کی کل وعالم کے لیے رحمت اور سلامتی کی تبلیغ کی جاتی ہے۔

مذہبی اقلیتوں کے علاوہ مظلوم قومیتں بھی اسلامی جمہوریہ پاکستان میں اس قہر سے محفوظ نہیں ہیں بلوچ ، پختون ، سندھی ، کشمیری اور دوسری پسی قومیں بھی پاکستان میں دوہرے تہرے

اور درجاتی استحصال کا شکار ہیں۔ جبکہ پنجاب کے محنت کش طبقے کی حالت بھی ان سے قطعی مختلف نہیں ہے۔ طبقاتی استحصال کے ساتھ قومی ، علاقائی ، نسلی ، مذہبی، جنسی غرض ہر قسم کا استحصال عروج پر ہے جس نے پاکستان کو ایک اذیت خانے میں تبدیل کر دیا ہے۔ پاکستان کے حکمران طبقے نے پاکستان کے عوام کی معاشی اور سماجی زندگیوں کو زندگی کے لیے عبرت ناک بنا دیا ہے جب کہ مذہبی جنونیت جو انہی کی پیداوار ہے نے اس کو آگ اور خون میں ڈبو دیا ہے۔

پاکستان میں مذہبی اقلیتوں اور مظلوم قومیتوں پر مسلسل جبر اور استحصال کی وجہ جہاں پاکستان کا حکمران طبقہ اور انکی بنائی ہوئی ریاست ہے جس میں اب مذہبی جماعتوں کے درندہ صفت ملا بھی شامل ہیں۔ وہاں ان اقلیتوں اور قومیتوں کے مذہبی پیشوا اور سیاسی رہنما بھی برابر کے شریک جرم ہیں جو اس مظلومیت اور نا انصافی پر اپنی دوکانداری چلاتے ہیں۔ کیونکہ جس طرح ہر قوم کے اندار دو قوموں ہوتی ہیں اسی طرح ہر مذہب کے اندر دو مذہب ہوتے ہیں ایک حاکم اور دوسرا مظلوم ہوتا ہے ۔ جہاں حکم عدولی کی کوئی گنجائش نہیں ہوتی اس لیے مذہبی یا فرقہ وارانہ ، قومی یا علاقائی تعصب کی بنیاد پر قائم جماعتوں میں فسطائی یا فاشسٹ رجحانات کا عود آنا کوئی عجب نہیں ہے حقیقت میں تعصب فسطائی سوچ کی ہی اعکاسی ہے اور کسی بھی تعصب پر قائم کوئی ایک گروہ یا جماعت یا پھر تنظیم فاشسٹ رجحان کی ہی نمائندہ ہوتی ہے یہ رجحان کمزور بھی ہوسکتا ہے اور طاقت ور بھی جس کا انحصار کسی علاقے کی سماجی اور اقتصادی کیفیت پر ہوتا ہے۔ جرمنی میں بڑی مڈل کلاس اور لمپن پرولتاریہ نازی ازم کی ترقی کی وجہ بنی۔ جس کی نمائندگی ہٹلر نے کی اور جرمن نسل کے تعصب پر دنیا کو عالمی جنگ میں دھکیل دیا۔ پاکستان میں مہاجر قومیت کے تعصب کے نام پر ایم کیو ایم نے سندھ کے شہری علاقوں کا

امن و سکون تباہ کر دیا۔اور آج کے عالمی منظر نامہ پر اسلامی ریاست یا اسلامک سٹیٹ آئی ایس نے دیو بند فرقے کی بنیاد پر مڈل ایسٹ ، افریقہ ، ایشا اور اب یورپ میں آگ اور خون کا بازار گرم کر رکھا ہے۔ٹراٹسکی لکھتا ہے۔یہ فاشسٹ مال داروں کے ہی شکاری کتے ہوتے ہیں جو ہر وقت عوام کو چیرنے پھاڑنے پر تیار رہتے ہیں۔

پاکستان میں جہاں اقلیتوں کے مذہبی اور سیاسی حکمران اقلیتی استحصال اور سماجی درجہ بندی پر اپنے دھندے کرتے ہیں وہاں یہ پاکستان کے تمام محنت کش طبقے کی اجتماعی طاقت کے دشمن اور قاتل بھی ہیں کیونکہ پاکستان میں آج اقلیتی اور مظلوم قومیتی ظلم وجبر، طبقاتی استحصال کا ایک بھیانک اور ناگزیر حصہ ہے جو صرف اور صرف پاکستان کے محنت کش طبقے کی تقسیم و تفریق پر ہی قائم رہ سکتا ہے اور قائم ہے۔اس لیے جب تک پاکستان کے عوام تمام تعصبات سے بلند ہو کر طبقاتی جدوجہد کی صف میں منظم ہو کر ایک متحدہ طاقت نہیں بنتے۔غریب کی جنگ امیر کے خلاف، ایک کسان کی جاگیر دار کے خلاف ایک مزدور کی سرمایہ دار کے خلاف اور فوجی کی جرنیل کے خلاف ایک غیر ملکتی کی نجی ملکیت کے خلاف جنگ شروع نہیں کرتے اور ایک اشتراکی اور اجتماعی رضاکارانہ سماج تعمیر نہیں کرتے، نہ تو اقلیت نام کا ذلت آمیز لفظ ختم ہو گا اور نہ ہی ملک وقوم کی حالت بدلے گئی۔جب تک ہم اپنے محنت کش طبقے سے اٹوٹ محبت اور جوڑت قائم نہیں کرتے، ظلموں ، جابروں اور استحصالیوں سے ناقابل مصالحت نفرت اور لڑائی نہیں کرتے تب تک دوتکار اور ذلت ہمارا مقدر رہے گئی اور اپنے مقدر کو بدلنے کے لیے ہمیں حکمرانوں اور انکے گماشتوں کے چنگل سے باہر آنا ہو گا محبت سب کے لیے اور نفرت کسی کے لیے نہیں کے عوام دشمن نعرے کو مسترد کرنا ہوگا۔عالمی محنت کش اتحاد زندہ باد۔دنیا بھر کے محنت کشو اک ہو جاو۔

پاکستان میں مذہبی منافرت کو ختم کرنے کے لیے ضروری ہے کہ۔

پاکستان کی تمام مذہبی جماعتوں پر مکمل پابندی عائد کی جائے انکی تمام جائیدایں ، دفاتر اور اکاونٹ کا سرکاری تحویل میں لیا جائے۔

پاکستان کے آئین اور ڈکشنری سے اقلیت کا لفظ ختم کیا جائے۔

مذہبی بنیاد پر منافرت پھیلانے والوں کو کم از کم دس سال قید و بامشقت سزا دی جائے۔

تمام مذہبی مدرسوں کو سرکاری سکولوں میں تبدیل کیا جائے۔

بے روزگار نوجوان جو بے روز گاری اور غربت سے تنگ آکر مذہبی جنونیت کا ایندھن بنتے ہیں انکے روزگار کا انتظام کیا جائے اور بے روزگاری کی صورت میں ایک معقول افراط زر سے منسلک الاونس دیا جائے۔

مزدروں کی تنخواہ کم از کم ایک تولہ سونے کے برابر کی جائے تاکہ انہی بھی انسانی معیار پر زندہ رہنے کا حق ہو۔

تمام بینکوں اور مالیاتی کمپنیوں کو سرکاری تحویل میں لے کر انفرسٹکچر کی تعمیر اور صنعت کاری کی جائے اور بڑی بڑی صنعتوں کو بھی قومی تحویل میں لے کر مزدوروں کے کنٹرول میں چلایا جائے تاکہ نہ صرف بے روزگاری ختم ہو بلکہ وافر مقدار میں پیداوار کرکے عوام کی ضروریات زندگی کو جلد پورا کیا جائے۔

تعلیم تمام سطحوں تک مفت اور عام کیا جائے۔ تعلیمی اداروں میں طلبہ کو یونین سازی کا حق

دیا جائے۔

یہ وہ چند اور بنیادی اصلاحات اور پالیسیاں ہیں جنکے بغیر بیناد پرستی کی جنونیت کا خاتمہ ممکن نہیں ہے۔

چھبیس نومبر دوہزا پندرہ

سیلاب پر حکمرانوں اور میڈیے کے سفاک دھندے

پاکستان میں ہر سال سیلاب سے کڑور افراد برباد ہو جاتے ہیں۔ان میں جانی مالی نقصانات کا اندازہ حکمرانوں کے جرائم اور جدید نظام کے نہ ہونے کی وجہ سے نہایت مشکل ترین ہے۔اگر مالی نقصانات کھربوں میں ہے تو جانی نقصان نہ قابل تلافی ہے۔

پاکستانی عوام کے اس درد ناک مقدر کا ذمہ دار کوئی اور نہیں بلکہ موجودہ نظام اور اس کے حکمران ہیں جن کی اندھا دھن لوٹ کھسوٹ کی بدولت آج پاکستانی محنت کش عوام خود کش حملوں کے ساتھ ساتھ ، مہنگائی ، بے روزگاری ، تعلیم اور صحت کا فقدان ، سڑکیں ، ٹرانسپورٹ کی کم یابی اور انسانی بنیادی ضرورتوں سے محروم کسی اذیت ناک جہنم میں تڑپ اور سسک رہے ہیں اور اب ہر سال یہ سیلاب اس جہنم کی آگ کو مزید تیز کر رہیں ہیں جبکہ حکمران صاحب اقتدار یا حزب اقتدار کو ماسوائے جھوٹی بیان بازی اور ڈرامہ سازی کے علاوہ اپنی عیاشیوں سے فرصت نہیں ہے۔ اگر ایک بیرونی دورہ کر رہا ہے تو دوسرے عوام کے زخموں پر مرہم رکھنے کی بجائے اپنی سیاسی بیان بازی اور امداد کے نام پر کھلواڑ کر کے ان زخموں پر نمک چھڑک رہے ہیں۔

سیلاب سے سیاسی میدان میں تمام روائتی پارٹیوں اورانکی قیادتوں کو اپنی سیاست کی دوکانداری چمکنے کا موقعہ ہاتھ آجاتا ہے جس کا وہ بھر پور فائدہ آٹھانا چاہتے ہیں۔سیاسی پارٹیوں کے

امدادی خالی ٹرکوں کے سکینڈل اکثر آن سکرین رہتے ہیں۔سیاسی رہنما عوامی ہمدردی کے بڑے بڑے دعوے کرنے والے اپنی جیبوں سے ایک پیسہ بھی نکالنے کو تیار نہیں ہیں۔اچھے حالات میں عوام کے نام نہاد طرف دار عوام کے لیے لڑنے والے ، عوام کی باتیں کرنے والے ، پنجاب ، سندھ ، بلوچستان اور پختوان خواہ کے شیر آج وقت آنے پر کہیں ڈھیر ہو چکے ہیں۔پاکستان کی اب تک کی تاریخ میں یہ پہلا واقعہ ہے کہ تقریبا تمام سیاسی پارٹیاں حکومت میں ہیں۔اور پھر یہ حال ہے کہ عوام کا پرسان حال کوئی نہیں ہے سب اقتدار میں ہیں لیکن مانتا کوئی نہیں سب ایک دوسرے کو دوشی یا قصور وار ٹھہرا رہے ہیں لیکن عوام اور انکے مسائل کے حل کی کوئی بھی ذمہ داری اٹھانے کو تیار نہیں جبکہ عوام نے ان سب کے لیے ہر دور میں لڑائی کی اور ان کا ساتھ دیا۔وہ پیپلز پارٹی کے لیے دل وجان سے لڑے۔ضیا آمریت کی سیاسی اولاد شریف برادران کو بھی عوام نے کئی بار برداشت کیا اور آج بھی کر رہے ہیں۔ہر پارٹی نے اقتدار کے مزے لوٹے ہیں اور مسلسل لوٹ رہے ہیں۔عوام تو نکھٹو وکیلوں اور مجرم عدلتواں تک کے لیے لڑے جنہوں نے عوامی لیڈروں کے قتل کے پرانوں پر اپنی مہریں ثبت کیں۔آمریتوں کو ملک میں قانونی جواز فراہم کیے۔ان کے لئے بھی میدان میں آئے کہ کوئی تو انکا مسیحا بنے۔میڈیا بھی جو اپنی دوکانداری عوام ہی کے زخموں پر سجاتا ہے۔انکے مسائل اور دکھوں کو بیچتا ہے اور خوب کمائی کرتا ہے جو جتنا عوام کو اچھا بیچے گا وہ اتنا ہی اچھا منافع کمائے گا۔میڈیا آج صحافت سے زیادہ سیاسی اور مالی پارٹی بن چکا ہے۔

حکومت جس اخبار یا ٹی وی چینل کو زیادہ اشتہارات اور بزنس دیتی ہیں وہ ان کے گن گاتے ہیں دوسرے زرائع ابلاغ اس کے خلاف ہو جاتے ہیں۔یہ آج کا میڈیا ، حکمرانوں اور ریاست کو عوامی مسائل اور تکلیفوں کی تشہیر سے بلیک میل کرتا ہے اور عوامی لوٹ میں برابر کا حصے

دار بننے کی کوشش کرتا ہے۔کیونکہ آپ نے غور کیا ہوگا کہ یہ آج کا تمام نامور یا غیر نامور میڈیا صرف اور صرف مسائل کو بیان کرتا ہے یہ کبھی حکومت کی طرف ہوتا ہے اور کبھی اپوزیشن کے ساتھ جس سے آج کا میڈیا بھی حکمرانوں کا ایک ایجنٹ بن چکا ہے اور ترقی پذیر ممالک میں عدم استحکام اور کمزور حکومتوں کی وجہ سے یہ پارلیمنٹری حکمرانوں کے کنٹرول سے اکثر باہر ہو جاتا ہے جیسا آج کل پاکستان میں ہے اس کا قطعی مطلب یہ نہیں کہ یہ بڑا انقلابی اور عوام کے حق میں ہے بلکہ اس کے اپنے حکمرانوں سے معاشی تضادات ہیں جس کا یہ مختلف اوقات میں مختلف انداز سے اظہار کرتے ہیں۔اگر آپ تمام میڈیے کا کل اور آج دیکھیں یعنی انکی تمام تاریخ پر نظر ڈالنے سے یہ آسانی سے معلوم ہو جائے گا کہ اس میڈیے نے پہلے ہر حکومت کی حمد و ثنا کی اور جب وہ کمزور ہونے لگی یا عوام میں ذلیل وسوا ہوگئی تو اس کا ساتھ چھوڑ کر نئے آنے والے اگلے حکمران سورج کی پرستیش شروع کر دیتے ہیں۔میڈیے کے جب اپنے مالی مفادات پر چوٹ لگتی ہے تو وہ اپنی ہی پسندیدہ حکومت کے خلاف صف آرا ہو کر کسی دوسرے کی جھولی میں جا گرتا ہے۔لیکن تمام میڈیے نے کبھی بھی موجودہ سرمایہ داری ، جاگیر داری اور امریکی گماشتگی کے خلاف آواز نہیں اٹھائی اور جو اٹھاتے بھی ہیں وہ ایک خاص طریقے اور محدود دائرے میں جس سے عوام کا غصہ تو زائل ہو لیکن اس کے خلاف کوئی عوامی یا مذاحمتی تحریک نہ بن پائے۔اس میڈِے نے نہ ہی کبھی عوام کو طبقاتی بنیادوں پر اکھٹا کرنے کی کوشش اور بات کی۔بلکہ اس کے الٹ ظالم حکمرانوں کا ساتھ دیتے ہوئے عوام کو تعصبات پر کاٹا۔نان ایشوز کو ایشوز بنا کر عوام میں انکی تشہر کرنا تاکہ عوام کو انکی حقیقی جدوجہد سے روکا جا سکے یہی آج تک میڈیا کرتا آرہا ہےاور موجودہ نظام زر میں یہی کرتا رہے گا کیونکہ اس کا یہی ریاستی اوراقتصادی فریضہ ہے۔زرائع ابلاغ بھی اپنے

آخیری تجزیے میں موجودہ استحصالی نظام کے ہی اطاعت گزار ہیں۔

آج عوام سیلاب کے عذاب میں گرفتار کراہا رہے ہیں ، بے بس مجبور اور لاچار ہیں جبکہ طاقت ور اور صاحب سروت خاموش تماشائی ہیں اور اپنے مفاداتی کرتب کر رہے ہیں۔عوام کے ان رستے زخموں پر ایک تماشا برپا ہے ، ایک سیاست چمکائی جا رہی ہے ، ایک دوکانداری بڑھائی جا رہی ہے ، ایک غلیظ منافقت کا بازار گرم ہے۔اگر کوئی مدد کر رہا ہے تو وہ صرف اور صرف عام عوام ہیں جو اپنے کم ترین وسائل کے باوجود سلاب زدگان کی مدد کے لیے ہر بار کی طرح پیش پیش ہیں۔اس قدرتی آفت سے بھی طبقاتی فرق اور تضاد ثابت ہو جاتا ہے کیونکہ محنت کش طبقہ ہی اپنے طبقے کے کام آ رہے ہیں کیونکہ انکی زندگی انکے مسائل اور مفادات ایک ہیں۔حکمرانوں کے عوامی بے بسی پر دھندوں سے نجات کے لیے ضرورت اس امر کی ہے کہ عوام اپنا طبقاتی میڈیا آگے لائیں جو انکی عوامی جدوجہد کو آگے بڑھائے۔وہ محنت کش طبقہ جو سلاب زدگان کے کام آ تا ہے جو کل بھی ان کے کام آیا تھا اور آئندہ بھی وہی انکے کام آئے گا۔یہ تمام حکمران جن میں سرمایہ دار جاگیر دار اور فوجی جرنیل ہیں عوام کو صرف اپنی لوٹ کے لیے استعمال کرتے آئے ہیں اور آئندہ بھی کریں گئے جبکہ ہمیں صرف اپنے محت کش طبقے پرہی ہمیشہ اعتماد کرنا ہے اور اسی کو ساتھ لے کر چلنا ہے۔

ہر سال پاکستان میں عوام پر خدا سے زیادہ حکمرانوں کی سیلابی آفت نازل ہو جاتی ہے۔کیونکہ اس سیلاب سے صرف اور صرف عوام ہی تباہ برباد ہو رہے ہیں امیر تو ایسے علاقوں میں رہتے ہی نہیں اگر کوئی شازونادر رہتا بھی ہے تو وہ اس سیلاب کا رخ ہی بدل دیتا ہے۔اس لیے یہ بھی ہمارے طبقے کے باشعور افراد پر فرض عائد ہوتا ہے کہ وہ اپنے طبقے کے افراد کو اس سیلاب سے بچاو کے لیے انقلابی حوالے سے میدان عمل میں آئیں۔اپنے تمام ادرے خود

تعمیر کریں۔جو حکمرانوں کے نہیں یا سامراجیوں کی پیٹھو این جی اوز کا نہیں اور نہ ہی نہ اپنے رتبے کو بڑھنے یا پارلیمنٹ میں جانے کی ہوس کے مفادات پرستوں ، اور نہ ہی خدا کے نام پر نکھٹو ملاوں اور انکی جماعتوں کے بھیک مانگوں کے ادرے ہوں یہ کیمپ انقلابیوں کے ہوں جو اپنے طبقے کی مدد کرتے ہوئے ایک سرخ احتجاجی جھنڈا بھی بلند کیے ہوئے ہوں جس پر لکھا ہے اس عذاب کا ذمہ دار کوئی اور نہیں بلکہ موجودہ حکمران اور انکا نظام ہے آو اسے بدل ڈالیں اور ہر عذاب سے ہمیشہ ہمیشہ کے لیے چھٹکارہ حاصل کریں۔

فوج اور بنیاد پرست کیا فتح کرنا چاہتے ہیں

جنگ میں سب سے پہلے جس چیز کا قتل ہوتا ہے وہ سچ ہے جسے ہمیں آج ناگزیر طور پر تلاش کرنا ہے ویسے تو ہم ہمیشہ سچ کی تلاش میں ہی رہتے ہیں۔ جنہیں بحرانوں کے ادوار میں بہت گہرا دفن کر دیا جاتا ہے۔اور ساتھ ہی یہ بھی دیکھنا ہے کہ ہمارے عوامی مسائل کو اس جنگ میں دبایا تو نہیں جا رہا جس میں چینی، آٹا، بجلی ، پانی، روزگار ، صحت، تعلیم اور دوسرے بنیادی انسانی مسائل شامل ہیں جن کے بغیر زندہ نہیں رہا جاسکتا؟۔

مذہبی انتہا پسندی یا بنیاد پرستی کے خلاف لڑنے سے پہلے اور پاکستان میں آج کسی بھی امن کی خواہش سے پہلے تمام مذہبی جماعتوں پر مکمل پابندی عائد کی جانی چاہیے اور ان کے تمام اثاثوں کو قومی ملکیت میں لیتے ہوئے۔تمام مذہبی مدرسوں کو بھی قومی ملکیت میں لے کر ان کو سرکاری سکولوں میں تبدیل کیا جانا چاہیے۔کیونکہ آج پاکستانی ریاست کے تاریخی بحرانوں کو ان مذہبی ٹھکیداروں نے مزید خون خوار بنا دیا ہے۔جہاں ایک طرف ملائیت کی جنونیت کے بم دھماکوں میں بے گناہ معصوم عوام کے خون کی بہتی ندیاں ہیں تو دوسری طرف ریاستی فوج کی سوات ، مالاکنڈ، بلوچستان کے بعد فاٹا پر بربریت ہے۔ہر طرف خون بہہ رہا ہے ، آگ لگی ہے سب کچھ اجڑ رہا ہے ، ہر طرف بربادی پھیل چکی ہے جس کا شکار صرف اور صرف غریب عوام اور محنت کش طبقہ ہے جس کے پاس پاکستان میں رہنے کے علاوہ کوئی

دوسرا متبادل نہیں ہے اور انہوں نے یہیں رہنا ہے۔

یہ محنت کش چاہیے پختون خواہ کا ہو، پنجاب ، بلوچستان ، سندھ ،کشمیر ،بلتستان کا ہو یا پھر سوات ، ملاکنڈ اور فاٹا کا ہو، اس جنگ میں سب سے زیادہ متاثر ہوا ہے اور ہو رہا ہے جبکہ اس عوام کے لیے پہلے ہی بے روزگاری ، غربت ، لوڈ شیڈنگ ، تعلیم ، چینی ، آٹا ، خوراک جیسے بنیادی مسائل کسی جہنم کے عذاب سے کم نہیں ہیں۔ آج حکمرانوں اور انکی ریاست کے اداروں کی آپسی حکمرانی کی لڑائی میں بے گناہ عوام کو بے دردی سے ہر روز قتل کیا جا رہا ہے۔ آج ہمیں جس سوال کا جواب چاہیے وہ یہ ہے کہ اس جنگ میں کون کس کو فتح کر رہا ہے ؟ پاکستان کی فوج اپنے ہی ملک کو فتح کرنا چاہتی ہے یا اسلامی بنیاد پرستی، مسلمانوں کو یا اسلام کو فتح کرنے کے لیے، ان دونوں نے یہ آگ ، خون اور انسانی بربادی کا ہولناک کھیل شروع کر رکھا ہے ۔دوسرا سوال جو اہم ترین ہے وہ یہ ہے کہ کیا، اس جنگ میں اگر کسی ایک فریق کی جیت ہو جاتی ہے جو ممکن نہیں ہے۔تو کیا اس سے ملک وقوم کی موجودہ ابتر حالت بہتر ہوگئی یا کچھ تبدیل آئے گئی۔ ہر ذی شعور اس کا جواب آسانی سے دے سکتا ہے جو کہ منفی یعنی ،، نہیں ،، میں ہے۔ پھر یہ جنگ کیوں اور کس کے لیے ہے ؟

ہم نے آج نہیں بلکہ پہلے بھی کئی بار اور ہر بار لکھا ہے کہ اس جنگ کا کوئی انت نہیں کیونکہ دونوں طرف حکمران طبقات اور اس کے گماشتے ہیں جو حکمرانی کے لالچ اور ہوس کا شکار ہیں۔جن کا مذہب دین دھرم ملک وقوم صرف اور صرف روپیہ پیسہ ، دھن دولت اور سرمایے کے مفادات ہیں یہ ریاست اور اسکے ادروں اور حکمرانوں کی جنگ ہے۔ جس کا عوام اور محنت کش طبقے سے کوئی واسطہ نہیں اور اگر کوئی واسطہ یا تعلق ہے تو بس اتنا کہ عوام نے اس جنگ میں مرنا یا برباد ہو ناہے یا پھر عوام کو اپنی بقا کے لیے اس نام نہاد جنگ کے خلاف

اپنی عوامی لڑائی کا آغاز کرنا ہے جو ان کو موجودہ اذیتی حالات سے نجات دلاسکتی ہے۔کیا آپ سمجھتے ہیں کہ کوئی ایک گروپ یا تنظیم کسی بڑی اور مسلسل مدد اور پشت پناہی کے بغیر ایک باقاعدہ ریاستی فوج کا مقابلہ کر سکتی ہے؟ اور وہ بھی دنیا کی آٹھویں بڑی جدید ترین اسلحہ سے مسلح فوج کا؟ یقیناً نہیں۔آج تک جو طالبان یا القاعد پاک فوج کے خلاف مذاحمت کر رہے ہیں یہ کبھی بھی مقامی اور عالمی حکمرانوں، ریاستوں اور ریاستی اداروں کے ایک حصہ کی پشت پناہی کے بغیر اتنا لمبا عرصہ لڑ نہیں سکتے۔اور دوسری طرف پاکستانی ریاست بھی اپنے نظام کے ہاتھوں کمزور اور اپاہج ہو چکی ہے جس سے یہ حکمران طبقات اور ریاستی اداروں کو اکھٹا رکھنے سے قاصر ہے اور دوسری طرف اب یہ حکمرانوں کی مالیاتی ہوس کی آبیاری کرنے کے قابل بھی نہیں رہی۔مزید برآں آج یہ بھی واضح ہو چکا ہے جو زد زبان پر عام ہے کہ گلف اور سعودی عرب کی ریاستیں اور انکے حکمران پاکستان اور افغانستان میں اپنے رجعتی مفادات کی بازیابی کے لیے ملائیت کی بھرپور مدد کرتے ہیں ان سب میں جماعت اسلامی سرفہرست ہے۔اور ساتھ ہی امریکن ایجنسیاں بھی مذہبی انتہا پسندوں کی اس لیے مدد کرتی ہیں کہ امریکن ریاست اور دوسرے ممالک جنگیں کرتے رہیں تاکہ آج دنیا میں سب سے زیادہ تیار ہونے والا اسلحہ جو امریکہ کے ڈپوؤں میں پڑا ضائع ہو رہا ہے اس کو منڈی میسر رہے اور یہ فرمیں منافع کماتیں رہیں کیونکہ اسلحہ بنانے والی فرمیں قومی ملکیت میں نہیں بلکہ نجی مالکان کے کنٹرول میں ہیں جنکو صرف اپنے بڑھتے منافعوں سے غرض ہے۔

شرح منافع کا مسلسل حصول ہی سرمایہ داری اور منڈی کا بنیادی اصول ہے۔اس لیے اوریقیناً منڈی کے پھیلاو اور اس میں اسلحہ کی زیادہ سے زیادہ کھپت سے ہی شرح منافع قائم رہ سکتا ہے۔یعنی جنگیں مزید جنگیں اور پھر شدید ترین بھیانک ترین اور وسیع ترین جنگیں

ہوتی رہنی چاہیں ، اسی لیے تو کہا جاتا ہے کہ،، جنگیں جیتنی بڑی اور ہولناک ہوتی ہیں ان سے کمائے جانے والے منافع بھی اتنے ہی بلند اور زیادہ ہوتے ہیں،،۔جنگ جہاں سیاست کو لاگو کرنے کا ایک جبرانہ طریقہ کار ہے وہاں ایک بڑی دوکانداری اور بڑا کاروبار بھی ہے۔اور اب یہی دھندے سرمایہ داری کے تحت پاکستان کا اور اس کرہ ارض کا مستقبل ہیں یعنی قتل وغارت ،خون ریزی ، تباہی اور جنگیں۔

مارکسی استادوں نے اس کی پیش بندیاں بہت پہلے کر دی تھیں۔ولادی میر نے اپنی کتاب ،، سرمایہ داری سامراج کی آخیری منزل ،، میں لکھا ہے کہ اب اس کرہ ارض پر سرمایہ داری جتنی طولت اختیار کرے گئی یہ روز باروز پہلے سے زیادہ بھیانک اور خونی ہوتی چلے جائے گئی۔کیونکہ ہر سیاست معیشت کو منعکس کرتی ہے۔موجودہ معیشت تباہ حال ہے اور موجودہ رائج الوقت نظام میں ترقی اور ارتقا کی ہر صلاحیت کا دم گھٹ گیا ہے نہ صرف مقامی سطحوں پر بلکہ عالمی سطح پر بھی، اس لیے موجودہ نظام کے تحت اس زمینی کرہ ارض پر تباہ و بربادی کسی بھی مارکسسٹ کے لیے عجب نہیں ہے۔اسی تباہی سے بچاو کے لیے تو وہ اشتراکی انقلاب کے لیے لڑتے رہے ہیں اور آج بھی لڑ رہے ہیں کیونکہ عالمی سرمایہ داری،، سامراجیت،، کی شکل اختیار کر کے اپنے اندر سماجی ترقی کی تمام گنجائش ختم کر بیٹھی ہے جس سے اسکے قائم رہنے کی تمام سماجی بنیادیں بھی دم توڑ گئی ہیں اب یہ اپنے آپ کو صرف اور صرف ظلم وجبر اور زبردست استحصال پر ہی قائم رکھ سکتی ہے۔یہ وقت کا پہیہ الٹا گھومنا چاہتی ہے اور ماضی کی خوشحال سرمایہ داری کو دوبارہ بحال کرنا چاہتی ہے جو ممکن نہیں۔اس سے آج معاشرے میں انتشار اور خلفشار بڑھ رہا ہے جس کو حکمران کنٹرل کرنے کے لیے ظلم کی آخیری حدوں کو بھی کراس کررہے ہیں اور پوری دنیا میں جنگ جدل کا بازار گرم کر رکھا

ہے اور یہی تباہ کن موجودہ حالات آج کے نظام کے خاتمے کا اعلان ہیں۔یقیناًعالمی سرمایہ داری کی تباہی سب سے پہلے چھوٹی اور کمزور منڈیوں یا ممالک میں اپنا بدترین اظہار کرے گئی جو آج نمایاں طور پر ہر طرف نظر آ رہا ہے پاکستان بھی انہی میں سے ایک ہے۔ہمارے حکمران ،روائتی دانشوار اور صحافی ہمیں یقیناًایسے تجزیوں اور باتوں سے روکتے ہیں اور روکیں گئے جس سے انکے مفادات خطرے میں پڑ جائیں کیونکہ انکا روزگار اور ملازمتیں موجودہ استحصالی نظام سے منسلک ہیں۔لیکن سچ کو آنچ نہیں ہمیں حقائق کا سنجیدگی اور دینداری سے تجزیہ کرنا ہے اور یہی حقیقت ہے کہ آج محنت کشوں کو ایک ہونا ہے

ہمارے مطالبات

جماعت اسلامی سمیت تمام مذہبی جماعتوں پر مکمل پابندی عائد کی جائے ، انکے اثاثوں کی ضبطگی۔مذہب رنگ ، زبان ، یا کسی بھی تعصب کی بنیاد پر جماعت بندی پر مکمل پابندی ہو۔

طالبان اور دسری انتہاپسند جماعتوں کی جنونیت کے خلاف پاکستان کی عوام اور محنت

کش طبقے کو فوجی تربیت اور مسلح کیا جائے۔

انتہاپسندی کے خلاف جنگ کو منظم کرنے کے لیے عوام کی مسلح کمیٹیاں تشکیل دی جائیں جن کی قیادت کو یہ خود منتخب کریں۔

پاکستان کے تمام میڈیے کو اس سے منسلک ورکروں اور انکی منتخب قیادت کو دیا جائے جو آج بنیاد پرستی کو پھیلانے اور عوام پر استحصال کو پروان چڑھاتا ہے۔

تمام بڑی صنعتوں کو قومی ملکیت میں لے ان کو مزدوروں کے جمہوری کنڑول میں دیا جائے

تا کہ زیادہ سے زیادہ پیداوار کر کے ملکی بحرانوں کو ختم کیا جاسکے اور مالکان کے پیدا کردہ خودساختہ بحرانوں کا بھی سد باب ہو سکے۔تمام ملکی معاشی اور سماجی سرگرمیوں کو تمام کام کے قابل افراد میں برابر تقسیم کیا جائے اور ایک تولہ سونے کے برابر ہر مزدور کی تنخواہ کی جائے۔اور بے روگاری کی صورت میں کم از کم دس ہزار الاونس دیا جائے۔اور تمام ملکی دولت کو برابر تقسیم کرنے کے تمام اقدامات کیے جائیں ہم سمجھتے ہیں کہ معاشی مسائل کے حل کے بغیر کوئی ایک بنیادی مسئلہ حل نہیں ہو سکتا نہ کوئی سیاسی ، سماجی اور نہ ہی طالبان کی لعنت کا۔جس کے لیے میں مزدور انقلاب کی طرف پیش رفت کرنا ہوگی۔

اکتیس نومبر دو ہزار نو

ڈینگی بخار جیسے بیمار سماجی حالات نے دہشت گرد بنا دیا

پورا پاکستان اکثر ڈینگی بخار اور سیلاب کی دہشت کی زد میں رہتا ہے۔حکومت پنجاب نے ڈینگی سے بچاو کے لیے ایمر جنسی نافذ کی اور سری لنکا سے ڈینگی کے خاتمے کے لیے ماہرین کی ٹیمیں بھی بلائیں جن کا یہ کہنا ہے ڈینگی کا حملہ بہت شدید ہے۔او ر انھی ماہرین کے مطابق ڈینگی وائرس ساحل سمندر کے علاقوں میں پایا جاتا ہے جو کہ صاف پانی کا وائرس ہے ۔کچھ لوگ حیران ہیں کہ لاہور سے شروع ہونے والا ڈینگی بخار پنجاب میں کیسے آیا کیونکہ یہاں توکوئی سمندر نہیں ہے ماسوائے جو چند دریا ہیں وہ بھی اکثر سوکھے رہتے ہیں اور جہاں تک صفائی ستھرائی کا تعلق ہے وہ تو عوامی علاقوں میں کبھی تھی ہی نہیں پینے کا صاف پانی تک میسر نہیں پھر یہ صاف پانی کی بیماری کہاں سے آئی ؟؟؟ اس لیے اب اکثر لوگ یہ بھی کہہ رہے ہیں کہ ڈینگی وائرس کا حملہ عوام کے خلاف عوام دشمن طاقتوں کی منظم سازش ہے؟۔

ڈینگی وائرس کو میڈیے نے بھی ایک ہولناک دہشت گردی بناکر عوام کو خوف و ہراس میں میں مبتلا کر دیا ہے۔حکمران اس جلتی آگ پر تیل ڈال رہیں ہیں دانشور اور کالم نگار بھی کسی سے پیچھے نہیں ہیں۔ہر روز ڈینگی سے اموات کی خبریں شہ سرخیاں میں آتی ہیں جو عوام کے دکھوں کا مداوا کرنے کی بجائے اس میں اضافے کا باعث ہے اس عوامی دکھ اور درد میں بھی میڈیے اور حکمران اپنا اپنا دھندہ خوب چلا رہے ہیں۔میڈیا گرما گرم خبروں اور اشتہاروں

سے خوب پیشہ بن رہا ہے جبکہ حکومت اپنے جرائم اور بد اعنوانیوں کو پس منظر میں دھکیل کر عوام سے ہمدردی کر کے اپنی سیاسی حمائت میں اضافہ حاصل کرنے میں مصروف ہیں ڈینگی سے آگاہی کو تعلیمی نصاب میں بھی شامل کیا جا رہا ہے۔ میڈیے اور حکمرانوں نے مل کر ڈینگی کو ایک ہولناک سیلاب ، طوفان اور وبا بنا کر شعوری طور پر پیش کر رہے ہیں جس کو ملا بھی اپنے دھندے چمکنے کے لیے عذاب الہٰی سے تشبیہ دیکر خوب چندے اکھٹے کر رہے ہیں۔

جبکہ حقیقت میں ڈینگی وائرس اتنا خطرناک نہیں جتنا اس کو بھیانک بنا کر پیش کیا جا رہا ہے۔ لیکن یہ بالکل درست ہے کہ ایک کم خطرناک وائرس کو بھی پاکستان کے تباہ حال اور بیمار سماجی حالات ، اور ڈھانچے نے خطرناک ترین بنا دیا ہے اس میں قصور ڈینگی وائرس سے زیادہ پاکستانی حکمرانوں اور ریاست کا ہے جن کی لوٹ مار میں ملک برباد ہو گیا ہے پورا انفراسٹکچر کمزورلاغر اور اپاہج ہو گیا ہے جو ہر چھوٹے سے چھوٹے مسئلہ اور معمولی سی معمولی بیماری کو عذاب بنا دیتا ہے۔

آج پاکستان پر ڈینگی کا تیسرا موسمی حملہ ہے جو پہلے حملوں سے شدید ترین ہے اور ماہرین یہ کہا رہے ہیں کہ اگر اس کے خلاف حفاظی انتظامات نہ کیے گئے تو ڈینگی وائرس اگلے سال پھر حملہ کرئے گا جو آج سے کہیں زیادہ بڑا اور شدید ہو گا۔ ملک میں ڈینگی کے خلاف ایمرجنسی کا نفاذ کوئی مستقل حل نہیں ہے۔ بلکہ اس کے خلاف لڑائی پاکستان کے خستہ حال سماجی حالات کے خلاف لڑائی ہے جو اس بیماری کی بنیادی وجہ ہے کیونکہ موجودہ کمزور اور بیمار سماجی حالات میں ہر معمولی سے معمولی اور کمزور سے کمزور وائرس اور بیماری کو طاقت اور توانائی ملتی ہے جس سے یہ وائرس نشو نما کر کے پھلتے پھولتے ہیں اور معصوم غریب عوام کی موت کا باعث بن جاتے ہیں۔ جس پر کوئی بات نہیں کرتا نہ حکمران اور نہ ہی عظیم آزاد، غیر جانبدار اور

مقدس میڈیا جو پاکستان میں ہر جسمانی ، ذہنی ، معاشی اور سماجی بیماری کے جنم داتا ہیں۔

آج حکمران اور تمام میڈیا عوام کو ڈینگی سے اس لیے خوفزدہ کر رہے ہیں کہ یہ پاکستان کو کسی حوالے سے بھی چلانے میں مکمل ناکام ہیں۔سیاسی ، سماجی اور معاشی عدم استحکام اور مسائل ملک اور عوام کو کچا چبا رہے ہیں۔آج ہر طرف اچھے کی نہیں بلکہ برے کی ہی آواز ہے۔اور اسی آواز کو دبانے کے لیے چھوٹے سے چھوٹے نان ایشو کو بھی بڑا ترین اور اہم ترین ایشو بنایا جاتا ہے اور اصل عوامی مسائل سے عوام کی توجہ ہٹائی جاتی ہے۔

پاکستان کے چند لوگ یا خاندان تو انتہائی امیر ترین ہیں جبکہ اکثریتی عوام غریب ترین ہیں۔ پاکستان کی نام نہاد اقتصادی اعدادوشمار کی ترقی نہ تو یہاں کی سماجی ترقی ہے اور نہ ہی یہاں کے عوام کی خوشحالی ہے بلکہ چند خاندانوں کی دولت میں بے تحاشہ اضافہ ہے جو ہر روز بڑھتا ہی جا رہا ہے۔ پاکستان کے حالات آج حکمرانوں کی نا انصافیوں اور زیادتیوں کی منہ بولتی تصویر ہے۔ ایک طرف ڈینگی ہے تو دوسری طرف سندھ میں سیلاب ہے۔آج جب پانی آیا ہے تو وہ تباہی مچا رہا اور کل جب پانی اتر جائے گا تو پھر تباہی مچائے گا انسانی اور زمینی بیماریوں کی وجہ سے۔اور جب یہ پانی مکمل اتر جائے گا تو پھر خشک سالی کی تباہی مچائے گا۔ دوسری طرف خوف اور دہشت کا راج ہے جس میں بم دھماکے ، مہنگائی ، بے روزگاری ، کم اجرتیں ، نجکاری ، بر طرفیاں ، لوڈشیڈنگ ، غربت ان سب مسائل کی دہشت گردی ہی تو ہے جو موجودہ سرمایہ داری نظام کی پیدا کردہ ہے۔ یہ ہے خاصہ ہمارے دیش کا جہاں ہر مسئلہ کسی بڑے عذاب سے کم نہیں یہاں زندگی بھی عذاب ہے اور موت بھی۔ہاں اگر زندگی اور عیاشی ہے تو وہ چند امیروں کی یا حکمرانوں کی ہے۔جن کو دال روٹی کے بھاو کا تو کیا علم ہو گا انکو تو اپنی امارت اور اندھی دولت کا بھی صحیح اندازہ نہیں ہے۔

جو لوگ ڈینگی اور سیلاب سے متاثر ہوتے ہیں یا اس میں مرتے ہیں، بے روزگاری میں تڑپتے ہیں ، کم اجرتوں سے بنیادی ضروتوں کو ترستے ہیں ، اچھے علاج کی حسرت کرتے ہیں ،خوشحال زندگی کے تصور سے بھی ناآشنا ہیں ، بچوں کی تعلیم ، اور زندگی میں سکھ کی سانس کے آرزو مند ہیں طبقاتی جنگ انہی کی لڑائی ہے جو انکو خود لڑنا ہوگئی ان کے لیے کوئی مسیحانہیں آئے گا اورنہ ہی لڑے گا انہیں اپنا مسحا خود بنا ہو گا۔ وہ پی پی کی قیادت ہو مسلم لیگیں ہوں، ایم کیو ایم ہوں، مذہبی لسانی علاقائی تنظیمیں یا پارٹیاں ہوں وہ عوام کی لڑائی کبھی نہیں لڑیں گئیں کیونکہ عوامی مسائل ان کے مسئلے نہیں ہیں وہ اپنے مسائل جو ان کی بے تحاشہ دولت میں اضافہ کے ہیں،بڑھتی جائیداوں اور ملکیتوں کے ہیں یہ ان کو حل کریں گئے جس کے لیے وہ عوام کا مزید ستحصال کی بھٹی میں جھونک دیں گئے ۔اپنی حکمرانی قائم رکھنے کے لیے عوام میں فرقہ واریت پیدا کریں گئے انکے اتحاد کی طاقت کو ہر طریقے سے تباہ کریں گئے اور جب تک یہ عوامی دشمن کامیاب ہوتے رہیں گئے محنت کش عوام کی زندگیاں ذلت اور غربت کی گہرائیوں میں گرتی چلی جائیں گئیں اور جس دن ہم عوامی اور طبقاتی بنیادوں پر ایک ہوں گئے وہی دن ہماری زندگیوں کو بدلنے کا آغاز ہو گا

بیس ستمبر دو ہزار گیارہ

نصرت بھٹو کی وفات پر رجعت کی وبا

آج نصرت بھٹو کی وفات پر ایک بار پھر پیپلز پارٹی کے اندار عوام دشمن طاقتیں متحریک ہوں گیس ہیں۔اس لیے کہ نصرت بھٹو کی وفات پر 1968۔69 کے عوامی انقلاب کی وراث پیپلز پارٹی کی انقلابی روایات کو زندہ کیا جاناچاہیے تھا اس پارٹی کے مقصد کو تازہ کیا جاتا۔ سماجی تبدیلی کے لیے عوام دشمن طاقتوں کے خلاف عہد اور عزم کیا جاتا عوامی مسائل کے حل اور اس میں حائل روکاوٹوں کے خلاف طبقاتی صف بندی کیا جاتی۔عوام اور پارٹی ورکروں میں سیاسی اور انقلابی شعور بیدار کیا جاتا اور پارٹی کی کھوئی ہوئی ساکھ بحال کرنے کی کوشیش کی جاتی لیکن بدقسمتی سے ہر بار کی طرح اس بار بھی پارٹی قیادت نے تمام پارٹی کارکنوں کو کھجوروں کی گیٹکیں پڑھنے اور دعائیں مانگنے پر لگا دیا۔یہ عمل پارٹی میں ورکروں کو افیم دے کر سیاسی طور پر سولانے اور خسی کرکے عوامی جدوجہد روک کر پارٹی تباہ کرنے کی سازش ہے ۔کیونکہ پیپلز پارٹی جس کی احساس ہی بنیاد پرستی اور سرمایہ داری کا خاتمہ تھا اب اس کا قیام ہی منشور بنا دیا گیا ہے۔

بھٹو کی پھانسی پر بھی پارٹی قیادت نے کوئی عوامی تحریک چلانے سے گریز کیا جس سے نہ صرف بھٹو کو آسانی سے پھانسی پر لٹکانے کے حالات پیدا ہوئے بلکہ ان حالات نے ہی ملک میں مارشل لا کی بھیانک رات کا آغاز اوراس کو طویل کر دیا پھر بے نظر کے قتل پر بھی اسی

عمل کو دوہرایا گیا اور اب نصرت بھٹو کی موت پر بھی عوام اور پارٹی کارکنوں کو رجعتی ٹرک کی بتی کے پیچھے لگا دیا گیا ہے جو پارٹی اور عوام دشمنوں کو مضبوط کر رہا ہے یہ آئندہ بھی عوام اور پارٹی پر حملے کرتے رہیں گئے۔کیونکہ پارٹی قیادت نے پارٹی کو جرات مند اور دلیر بنانے کی بجائے بزدل اور کمزور بنا دیا ہے اور یہی اس کی پستگی اور بربادی کی وجہ ہے۔جس طرح پاکستان پیپلز پارٹی 1968۔69 کے ایک عوامی انقلاب کی پیداوار ہے اسی طرح اس سے منسلک ہر چیز آج بھی اس انقلاب کی پہچان ہے۔اور اسی انقلاب کی کوکھ سے پاکستان پیپلز پارٹی کی بنیادی دستاویز نے جنم لیا جو برصغیر وہند کی تمام تاریخ میں کسی بھی پارٹی کا انقلابی ترین اور سوشلسٹ دستاویز کا ردجہ رکھتی ہے ۔جس میں صاف لکھا ہے کہ ،، ہماری جدوجہد طبقات سے پاک سماج کے لیے ہے ،،۔اس انقلاب نے پیپلز پارٹی کا وجود اور کردار بھی ناقابل مصالحت طبقاتی کشمکش کی علامت بنادیا جس سے سرمایہ دار ، جاگیردار ، فوجی حکمران اور امریکہ سمیت تمام سامراج خوف و ہراس میں مبتلا ہو گے ان کو اپنے مالیاتی مفادات اور نظام خطرہ میں نظر آیا۔پاکستان کے تمام حکمران طبقات اور امریکہ اس پیپلز پارٹی کو جو طبقاتی کردار اور پاکستان میں عوامی انقلاب کی ایک نشانی بن گئی تھی مٹانے کے در پے ہو گئے۔۔پارٹی قیادت کی اپنی نظریاتی اور طبقاتی کمزوریوں کی وجہ سے انقلاب کو مکمل نہ کرنے کی سزا پیپلزپارٹی آج بھی بھگت رہی ہے۔اور اسی ادھورے انقلاب نے عوام دشمن طاقتوں کو یہ موقع فراہم کیا کہ وہ پیپلز پارٹی کے ساتھ تاریخ کا عظیم ترین ظلم رو رکھیں سکیں۔

ایک مشہور کہاوت ہے سانپ کو پہلے چھڑو مت جب چھڑو تو پھر چھوڑو مت اور یہی پیپلز پارٹی سے ایک ناقابل معافی غلطی ہوئی جس کی خون میں ڈوبی سزاا سے آج بھی مل رہی

ہے۔

عوام دشمن قوتوں نے نہ صرف ذوالفقار علی بھٹو کو قتل کیا بلکہ اس کے تمام خاندان اور بے شمار انقلابی جیلے کارکنوں کو مٹا دیا اور آج نصرت بھٹو کا چراغ بھی گل ہو گیا۔سامراج اور حکمرانوں نے پاکستان کے اس سوشلسٹ انقلاب سے منسلک ہر شے کو مٹا دیا۔لیکن وہ آج بھی پاکستانی عوام کے اندر انقلاب کی خواہش کو نہیں مٹا سکے اور نہ کبھی مٹا سکیں گئے۔کیونکہ جو حالات سماجی تبدیلی کے لیے قیادت اور پارٹی کو جنم دیتے ہیں اور جب وہ اس مقصد کو پورا نہیں کر پاتے تو یہی حالات اسے تباہ برباد کرکے اس سماجی تبدیلی کا فریضہ کسی اور کے کندھوں پر ڈال دیتے ہیں لیکن سماج کی حقیقی تبدیلی تک یہ عمل جاری رہتا ہے اور وقت کے ساتھ ساتھ یہ زیادہ کرب ناک ، بھیانک ، خونی اور اذیتی ہو تا چلا جاتا ہے۔آج پاکستان کے حالات اسی کا برملا اظہار ہیں۔

پیپلز پارٹی کو اس کے دشمنوں نے نہیں بلکہ اس کے اپنوں نے اسے مارا ہے۔اس کی سرمایہ دار ، جاگیردار ، عوام دشمن اور سامراج گماشتہ قیادت اس کی تباہی اور قتل کی ذمہ دار ہے۔ پیپلز پارٹی کی قیادت ریاستی افسرشاہی اور امریکہ کے آگے جیتی مرضی ضمیر ، جسم اور ایمان فروشی کر لیے وہ ان پر کبھی بھی اعتبار نہیں کریں گئے۔ریاست اور حکمرانوں کا پی پی رہنماوں اور حکومت پر اعتماد نہ کرنے کی وجہ پی پی قیادت کی عوام دشمنی اور سامراج غلامی پر شک نہیں بلکہ اس پارٹی کا وجود ہے جو انقلاب کی نشانی ہے۔جو سرمایہ داری کے خاتمے کے لیے وجود میں آئی تھی یہ پارٹی ان کے سروں پر لٹکتی تلوار ہے جو بے شک اب کند ہوچکی ہے اس کے باوجود عوام دشمن آج بھی پی پی سے خوف زدہ ہیں۔ریاست اور عوام دشمن حکمرانوں سے پی پی قیادتوں نے ہر دور میں لڑنے کی بجائے ان سے گری سے گری

مصالحت کی۔پارٹی کے اندر اور باہر اس کا دفاع اور تحفظ کرنے والے مخلص ورکروں اور انقلابیوں کو باہر نکل دیا۔ان سے ظلم و زیادتی کا سلوک کیا اور پارٹی کو خسی ، کمزور اور لاغر بنانے کی تمام تر کوشیش کیں جس میں وہ کامیاب بھی ہوئے۔

پیپلز پارٹی کے انقلابی کارکنوں کے کندھوں پر تاریخ اور وقت نے ایک بڑی ذمہ داری عائد کر دی ہے پارٹی کو اس کے بنیادی سوشلسٹ منشور پر منظم کرنے اور اس کو بدعنوان اور عوام دشمن قیادت سے پاک کر کے طبقات سے پاک سماج کے لیے ایک سوشلسٹ انقلاب کرنے کا بڑا فریضہ اب انکا ہے۔وگرنہ تاریخ اور وقت کبھی کسی کو معاف نہیں کرتے

انا تیس اکتوبر دو ہزار گیارہ

پاکستان میں سیلاب۔خدا یا حکمرانوں کا عذاب

پاکستان میں جب بارشیں نہیں ہوتیں تو خشک سالی آجاتی ہے اور جب بارشیں ہوتیں ہیں تو سیلاب آجاتے ہیں۔اس سے معلوم ہوتا ہے کہ یہ عذاب الٰہی نہیں بلکہ عذاب موجودہ نظام اوراس کو قائم رکھے ہوئے حکمران ہیں۔کیونکہ بار بار کی سیلابی تباہی کے باوجود اس کے سد باب کے لیے کچھ نہ ہونے سے انتظامیہ ، حکومت اور نظام کا ناقص پن اور نااہلی ثابت ہوتی ہے۔حالانکہ یہ پاکستان میں پہلا بلند ترین سیلاب نہیں ہے اور سب کو معلوم ہے کہ یہ آخیری بھی نہیں ہے۔آج مون سون بارشوں سے آنے والا 1929انیس سو انا تیس کے بعد کا یہ عذاب ناک سیلاب جس میں اب تلک1500 پندرہ سو سے زائد انسانی جانوں کا ضائع ہو چکا ہے جنکی شرح میں مسلسل اضافہ ہو رہا ہے اور یہ وہ ہیں جنکا پتہ چل سکا ہے جب کہ حقیقت میں ان مرنے والوں کی تعداد اس سے یقیناً کہیں زیادہ ہے۔لاکھوں افراد بے گھر اور بے سروسامان ہو چکے ہیں۔خطرناک وباہیں پھیلنے کے آثار نمایاں ہیں۔عوام بے یارو مدد گار مایوسی اور ناامیدی میں زندہ لاشیں بنتے جا رہے ہیں جن کے پاس نہ کچھ کھانے کو اور نہ ہی پینے کہ پانی تک ہے۔پختوان خواہ میں لوگ درختوں کے پتے کھا کر زندہ ہیں۔تمام سیلاب زدہ عوام کچھ اور کسی امید کو ترس رہے ہیں جب کہ حکمران اور تمام روائتی پارٹیوں کی قیادیں عوام کی اس اذیت اور دکھ پر اپنی اپنی سیاست کی دوکانداری کرنے اور اپنے مالی اور سیاسی دھندوں کو بڑھنے کی فکر میں ہیں۔ملک کے صدر زرداری صاحب جو نہ صرف جمہوری

صدر ہیں بلکہ عوامی پارٹی کے سربراہ بھی ہیں ان مشکل اور کٹھن حالات اور مرحلے میں اپنی عوام کو تنہا چھوڑ کر باہر چلے گئے ہیں اس سے موجودہ حکومت اور پیپلز پارٹی پر قبضہ مافیا قیادت کا عوام کی طرف بے حس رویے ثابت ہو جاتا ہے۔اور دوسری طرف تمام اپوزیشن جماعتیں صدر کے غیر ملکی دورے کو ایشو بنا کر موجودہ حکومت کو کمزور کرنے یا گرانے کی کوشیشیں کر کے اگلے الیکشن میں جیتنے کے پلان بنا رہی ہے۔عوام کا کوئی پرسان حال نہیں ان کے مسائل کو سنجیدگی سے حل کرنے کی بجائے انہیں صرف استعمال کیا جا رہا ہے۔میاں صاحب نے سیلاب زدگان کی مدد کے لیےن لیگ کے تمام ممبر پارلیمنٹ کی ایک ماہ کی تنخواہ کا جو اعلان کیا ہے وہ قوم پر بڑا احسان کیا ہے۔میں ان سے پوچھتا ہوں کیا ممبران پارلیمنٹ اپنی تنخواہوں پر زندہ ہیں؟ کیا ان کا اعلی ترین معیار زندگی انکی تنخواہوں میں ممکن ہے؟۔یا کیا یہ تمام ممبران پارلیمنٹ انہی تنخواہوں اور پارلیمنی روزگار کے لیے الیکشن میں اربوں روپے خرچ کر کے آتے ہیں؟ یقیناً نہیں انکو تو ان سرکاری تنخواہوں سے سروکار ہی نہیں ہوتا اور اگر یہ تنخواہیں انکو نہ بھی ملیں تو انکو کوئی فرق نہیں پڑتا کیونکہ ان کا اصل ٹارگٹ سرکاری ماھانہ آمدن نہیں بلکہ سرکاری خزانہ ہوتا ہے جہاں سے یہ اربوں نہیں بلکہ کربوں روپے دونوں ہاتھوں سے لوٹتے ہیں۔یہ اعلان امداد سے زیادہ سیاسی بیان بازی اور عیاری ہے کیونکہ یہ کل رقم آٹے میں نمک کے برابر بھی نہیں۔شریف خاندان کا پاکستان کے ٹاپ آف لسٹ کے پہلے چار امیر ترین خاندانوں میں شمار ہوتا ہے۔اور اتنی حقیر امداد اور وہ بھی تمام ن لیگ کے ممبران پارلیمنٹ دیں گئے یہ خود کچھ نہیں دیں گئے ، صرف ایک مذاق ہی ہو سکتا ہے۔امداد کا دوسرا حصہ پنجاب کے سرکاری ملازمین ادا کریں گئے گریڈ ون کے سرکاری ملازمین اپنی تنخواہوں کا ایک یا دو فیصد، اور اسی طرح بقیہ گریڈ کے سرکاری ملازمین

سیلاب زدگان کے لیے کچھ فیصد تنخواہیں دیں گئے۔ حقیقت میں یہ غریب ملازمیں اپنی تنخواہوں سے کچھ فیصد رقم دیں گئے نہیں بلکہ انکی تنخواہوں سے زبردستی کاٹ لی جائے گی۔ یہ غریب سرکاری ملازمین جو پہلے ہی ناجانے کس طرح اتنی کم تنخواہوں میں اتنی زیادہ مہنگائی میں اپنی زندگی کی سانسوں لے رہے ہیں اور اب ان کی تنخواہوں سے کٹوتی انکو ناجانے کتنی مہنگی پڑے اس کا خیال کسی کو نہیں ۔لیکن جن کے پاس اربوں اور کربوں روپے اورڈالر ہیں ان سے کوئی ایک پیسہ بھی نہیں لے رہا۔

میاں نواز شریف کے ایسے اعلانوں کا حقیقت سے کوئی تعلق نہیں ماسوائے سیاسی دوکانداری کے اور اگر حقیقت سے تعلق ہے تو بس اتنا کہ اس سے عوام کی زندگیاں پہلے سے زیادہ اجیرن ہو جائیں گئیں۔یورپی یونین نے پاکستان میں سیلاب زدگان کے لیے 30 تیس ملین یور اور امریکہ نے بھی10 دس ملین ڈالر کا اعلان کیا ہے۔سوال یہ ہے کہ کیا یہ امداد حق داروں کو ملے گئی؟ یا پھر ماضی کی طرح حکومتی عہدراروں اور اپوزیشن کو خاموش کرانے میں ہی تقسیم ہو جائے گئی۔کشمیر ، بلوچستان زلزلے میں بے شمار غیر ملکی امداد ملیں وہ کہیں گئی اس کا کوئی ذکر کرنا بھی پسند نہیں کرتا۔اگر حقیقت میں دیکھا جائے تو پاکستان میں آنے والے زلزلے ، طوفان ، سیلاب یا قدرتی آفات جہاں پاکستانی عوام کے لیے کرب ناک عذاب ہوتے ہیں وہاں یہ حکمرانوں کی عید ہو تی ہے۔حکمران عوام کے ان دکھوں ، تکلیفوں ، زخموں اور آنسوں کو عالمی منڈی میں بیچتے ہیں اور امداد کے نام پر خوب کمائی کرتے ہیں۔

اگر حکمرانوں اور انکے موجودہ نظام کے حوالے سے دیکھا جائے تو قدرتی آفات بہت فائدے مند ہیں کیونکہ پاکستان کی اپنی منڈی تو کب کی ختم ہوچکی۔ بجلی ، گیس، پانی ، صحت ، تعلیم ، سڑکیں اور صنعتیں تو ناپید ہو ہیں۔ صنعتی ترقی کے لیے جس سماجی ڈھانچے کی ضرورت ہوتی

ہے وہ موجودہ نہیں ہے بلکہ پہلے سے جو کچھ موجودہ بھی تھا وہ اب تباہ ہو چکا ہے اور جو کچھ بقیہ رہ گیا ہے وہ جلد آئندہ تباہ ہو جائے گا۔سماجی ترقی کرنے کی ہر صلاحیت اب موجودہ نظام میں ختم ہو چکی ہے۔اب صرف خسارے اور بربادی ہی مقدر ہے ۔پاکستان میں موجودہ خستہ حال اور گماشتہ سرمایہ دارارانہ نظام کا تمام تر انحصار صرف اور صرف بیرونی سرمایے پر ہے۔ وہ آئی ایم ایف یا ورلڈ بینک کے قرضے ہوں یا قدرتی آفات کے نام پر عالمی دنیا سے اکٹھی کی جانے والی بھیک ہویا پھر سامراجی ممالک کے ساوتھ ایشا میں مفادات کے تحفظ کے لیے پاکستان کو دی جانے والی غلامی کے لیے امدا ہو۔

موجودہ سیلاب کوئی پہلا جان لیوا اور تباہ کن سیلاب نہیں ہے۔پاکستانی کی 62باسٹھ سالہ تاریخ میں اس سے پہلے بھی19 انیس بلند ترین سطح کے سیلا ب آچکے ہیں۔جس میں8000 آٹھ ہزار سے زائد انسان ہلاک ہو چکے ہیں۔اور بے شمار ان گنت مالی اور سماجی نقصان ہو چکا ہے ۔اگر موجودہ نظام میں صلاحیت ہوتی اور حکمران سنجیدہ ہو تے تو آج کے سیلاب کی تباہ کاری سے بچا جا سکتا تھا۔آج کی جدید دنیا میں سیلاب کو ئی ایسی قدرتی آفت نہیں ہے جس سے محفوظ نہیں رہا جا سکتا۔اگر دریاؤں کو گہرا کیا جائے۔انکے بہاو کے کٹاوں کو کم کیا جائے اور بہاو سیدھے رخ پر کیے جائیں۔پانی کو محفوظ کر نے کے ذخیرے ، تلاب اور ڈیم وغیرہ بنائیں جائیں۔اس سے نہ تو صرف ان سیلابوں کی تباہ کارویوں سے بچا جا سکتا ہے بلکہ اس پانی سے فائدہ آٹھاتے ہوئے اسے استعمال میں لا کر بجلی بنائی جا سکتی ہے اور بارشیں نہ ہونے کی صورت میں خشک سالی کی تباہی سے بھی محفوظ رہا جا سکتا ہے۔لیکن سب سے بڑا سوال یہ ہے کہ یہ کرئے گا کون؟ لوٹنے والے حکمران تو خرچ نہیں کرتے اور نہ کریں گئے-۔اس لیے موجودہ نظام اور اس کے حکمران کی عوام کی بھلائی میں کوئی دلچسبی نہیں بلکہ اس سے

انکے ملکی اور غیر ملکی امدادی چیک ختم ہو جائیں گئے اس لیے وہ ایسا کوئی کام نہیں کریں گئے جس سے انکی آمدن میں فرق پڑے اور جہاں تک عوام کا تعلق انکے لیے تو خدا ہی کافی ہے بقول ملا۔

تمام ملائیت ان قدرتی آفات کو غریب عوام کے اعمال سے منسوب کر کے ظالم حکمرانوں اور موجودہ استحصالی نظام کو بچانے کے لیے جاگیرداروں اور سرمایہ داروں سے اس کی بھاری قیمت وصول کرتے ہیں۔اور عوام کو ان تمام قدرتی اور حکمرانوں کے عذابوں کو جس میں مہنگائی ، بے روزگاری ، بجلی گیس کی لوڈ شیڈنگ ، تعلیم اور صحت کی سہولتوں کا فقدان وغیرہ شامل ہے کو بغیر کسی درد کی سسکی لیے برداشت کرنے کی مذہبی تلقین و تبلغ کرتے ہیں۔جبکہ ہم سمجھتے ہیں اور ہمیں معلوم اور یقین ہے کہ آج قدرتی آفات کو جس طرح ناقابل حل بیان کر کے بڑھا چڑھا کر پیش کیا جاتا ہے۔اس میں بالکل سچائی کوئی صداقت نہیں ہے۔صرف حکمرانوں کی نااہلی اور موجودہ نظام کا فرسودہ پن ہے جو ان قدرتی آفات کو ہولناک عذاب بنا رہا ہے۔موجودہ نظام میں سماجی اور معاشی مسائل کے حل اور قدرتی آفات سے بچاو کی اہلیت کے ختم ہونے سے یہ ان قدرتی آفات کا مقابلہ کرنے کی بجائے ان پر کاروبار کرنے لگے ہیں۔ملا اللہ کے نام پر ، حکمران عوام کے نام پر بیرونی ممالک سے امداد کے لیے، اپوزیشن اقتدار کی لوٹ میں آنے کے لیے۔۔۔۔اور یہ سب کاروبار کریں بھی تو کیوں نہ کریں منڈی کا نظام بھی تو ایک دوکانداری ہی ہے وہ قومی ہو یا عالمی جس میں صرف اچھے دوکانداروں کی ضرورت ہوتی ہے جو ہر شے کو بڑے اچھے طریقے سے فروخت کر سکیں سونا ہو یا کوئلہ دکھ ہوں یا زخم معیشت ہو یا سیاست ہر چیز کو یہاں بیچا اور خریدا جاتا ہے۔اس موجودہ نظام میں شریف اور سدھے سادے عوام کی کوئی گنجائش نہیں اگر ہے تو صرف ایک

جنس کی جیسے ہر حکمران اور سیاسی لیڈر خرید تا اور بیچتا ہے۔اور جو اپنی عوام کو عالمی منڈی میں اچھا بیچتا ہے وہ اچھا حکمران کہلواتا ہے۔

جب ہم سب کا ایک کا دکھ سب کا دکھ ہو گا جب امیر ہوں گئے تو سب ہوں گئے جب کوئی مصیبت میں ہو گا تو سب اسکو اپنی مصیبت تصور کریں گئے اس کے لیے ہمیں طبقاتی اتحاد کی طرف آنا ہو گا جب ہر عذاب وہ سرمایہ داری کا ہو یا قدرت کا شکست خودہ ہو جائے

خود کش حملے، حکمرانوں کے جرائم کی عوام کو سزا

پورے پاکستان میں نا ختم ہونے والے افسوس ناک خود کش حملوں سے انسانی خون ریزی جاری ہے۔قبائل، کراچی، پشاوراور پورے پاکستان میں۔اور اب لاہور میں دوسری بار پھر تین بم دھماکوں یا خود کش حملوں میں بے شمار افراد کے قتل نے یہ ثابت کر دیا کہ حکومت اور ریاست پاکستان انکو روکنے میں بالکل بے بس ہیں۔ جو ریاست کی کمزوری کے ساتھ اس کی ناکامی کو بھی ثابت کرتے ہیں جس کو مشرف اور ریاستی ادارے تسلیم بھی کر چکے ہیں کہ ان خود کش حملوں پر قابو نہیں پایا جاسکتا اورجو اپنی حفاظت نہیں کرسکتے وہ عوام کے تحفظ کی ضمانت کہاں سے دے سکتے ہیں؟۔ ان حالات سے بھوک غربت بے روز گاری مہنگائی کے ساتھ ساتھ اب عوام میں زندگی کے متعلق بھی شدید عدم تحفظ کااحساس مضبوط ہوا ہے۔یہ بم دھمکے اور خود کش حملے حکمرانوں کی 60 سالہ غلط پالیسیوں کا نتیجہ ہیں یعنی یہ حکمرانوں کے جرائم ہیں جن کی سزا پاکستان کی بے گناہ عوام بھگت رہی ہے۔

سال2007 دوہزارسات میں65بم دھماکوں میں1500 پندرہ سو سے زائد افراد ہلاک ہوئے اور سال2008 دوہزار8 آٹھ کے 3 تین ماہ میں11 گیارہ سے زائد خود کش حملوں میں150 ایک سو پچاس سے زائد لوگ مرے جاچکے ہیں۔افغانستان عراق اور پاکستان ان تینوں ممالک میں سے کسی ایک کے بارے میں کوئی عام شخص یہ نہیں کہہ سکتا کہ کہاں خانہ جنگی زیادہ ہے

لیکن مقامی اور عالمی میڈیا اعداو شمار کی روشنی میں اس مسئلہ کو حل کر دیتا ہے یہ پاکستان کو نمر ون قرار دیتا ہے کہ یہاں خود کش حملوں میں سب سے زیادہ اوسط لوگ مارے جارہے۔ ہیں یعنی یہ وہ خانہ جنگی ہے جس کا سرکاری اعلان نہیں ہوااور حکمرانوں کے لیے کتنی شرم کی بات ہے کہ وہ اقتدار کی کرسی سے اس تباہی کے باوجود چمٹے ہوئے ہیں صدر مشرف اپنی طاقت مسلم لیگ ق جس کو قاتل لیگ، قبضہ لیگ کے بعد گجرات لیگ بھی کہا جاتا ہے کے پاش پاش ہونے کے بعد بھی یہ کہہ رہے ہیں کہ میرا اقتدار سے جانے کا سوال ہی پیدا نہیں ہوتا؟ دوسری طرف کون بنے گا وزیر اعظم ؟ کا شور ہے جو بظاہر ایک پیچیدہ مسئلہ بنا ہوا ہے اور ساتھ ہی معذول ججوں کی بحالی بھی ایجنڈے پر ہے جبکہ پاکستان کے معاشی مسائل آج ان سے زیادہ اہم اور سنگین ہیں جن کو حل کرنا ملک کی زندگی اور موت کا سوال ہے جو کسی بھی حکمران اور انکی پارٹی کے کسی بھی ایجنڈے میں سنجیدگی سے نہیں ہیں جن میں اذیتی مہنگائی، بے روزگاری کا سیلاب، بجلی، پانی،گیس، صحت تعلیم رہائش وغیرہ ہیں جبکہ آج سوال یہ ہونا چاہے کہ آئندہ کا وزیر اعظم کیا کرئے گا؟ اس کو کیا کرنا چاہے؟یہ موجودہ معاشی سماجی مسائل کو کیسے حل کرئے گا؟ان اقتصادی مسائل کا حل ہی سیاسی استحکام ہے سیانے سچ کہتے ہیں کہ سیاست معیشت کا عکس ہے اس لیے سیاسی تبدیلیاں اس وقت تک بے سود اور بے کار ہوں گئی جب تک معاشی تبدیلی نہ ہو جو سماجی مسائل حل کرئے۔خود کش حملے بھی موجودہ تباہ کن سماجی اور معاشی صورت حال کی غمازی کرتے ہیں کہ پاکستان کے اندر جاری شدید بحران اب ریاست کے لیے ناقابل برداشت ہوگئے ہیں اور یہ وہی معاشرتی اور مالی مسائل ہیں جو خود کش حملوں کی شکل میں ہر طرف پھٹ رہے ہیں۔ان موجودہ بحرانوں نے کسی شکل میں تو اپنے آپ کو ظاہر کرنا ہی ہوتا ہے اگر انقلابی طریقے ، انقلابی پارٹی اور انقلابی

تحریک نہ ہو تو یہ ردانقلابی اور رجعتی واقعات میں ابھرنے شروع ہو جاتے ہیں۔اور رجعتی پرستی کسی مسئلے کا حل نہیں ہوتا بلکہ مسائل اور بحرانوں کو پہلے سے زیادہ تیز ، سنگین اور بے رحیم بنا دیتے ہیں جو آخیر کار سماج کا رخ تباہی کی طرف موڑ دیتے ہیں۔لیکن انقلابی عمل اور انقلاب سماجی سلامتی، خوشحالی، امن ترقی اور اس کے اعلی معیار کی مکمل گارنٹی دیتا ہے۔

پاکستان کی سرمایہ دار جاگیر دار فوجی ریاست جو سامراج گماشتہ بھی ہے اس نے ماضی میں جو بویا ہے آج اس کو کاٹ رہی ہے بنیاد پرستی انہی حکمرانوں کا طریقہ سیاست رہا ہے اور مسلسل ہے جس سے مستقبل میں پاکستان کا یہ خونی حشر اس سے بھی بدتر ہوتا چلا جائے گا۔

موجودہ سسٹم کی سماج کو ترقی دینے میں ناکامی کی وجہ سے آج پاکستان کی سلامتی اور قیام کے تمام جوازالٹ ہو گئے ہیں۔آج کی تمام نفرت اور ردعمل اس کا ثبوت ہیں کہ ریاست اپنے وجود اور قیام کی تمام مادی بنیادیں اور جواز کھو چکی ہے۔وہی مذہبی جنونیت کا نظریہ جس پر اس نے پاکستان میں عوامی استحصال کی عمارت تعمیر کی اس کی تباہی بن گیا ہے۔ جو غریب اور بے روزگار پہلے خودکشیاں کرتے تھے آج ملائیت اور ریاستی اداروں کے ہاتھوں خودکش بم بن چکے ہیں یہ موجودہ نظام کا بحران اور ریاست کا اپنے آپ سے ٹکراو ہے جس نے عوام کی زندگیوں کو جہنم بنا دیا ہے۔

میں نے پہلے بھی کئی بار لکھا ہے کہ پاکستان میں اب نفرت کی آگ کو کوئی نہیں روک سکتا اور یہ ہر روز بڑھتی ہی جائے گئی۔یہ وہ آگ ہے جو موجودہ حکمرانوں اور اس کی سرمایہ دارانہ ریاست نے خود لگائی ہے جسکو صرف ماسوائے ایک عوامی انقلاب کے کوئی نہیں روک سکتا جس کے لیے پاکستان میں ایک ناقابل مصالحت طبقاتی تحریک کے آغاز کے لیے عوام کو

متحد ہوکر خود متحریک ہونا پڑے گا تحریک کی قیادت خود مزدور کو کرنا ہوگئی۔

عوام کی حکمرانی کے لیے تمام معاشی سماجی وسائل کو اپنے قبضے میں لینے کے لیے جنگ لڑنا ہوگئی۔جو صرف ایک بنیاد پر ہو سکتی ہے ، غریب امیر کی جنگ ، سرمایہ دار اور مزدور کی، جاگیر دار اورکسان کی، مظلوم اور ظلم کی، حکمران اور عوام کی جنگ یہی طبقاتی جنگ ہے جس کی شروعات ہڑتالوں سے ہوں گئ تالہ بندیوں۔اور حکمرانوں کا ہر جگہ گھیراو سے۔لیٹروں کی گرفتاریوں سے۔بد اعنوانوں کے احتساب سے۔ظالموں کی سزاوں سے۔جو انقلاب کے لیے لازمی ہے اور یہی عوامی شعور کے ابتدائی ادارے ہیں اورتب ہو گا عوامی راج جس میں بھوک ننگ افلاس بے روزگاری جنونیت استحصال ایک ناقابل معافی جرم بن جائے گا۔

بارہ مارچ دوہزار آٹھ

نیٹو ، پاک فوج اور جمہوریت

نیٹو کے حملے میں 24 پاکستانی فوجی جوان اپنے روز گار کا تحفظ کرتے ہوئے اور ذمہ داری سے ملازمت کرتے ہوئے ہلاک ہوگئے یہ ہلاک ہونے والے فوجی بھی وردی میں عام مزدور ہی تھے جنہیں بلا جواز مرا وا دیا گیا جس کی ہر باشعور شہری مذمت کرتا ہے کیونکہ پاکستان میں عام مزدوروں کی طرح ان فوجیوں کا ہلاک ہونا بھی اس کا ثبوت ہے کہ ملک کے اندر عوام کی جان محفوظ نہیں جو فوج اپنا یا اپنے فوجیوں کا دفاع نہیں کرسکتی اور اپنے مزدوروں کو بے قیمت ہلاک کراو سکتی ہے وہ کسی اور کا کیا دفاع کرے گئی اس کی تمام تر ذمہ داری نیٹو اور امریکہ کے بعد پاکستانی فوجی افسر شاہی اور ریاستی حکمرانوں پر عائد ہوتی ہے۔جو آج اپنے گناہوں پر پردہ ڈالتے ہوئے تمام ذمہ داری نیٹو پر عائد کر رہے ہیں۔جہاں نیٹو ان بے گناہ 24 فوجیوں کی ہلاکت کا ذمہ دار ہے وہاں پاک فوج، ریاستی ادارے اور حکمران بھی اس سے بری الازمہ نہیں ہیں۔

پاکستان اور جرمنی سمیت بیرونی ممالک میں نیٹو کی اس دہشت گردی کے خلاف عوام نے اپنے مزدور فوجی بھائیوں کے لیے مظاہرے کیے ہیں جن کا قطعی مطلب فوجی جرنیلوں اور حکمرانوں کی حمائت نہیں ہے بلکہ یہ مظاہرے انہیں حکمران جرنیلوں اور کرنلوں کے خلاف ہیں جنگی وجہ سے نہ صرف اب تک ہزاروں فوجی مزدور مارے جا چکے ہیں بلکہ مسلسل ڈروان

حملوں میں کئی ہزاروں بے گناہ عام شہری بھی ہلاک ہو چکے ہیں۔انہیں جرنیلوں اور فوجی افسر شاہی کی وجہ سے ملک میں بار بار کے مارشلاوں نے ملک وقوم کو تباہ کن ناقابل تلافی نقصان پہنچایا ہے۔اور انہیں کی بدولت آج ملک تباہی کے دھانے پر کھڑا لرز ہے۔ہر طرف بد ترین حالات کے آسیب منڈلا رہے ہیں زندگی سسک اور موت ناچ رہی ہے جس میں مذہبی جنونیت، منشیات ، اسلحے کے دھندے ، ٹارگٹ کیلینگ ، فرقہ واریت، غیر سیاسی قدریں اور آمرانہ روش ، کم ظرفی ، امریکن گماشتگی، خونی دہشت گردی وغیرہ معاشی اور سماجی مسائل کی بنیادوں میں بھی اسی سرمایہ کی پوجاری فوج کا اہم ترین کردار ہے۔

اشتہارات اور سرمایہ کا بھوکا پاکستانی میڈیا استحصالی حکمرانوں کی ایجنٹی میں سر فہرست ہے جو آج ڈس انفارمیشن کا سیور تیج بن چکا ہے۔یہ مسلسل پراپیگنڈہ کر رہا ہے کہ پاکستان اور غیر ممالک میں ہونے والے احتجاج فوجی حکمرانوں کی حمائت میں ہیں جو کہ سراسر جھوٹ کا پلندہ ہے۔میڈے کا موجودہ پراپیگنڈہ جمہوریت کے خلاف آمریت کی حمائت میں جاتاہے جو فوج کا نا چاہتے ہوئے بھی سیاسی اقتدار میں آنے کاحوصلہ بڑھا رہاہے اور اس سے فوج کا اقتدار میں آنے کا راستہ ہموار ہو گا۔جمہوریت کو مضبوط کرنے کے لیے ضروری ہے کہ فوجی سپاہیوں کی حمائت کی جائے لیکن فوجی شاہی کے ظلم اورناانصافیوں کی مخالفت کی جائے۔انکی کمزوریوں ، نااہلیت اور لا پروائی پر انکی انکواری کرائی جائے اور ذمہ دار فوجی افسران کے خلاف ایکشن لیا جائے۔نیٹو اور امریکہ سے تمام رشتے اور ناطے توڑ کر تمام سامراجی اثاثوں کو قومی تحویل میں لیا جائے اور تمام قرضے دینے سے مکمل انکار کیا جائے تاکہ آئندہ کسی سامراجی ملک کو جارحیت کی جرات نہ ہو سکے۔

ہر فوج کی طرح پاکستانی فوج بھی ایک طبقاتی مسئلہ ہے۔پاک فوج ایک فوج نہیں بلکہ دو

فوجیں ہیں ایک طرف جرنیل کرنل اور فوجی افسر شاہی جبکہ دوسری طرف فوجی وردی میں غریب مزدور ہیں۔فوج میں ان دونوں طبقات کے مفادات ، ترجیحات اور رجحانات متضاد ہیں ۔ان میں ناقابل مصالحت طبقاتی تضاد ہمیشہ سے قائم ہے جس کا انحصار براہ راست سماجی کیفت اور عوامی تحریک کی نوعیت پر ہوتا ہے۔یہ با وردی مزدور بھی عام مزدوروں کی طرح زندگی گزرتے ہیں انکا اور عام پاکستانی محنت کش کا معیار زندگی بھی ایک ہی ہے۔یہ دونوں بامشکل ہی اپنی زندگی کی ضروریات پوری کرسکتے ہیں بلکہ فوج کے مزدور تو زیادہ ذلت اور مشکل کی زندگی گزراتے ہیں کیونکہ ایک تو انکی تنخواہیں کم ہیں اور اوپر سے فوجی افسروں کی شرم ناک گالیاں ، اذیتی بدتمیزی اور غیر انسانی تذلیل بھی انہیں ناقابل برداشت حد تک برداشت کرنا پڑتی ہے عام سماج کی نسبت فوج میں طبقاتی تضاد بہت شدید اور بھیانک ہے عام شہری تو اپنے اوپر ہونے والے ظلم واستحصال کا اظہار کر سکتے ہیں لیکن فوج میں اسکی قطعی کوئی گنجائش موجود نہیں ہے۔فوج میں افسران خدا کا درجہ رکھتے ہیں جن کی چھوٹی سی بھی حکم عدولی پر عام سپاہیوں کو پیٹھو اور سخت ترین سزائیں دی جاتیں ہیں اور بہت سوں کو تو گولی بھی مار دی جاتی ہے جو خبر کسی میڈیے میں نہیں آتی۔اس حوالے سے فوج اپنے اندار ظلم وبربریت کے ادارے کا اعلی ترین درجہ رکھتی ہے۔

آج کے پر انتشار سماجی حالات میں فوج میں طبقاتی تضاد مزید پھٹ رہا ہے فوج کا آپسی ٹکراو بہت شدید ہے نہ صرف فوجی حکمرانوں میں بلکہ پوری فوج کے مختلف تہوں اور سطحوں پر یہ عود آیا ہے۔جس وجہ سے اتنے تلخ سیاسی حالات اور ملکی عدم استحکام کے باوجود بھی فوجی حکمران اقتدار سے باہر اپنے آپ کو کوستے ہوئے جمہوریت کا لاگ الاپ رہے ہیں۔اگر آج پاک فوج میں تھوڑا سا بھی استحکام اور مضبوطی ہوتی تو وہ موجودہ حالات میں اقتدار پر قبضہ

کرنے سے کبھی نہ ہچکچاتے لیکن فوج کو آج اپنی بقا کا مسئلہ درپیش ہے جو اسے اقتدار میں آنے سے روک رہا ہے۔کیونکہ فوج کے اقتدار میں آنے کے بعد ریاست کے دبے ہوئے تمام تباہ کن تضادات پھٹنے سے تمام ریاست کی تباہی اور زیادہ قریب آجائے گی جو امریکہ اور مقامی حکمران نہیں چاہتے کیونکہ انکی تمام لوٹ مار اور عیاشیاں پاکستانی ریاست کی سلامتی سے وابستہ ہیں اس لیے اتنے شدید تضادات اور ذلتوں کے باوجود بھی تمام سیاسی پارٹیاں موجودہ حکومت کے جھنڈے تلے مجبوری سے اب تک متحد ہونے کا ناٹک کرتی آ رہی ہیں یہ امریکی آقاوں کا سخت حکم ہے جس پر پاک حکمرانوں سر خم تسلیمی میں بڑی بھائی بے چارگی دیکھا رہے ہیں لیکن یہ فوجی تضادات زیادہ عرصہ چھپ نہیں سکیں گئے اور فوج میں تبدیلیاں اور لڑائیاں دیر یا بدیر منظر عام پر بھی آئیں گئیں۔

موجودہ حکومت، پاکستان کی ایک تاریخی نام نہاد مضبوط ترین حکومت ہے جس میں تمام سیاسی اور مذہبی پارٹیاں بل واسطہ یا بلا واسطہ شامل ہیں اور اس کے باوجود سیاسی اور سماجی عدم استحکام اپنی عروج پر ہے اور اگر ان حالات میں فوج آگئ تو پھر یہ جلتی پر تیل کا کام کرئے گئ۔ پاکستانی میڈیا جو جنرل کیانی کو جمہوریت کا چیمپین بنا کر پیش کر رہا ہے وہ اصل حقائق کو چھپا کر جھوٹ کا پرچار کر رہے ہیں۔پاک فوج کیانی کی قیادت میں متحد ہے ، اس میں اتحاد ہے ، تمام پاکستانی قوم پاک فوج کے ساتھ ہے۔اور تمام روائتی سیاسی پارٹیاں اور قیادتیں اس جھوٹ کو سچ ثابت کرنے کے لیے بڑے بڑے جلسے جلوس کر رہی ہیں۔لیکن یہاں سوال یہ ہے کہ اگر پاک فوج اتنی ہی مضبوط اور مستحکم ہوتی تو اس کو میڈیے کے اتنے شدید پراپیگنڈے کی یلغار کی ضرورت نہیں تھی اور نہ ہی سیاسی پارٹیوں کے جلسے جلوسوں کی۔جبکہ ٹھوس حقائق اس کے بالکل الٹ ہیں یہ آج کے میڈے کا فوج کی حمائت

میں شور شرابا، سیاسی اور مذہبی جماعتوں کے جلسے جلوس اصل میں ٹوٹی ہوئی کمزور فوج کو دوبارہ جوڑنے اور مضبوط کرنے کی کوشیش کے علاوہ کچھ نہیں ہے۔بکھری اور ٹوٹی پاک فوج کو باہر سے عوام کے دباو کے زریعے اکٹھا کرنے اور جوڑنے کی کوشیش کی جا رہی ہے۔اسی لیے جنرل کیانی کو بار بار یہ کہنے کی اشد ضرورت پڑ رہی ہے کہ ہم جمہوریت کے ساتھ ہیں اور ملک میں جمہوری عمل چلتا رہے گا جس کا جنرل کیانی کو خود بھی یقین نہیں ہے کیونکہ بعض اوقات فوج میں بڑھتا انتشار بھی فوجی حکمرانوں کو سیاسی اقتدار کی تباہی میں دھکیل دیتا ہے۔پاکستان کی موجودہ نازک صورتحال میں کچھ بھی دعوئے سے کہنا ممکن نہیں ہے۔کسی بھی حالات میں فوجی جرنیلوں کی حمائت کا مطلب آمریت کو خوش آمدید کہنا ہے۔اور کوئی بھی باشعور شہری، جمہوریت پسند ایسا نہیں کر سکتا۔

چوبیس 24 فوجی مزدوروں کی ہلاکت پر فوج میں افسران کے خلاف سخت نفرت اور غصہ بھڑک اٹھا ہے اور اب بھی پاک فوج کے حکمران امریکہ کے خلاف یہ ڈرامے بازی نہ کرتے تو فوج میں مزید انتشار بڑھنا تھا اور اس میں بغاوت کے رجحانات اڈ نے تھے یا مضبوط ہونے تھے۔جن کو کم کرنے اور دبانے کے لیے یہ تمام آج کا سیاسی افق پر ڈرامہ رچایا گیا ہے جس میں نیٹو کی سپلائی لائن بھی بند کر دی گئی ہے۔کیونکہ اگر یہ حکمران سنجیدہ ہوتے تو جب امریکہ نے پاکستان کی سات سو ملین سالانہ کی فوجی امداد بند کی تو تمام حکمران سیخ پا ہو گئے اور ہر مصالحت پر اتر آئے جس سے انکی منافقت اور عوام سے دھوکہ دہی عیاں ہو جاتی ہے ۔امریکہ اور نیٹو کے خلاف صرف کسی مداری کی طرح ہاتھ کی صفائی کا کھیل کھیلا جا رہا ہے اور پاکستان کے اصل معاشی اور سماجی مسائل کو دبایا جا رہا ہے۔24 چوبیس سپاہی مزدوروں کی ہلاکت ان فوجی اور سیاسی حکمرانوں کے نزدیک کوئی اہمیت اور فوقیت نہیں رکھتی۔ان کو

صرف اور صرف ڈالرز اور امداد عزیز ہے اور بس اس لیے جلد نیٹو سپلائی بھی کھل جائے گئی اور امریکہ سے معافی بھی مانگی جائے گئی کیونکہ کمزروں اور گماشتوں کے پاس اس کے علاوہ کوئی اور راستہ نہیں ہوتا۔

ان چوبیس فوجیوں کی ہلاکت میں ہمارے حکمرانوں کا اس لیے قصور ہے کہ انہوں نے پچھلے تمام عرصے میں اپنے مال و دولت کے تحفظ اور اسکی ہوص میں امریکی گماشتگی کی تمام حدیں کراس کر لیں جس سے امریکہ کو یہ جرات ملی کہ وہ ابیٹ آباد میں اسامہ کا ڈرامہ رچائے ، مسلسل ڈروان حملے کرتا رہے اور اب اپنی ہی بنائی ہوئی پالتوپاک فوج کو ہلاک کرنا شروع کر دے جس طرح سانپ اپنے ہی بچوں کو کھا جاتا ہے یہی کام امریکی حکمران نے پاکستان کے ساتھ بھی کیا اور کر رہا ہے۔لیکن کمزور اور لاغر سانپ کے بچے اپنی زندگی بچانے کے لیے مذاحمت بھی کرتے ہیں اور یہ مذاحمت ایسی ہی خسی ہوتی ہے جو آج پاکستانی ریاست امریکہ سے کر رہی ہے۔

کوئی بھی سیاسی پارٹی اور ریاست اپنے تمام اداروں سمیت جس میں پارلیمنٹ ، عدالتیں، انتظامیہ اور فوج ہوتی ہے اپنے پروگرام اور کردار کے حوالے سے پہچانی اور جانی جاتی ہے۔ ریاست اور پاک فوج کا آج تک کا غیر عوامی کر دار اور بار بار کے مارشلا , پاکستان کی زمینوں پر قبضے ، قومی خزانہ اور بیرونی امداد کی اقتدار میں آکر یا سیاسی حکومتوں پر دباو سے لوٹ مار اور ہر بجٹ میں اپنے لیے سب سے زیادہ حصہ لینے کا پروگرام کسی اور کا نہیں پاک فوج کا ہے۔اور اس کے صلہ میں عوام کو جو ملا ہے اس کی بھی پاکستان کی تاریخ گواہ ہے۔احمد فراز کی ایک شہرہ آفاق نظم جس میں فراز نے انیس سو اکہتر 1971 میں پاک فوج کے کراد پر روشی ڈالی ہے۔

میں نے اب تک تمھارے قصیدے لکھے

اور آج اپنے نغموں سے شرمندہ ہوں

اپنے شعروں کی حرمت سے ہوں منحل

اپنے فن کے تقاضوں سے شرمندہ ہوں

پایہ زنجیر یاروں سے نادم ہوں میں

اپنے دیگر پیاروں سے شرمندہ ہوں

جب کبھی میری زرہ خاک پر

سایہ غیر یا سنگ پڑا

جب کبھی قاتل مقابل صف آرا ہوئے

سرحدوں پر میری جب بھی رن پڑا۔

مرا خون جگر تھا یا حرف ہنر

نظر میں نے کیا جو مجھ سے بن پڑا

آنسوؤں سے تمھیں آلودہ ہیں کہیں۔

رزم گاہوں نے جب بھی پکارہ تمہیں

تم فتح مند تو خیر کیا لوٹتے

ہار میں بھی نہ دل سے اتارا تمہیں

تم نے جاں کے عوض آبرو بیچ دی۔

ہم نے پھر بھی کیا ہے گوارہ تمہیں

سینہ چاکان مشرق بھی اپنے ہی تھے

جن کا لہو منہ پہ ملنے کو تم آئے تھے۔

ماممتاوں کی تقدس کو لوٹنے

یا بغاوت کو کچلنے تم آے تھے .

ان کی تقدیر تم کیا بدلتے

ان کی نسلیں بدلنے تم آئے تھے

کس رعونت کے تیور تھے آغاز میں

کس خجالت سے تم سوے زندان گئے

تیغ ودست وکف وہاں آئے تھے

طوق در گردن وہ پایہ جولاں ہو گئے

پھر بھی میں نے تمہیں بے خطا ہی کہا

خلقت شہر کی دل دہی کے لیے

گو مرے شعر زخموں کا مرحم نہ تھا

ایک سعی پھر بھی چارہ گری کے لیے

اپنی بے آسرا خاک کے واسطے

اپنے بے آسرا لوگوں کے جی کے لیے

تمہیں یاد ہوں گئے وہ ایام بھی

اسیری سے لوٹ کر جب تم آئے تھے

ہم دریدہ جگر راستوں میں کھڑے تھے

اپنے دل اپنی آنکھوں میں بھر لائے تھے

اپنی تحقیر کی تلخیاں بھول کر

تم پر توقیر کے پھول برسائے تھے

ہمیں کیا خبر تھی کہ تم سے شکستہ انا

اپنے زخموں کو بس چاٹنے آئیں گئے

جن کے جبڑوں کو اپنوں کا لہو لگ گیا

وہ ظلم کی سب حدیں پاٹنے آئیں گئے

قتل بنگال کے بعد بولان میں

شہریوں کے گلے کاٹنے آئیں گئے

آج پشاور سے لاہور و مہران تک

تم نے مقتل سجائے ہیں کیو ں غازیو

یہ غارت گری کس کے ایما پہ ہے

کس کے آگے ہو تم سر نگوں غازیو

کس شہنشاہ عالی کا فرمان ہے

کس کی خاطر ہے یہ کشت وخوں غازیو

کل بھی غاصب کے تم تختہ بردار تھے

آج بھی پاسداری ہے دربار کی

ایک آمر کی دستار کے واسطہ

سب کی گردن پہ ہے نوک تلوار کی

جیسے برطانوی راج میں گورکھے

وحشیوں کے چلن عام ان کے بھی تھے

جیسے سفاک گورے تھے ویتنام میں

حق پرستوں پر الزام ان کے بھی تھے

تم بھی آج ان سے مختلف تو نہیں

رائفلیں وردیاں نام ان کے بھی تھے

تم نے دیکھے ہیں جمہور کے قافلے

ان کی بانہوں میں پرچم بغاوت کے ہیں

ہڈیوں پہ جمی خون کی بیڑیاں .

کہہ رہی ہیں یہ منظر قیامت کے ہیں

کل تمھارے لیے پیار سینوں میں تھا

اب جو شعلے اٹھیں ہیں وہ نفرت کے ہیں

آج شاعر پر بھی قرض مٹی کا ہے

اب قلم میں لہو ہے سیاسی نہیں

خول اترا تمھارا تو ظاہر ہوا

پیشہ ور قاتلو تم سپاہی نہیں

پیشہ ور قاتلو تم سپاہی نہیں

اب سبھی بے ضمیروں کے سر چاہیں

اب فقط مسئلہ تاج شاہی نہیں

جنرل کیانی جو اب تک اقتدار سے باہر ہے اور جس کو استحصالی میڈیا اور حکمران جمہوریت کا باوا آدم بنا کا پیش کر رہے ہیں۔اصل میں جنرل کیانی اس کے علاوہ کچھ اور کر بھی نہیں سکتا کیونکہ حالات واقعات نے اس کو یہیں تک محدود اور محصور کر دیا ہے اس سے زیادہ اگر وہ کچھ کرئے گا یا کرنے کی کوشش کرئے گا تو اس کے قابل بھی نہیں رہے گا جو یہ آج کر رہا ہے۔یہ مسئلہ اس کا نہیں بلکہ تمام پاک فوج اور اسکے نظام کا مسئلہ ہے جس کے فیصلے میں کیانی اکیلا خود مختیار نہیں ہے یہ فوج کی نمائندگی کرتا ہے بذات خود پوری فوج نہیں ہے اور اس کے جمہوریت کے لیے گیت فوج کی کمزوری اور انتشار کی غمازی کر رہے ہیں وگرنہ فوج کا کیا کام کہ وہ سیاسی بیان بازی کرئے اور جمہوریت کی حمد و ثنا کرئے۔

ریاست اپنے حقیقی معانی میں ایک استحصالی طاقت کا نام ہے جو ایک طبقے کے لیے کام کرتی ہے اور اس کی آلہ کار ہوتی ہے۔جس طبقے کے تحفظ کے لیے یہ قائم ہوتی ہے یہی اس کی پہچان اور کردار ہوتا ہے پاکستان میں ریاست بازاری معیشت ، نجی ملکیت اور اس کے مفادات کا تحفظ کرتی ہے اس لیے یہ عوامی ریاست نہیں بلکہ سرمایہ دارانہ ریاست ہے۔

بڑی بڑی جاگیریں، بینک، دولت، اور فیکٹریاں یا تو سرمایہ داروں ، جاگیرداروں کی ہیں یا پھر امریکہ اور سامراجی آقاوں کی ہیں جس کا پاکستانی ریاست تحفظ کرتی ہے اسی سے پاکستانی ریاست کا کردار سرمایہ دار ، جاگیردار اور سامراج گماشتہ ریاست کا ہے۔دوسرا سوال جو جنم لیتا ہے وہ یہ ہے کہ یہ ریاست سرمایوں اور جاگیروں کا تحفظ کن لوگوں سے کرتی ہے صاف ظاہر ہے عوام سے ، بے زمین کسانوں سے ، ملکیت نہ رکھنے والے غربیوں لوگوں سے ، وسائل نہ رکھنے والے اور وسائل سے محروم افراد سے ، صنعتیں اور کارخانے نہ رکھنے والے مزوروں سے یعنی پاکستان کی موجودہ ریاست کا کردار عوام کے خلاف سرمایہ داروں ، جاگیرداوں اور دولت مندوں کے طبقے کا تحفظ اور انکا دفاع ہے۔موجودہ ریاست عوامی نہیں بلکہ سرمایہ دار اور سامراج گماشتہ ریاست ہے۔موجودہ پاکستانی ریاست کا کام اور کردار عوام کے خلاف عوام دشمن قوتوں کا دفاع اور تحفظ ہے۔جس سے ریاست کا کردار عوامی نہیں رہتا بلکہ عوام دشمنی پر مبنی ہوتا ہے اس میں چاہیے جمہوریت یا آمریت کا کھیل کھیلا جائے اس کا کردار تبدیل نہیں ہوتا کیونکہ بنیادی مقصد سرمایے کا تحفظ ہی رہتا ہے۔

یہ تب تک عوامی ریاست نہیں ہو سکتی جب تک اس کا مقصد عوام اور اسکے مفادات کا دفاع اور تحفظ نہ ہو۔جو کہ صرف عوامی مزدور حکومت سے ہی ممکن ہے۔جب سرمایہ اور تمام وسائل کا مقصد چند لوگوں کی نجی ملکیتوں اور منافوں میں اضافہ اور انکی عیاشیاں نہیں رہے گا بلکہ تمام عوام کی ضروریات کی فراہمی ہو گا۔جلد سے جلد بھوک ننگ افلاس کا خاتمہ کر کے صحت ،تعلیم ، شہری صفائی ، لوکل ٹرانسپورٹ ، رہائش ، خوراک ، بجلی، پانی ، گیس غرض روزمرہ استعمال کی تمام اشیا صرف تمام لوگوں کو مفت فراہم کرنا ریاست کی اول ذمہ داری ہوگا تبھی اس ریاست کا کردار عوامی ہو گا۔

نجی ملکیت کا آج بڑا ہی غلط اور جھوٹا مفہوم بیان کیا جاتا ہے۔یعنی کسی ایک انسان کے استعمال میں آنے والی اور اسکی زندگی کے لیے ضروری اشیا کو بھی نجی ملکیت تصور کیا جاتا ہے جبکہ ایسا نہیں ہے بلکہ نجی ملکیت وہ ملکیت ہے جو کسی ایک انسان کی ضرورت اور اس کے استعمال سے زائد ہو وہ اسے استعمال نہ کرتا ہوں لیکن ریاست کی طاقت کی بدولت اس پر قابض ہو یہ نجی ملکیت کہلاتی ہے۔آسان الفاظ میں جو زمین ، دولت ، وسائل ، مکانات ، صنعت و حرفت ایک انسان کے استعمال میں نہ ہوں بلکہ بہت سارے انسان اسے استعمال یا اس پر کام کرتے ہوں یہ کسی ایک کی نہیں ہوتی بلکہ ان تمام لوگوں کی اجتماعی ملکیت ہوتی ہے جو اسکو چلا رہے ہیں۔یعنی یہ سماجی ملکیت ہے جو آج کسی ایک زمین دار یا صنعت کار کی نجی ملکیت بنی ہوئی ہے اشتر کی انقلاب کا کام یہ ہے کہ معاشرے میں مکمل انصاف قائم کرئے اور جو جس کی ملکیت ہے اسے واپس لٹا دے اور جو جس کا حق اسے ملے اس طرح تمام بڑی بڑی جاگیریں، فیکٹریاں ، صنعتیں، کارخانے سماجی ملکیت میں آجائیں گئیں اور جو کسی ایک انسان کے استعمال میں ہے۔وہ ضروری انسانی اشیا ہیں وہ نجی ملکیت نہیں بلکہ ضرورت ہے۔

ملکیت قبضے کے ہم معانی ہے۔لیکن انسانی ضرورت اس سے بالکل الٹ ہے۔نجی ملکیت تب بنے گئی جب کسی صنعت یا ادرا ے کو بہت سے لوگ چلا رہے ہوں اور اس سے جو پیداوار یا فائدہ حاصل ہو اس پر ان تمام کام کرنے والے مزدوروں کا حق نہ ہو بلکہ کسی اور شخص کی ملکیت بن جائے جو شاید یہاں کام بھی نہ کرتا ہو۔جو انسانی اور اشتراکی نقطہ نظر سے سر سر نا انصافی اور زیادتی ہے۔اسی بنیاد پر موجودہ نجی ملکیتی نظام ہی آج عالمی سماج کی بربادی ہے۔

فوج بھی اسی ریاست کا ایک مسلح ادارہ ہے جس کا کردار ریاست متعین کرتی ہے۔پاکستانی ریاست کی اول ذمہ داریوں میں32 امیر ترین خاندانوں کا انکی دولت اور انکے مفادات کا اور

اس میں مسلسل بڑھوتی کا تحفظ ہے جبکہ دوسری طرف عوام میں بڑھتی بھوک ننگ افلاس ، بجلی، گیس کی لوڈ شیڈنگ ، پٹرول کی قلت ، عوام اور نوجوانوں میں بے روزگاری اور غربت سے تنگ آکر خود کرشیوں کا ، ریلوئے ، پی آئی ، واپڈا، پوسٹ اور دوسرے ادروں کی تباہی کا سماجی اور عوامی سہولتوں میں کمی اور کٹوتیوں کا ، صحت، تعلیم تربیت ، شہری صفائی وغیرہ کے فقدان کا یہی ریاست تحفظ کر رہی فوج اور تمام ریاست اور اس کے ادرے اور انکا یہی فریضہ ہے۔کیونکہ اگر کوئی بھوک ننگ کے خلاف آواز اٹھائے تو وہ ملک دشمن اور غدار ہے اور اگر پاکستان کے امیر ترین لوگ اور فوجی جرنیل جتنی مرضی لوٹ مار کریں جائز ہے۔اوریہی قانون اسلامی جمہوریہ پاکستان کا۔جو ہمیں بدلنا ہے جو صرف مزدور انقلاب کی جدوجہد سے ہی بدلا جا سکتا ہے۔ہمیں ریاست کا سرمایہ درانہ کردار بدلنا کر اسے عوامی بنا نا ہے۔اور ہمیں فوج کو بھی عوامی اصولوں پر استوار کرنا ہےجو دولت اور بے جان سرمایے کا تحفظ نہ کرئے بلکہ زندہ انسانوں اور انکی زندگی کے لیے ضروری اشیا کا دفاع کرئے اس لیے کہ صرف صحت مند اور توانا عوام اور معاشرہ ہی کسی بھی ملک اور قوم کی زندگی کی ضمانت دے سکتا ہے۔

ہمارے مطالبات۔

نیٹو اور امریکہ سے تمام تعلقات فوری ختم کیے جائیں تمام سامراجی بینکوں اور اثاثوں کو قومی ملکیت میں لیا جائے اور تمام قرضے دینے سے مکمل انکار کیا جائے۔

پاکستان کی تمام دولت جو امریکہ اور یورپی ممالک کے بینکوں میں پڑی ہے اسے فورا واپس لا کے مقامی بینکوں میں جمع کرایا جائے اور جو ایسا نہ کرئے اسے جیل میں بند کر دیا جائے جب تک یہ پاکستانی حکمران اپنی تمام دولت غیر ممالک سے واپس نہیں منگواتے۔

امریکہ اور دوسرے سامراجی مالک کی حمائت کرنے والی مذہبی اور سیاسی پارٹیوں پر پابندی عائد کی جائے۔

فوج میں کمیشن سسٹم کا خاتمہ کیا جائے افسران اور سپاہیوں کی تنخواہیں اور مراعات مساوی کی جائیں۔ تمام افسران کا سپاہیوں کی کمیٹیوں کے ذریعے انتخاب ہو۔

ملک میں دولت مندوں کی حکمرانی اور غربت کے خاتمے کے لیے تمام بڑی بڑی صنعتوں کو قومی تحویل میں لے کر مزدوروں کے جمہوری کنٹرول میں دیا جائے۔ تاکہ تمام مزدوروں کی تنخواہیں کم از کم ایک تولہ سونے کے برابر کی جائیں۔ بے روزگاری الاونس کم از کم پندرہ ہزار روپے دیا جائے۔ تعلیم ، صحت ، رہائش ، لوکل ٹرانسپورٹ، بجلی، پانی اور تمام بنیادی انسانی ضرویات ہر شخص کو مفت مہیا کی جائیں

چوبیس دسمبر دو ہزار گیارہ

پاک امریکہ کشیدگی۔ کس کا ملک اور کس کی جنگ

ریاست اور حکمرانوں کے لیے اکثر اوقات ناگفتہ با حالات کے خلاف عوامی ،مذاحمت سے نجات ضروری ہوجاتی ہے۔ جس کا حل یہ اکثر سفارتی جنگ میں ڈھونڈتے ہیں۔ جس جنگ کا یقین انہیں خود بھی نہیں ہوتا اس کا پراپیگنڈہ کرتے ہیں۔

آئی ایس آئی کا حقانی گروپ سے تعلق پر پاک امریکہ جنگ کے شور سے راتوں رات اس ملک کا نقشہ ہی بدل گیا۔پاک امریکہ جنگ کے پراپیگنڈے میں تمام عوامی مسائل کی زوردار گونج دبا دی گئی تمام مزدور اور عوامی تحریکوں کو میڈیے کی پردہ سکریں سے غائب کر دیا گیا۔جو حکمران ایک دوسرے کی شکل دینے کو تیار نہ تھے ایک دم کسی ہلو جحت کے بغیر اکٹھے ہوگئے۔جیسے ان میں کبھی کوئی تضاد تھا ہی نہیں ایسے سر جوڑ کر بیٹھ گئے جیسے یہ صدیوں سے ایک ہوں۔اور آج تک جو یہ تضادات اور لڑائی کا تماشہ کر رہے تھے وہ ڈھونگ اور ایک فریب تھا۔

ان تمام سیاسی اور مذہبی پارٹیوں میں آج تک عوامی مسائل پر جو پاکستانی سماج کا رستہ ناسور بن چکے ہیں یہ اتحادو اتفاق کبھی دیکھنے میں نہیں آیا یہاں یہ سوال ابھرتا ہے کہ پھر آج نام نہاد پاک امریکہ جنگ جس کا تاثر عوام کو دے کر ان کو اکثرخوف زدہ کرنے کی کوشش کیوں کی جاتی ہے ان کے اندر محب الوطنی کو کیوں زبردستی ٹھنسا جا رہا ہے جو قومی جذبہ آج

کئی دہائیوں کے بعد بھی سماجی ترقی سے پیدا نہ کر سکے آج جنگ کے خوف کو مسلط کر کے کیوں اکثر پیدا کیا جاتا ہے۔اس لیے کہ آج یہ پاکستان کے عوامی ، معاشی اور سماجی مسائل کے حل میں مکمل ناکام ہیں۔پاکستان کی بد اعنوان ترین حکومت اور ریاست آج عوام میں ذلیل وسوا ہو چکی ہے موجودہ سرمایہ دار ریاست کو مزید چلانے اور عوام کو مزید بے وقوف بنانے کے لیے کوئی متبادل نہیں ہے نہ ہی کوئی سیاسی پارٹی اور نہ ہی کوئی قیادت موجود رہی ہے۔

ان سماجی حالات نے موجودہ تمام حکمرانوں کو جن کے مالیاتی لوٹ کھسوٹ کے مفادات اسلامی جمہوریہ پاکستان کی سلامتی سے براہ راست یا بلا واسطہ وابسطہ ہیں آج مل بیٹھنے پر مجبور کر دیاہے۔کیونکہ ان کو آج سونے کی چڑیا ،، ریاست پاکستان،، اپنے ہاتھوں سے نکلتی نظر آرہی ہے۔جس کا میڈیے نے بھی کافی دیر سے بے ہنگم شور مچایا ہوا ہے کہ موجودہ حالات میں پاکستان کا مزید چلنا ناممکن ہو تا جا رہا ہے۔

بظاہر امریکہ کا یہ بیان جس میں اس نے آئی ایس آئی کو حقانی گروپ سے تعلق رکھنے کو نا پسند کیا ہے اور پاک فوج کے سپاہیوں کی ہلاکت پاکستانی حکمرانوں کو بڑا ناگوار گزرا ، جس پر سب نے سرجوڑ لیا ہے۔اگر ہم پاکستانی ریاست اور اس کے حکمرانوں کا آج تک کا کردار دیکھیں تو وہ امریکہ کے لیے کسی سستی تحائف سے بھی سستا ہے۔جب امریکہ نے ایبٹ آباد میں بڑی آزادی اور بڑی بے باکی سے انکی خود مختاری سالمیت کے پڑخچے اڑا دیے ان کو غیرت نہیں آئی۔ریومنڈ ڈیوس کو بڑی عزت واحترام سے پاکستانی قانون کا سرعام ریپ کر کے رخصت کیا۔شرم مگر تم کو نہیں آتی۔

امریکہ آج تک پاکستانی ریاست اور اسکے حکمرانوں کو گالیاں دیتا اور ذلیل وسوا کر تا رہا ہے۔ اس نے کب پاکستانی ریاست کو دہشت گرد نہیں کہا، بد اعنوان اور بھیکاری کب نہیں گردانا۔ امریکہ اور تمام یورپ پاکستان کو القاعدہ ، طالبان کہتا رہا ہے اوراب بھی مستقل کہتا ہے لیکن امریکہ کے ایک چھوٹے سے بیان کے حقانی گروپ سے آئی ایس کا تعلق ہے جو اتنا غلط بھی نہیں ہے۔اس سے حکمرانوں میں غیرت جاگ جاتی ہے جو ان میں ہے ہی نہیں اور نہ کبھی تھی۔یہ دیکھاو کی غیرت ان میں اس لیے نہیں جاگی کے امریکہ نے الزام لگایا ہے بلکہ انکو پاکستان کے سماجی اور عوامی مسائل کے تیز تہار نے آج شدید زخمی کر دیا ہے کہ ریاست پاکستان ہاتھ سے نکل جانے کا خطرہ لاحق ہو گیا ہے۔

تمام نان ایشوز کو اہم ترین ایشو بنا بنا کر انہوں نے عوام کو سیانا کر دیا ہے اور وہ انکو سمجھ چکے ہیں اس لیے اب حکمرانوں نے ان نان ایشوز کے جوئے میں ایک اور بڑا بلاف مارا ہے پاک امریکہ جنگ کا جو صرف زبانی کلامی ہی رہے گا اس کی عملی شکل نا ممکن ہے۔

اس سفارتی جنگ کا موقع ان کو صرف اس لیے ملا کہ امریکہ بہادر اب بوڑھا ہو گیا ہے مالیاتی بحرانوں نے اس کی کمر توڑ دی ہے۔اور تاریخ میں پہلی دفعہ یہ اپنے قرضوں کے حدف میں ٹرپیل اے کو کراس کر رہا ہے یہ بڑی تیزی سے دیوالیہ کی طرف بڑھ رہا ہے مقامی اور عالمی مسائل کے زہیرے بچھو اسکی طرف بڑھ رہے ہیں یہ ان سے جان چھوڑواتا ہوا اپنے ہاتھ پاوں کو سکڑ رہاہے اسکی کمزوری نے بے زبانوں کو بھی زبان دے دی اور چوہے بھی شیر کے سامنے اکڑنے لگے لیکن شیر بوڑھا ہو کر بھی شیر ہی رہتا ہے۔

امریکہ آج تک جس طرح بستر مرگ پر پڑی ریاست پاکستان کو امدای ٹیکوں سے مضوعی طور

پر زندہ رکھے ہوا تھا آج ان ٹیکوں میں دوائی ختم ہوگئی ہے۔اور منشیات کا عادی جسم ڈرگ نہ ملنے پر بے چین ہو جاتا ہے یا تڑپنا شروع کر دیتا ہے وہی آج پاکستانی حکمران اور انکی ریاست میں ہو رہا ہے۔

یہ سب کو معلوم ہے کہ امریکہ آج عراق کے بعد افغانستان سے بھی دم دبا کر بھاگ رہا ہے وہ بھلا پاکستان سے کیسے جنگ کا پنگا لے گا جو اس کو بہت بھاری ترین پڑے گئ جو امریکیوں کو بھی معلوم ہے۔کیونکہ اگر پاک امریکہ جنگ کا آغاز ہو تا ہے جو ممکن نہیں ہے تو امریکہ کی رہتی سہتی کسر بھی پوری ہوجائے گئ۔ امریکی جارحیتوں کے خلاف آج پوری دنیا میں ایک زبردست نفرت ہر طرف موجودہ ہے خود امریکہ اور یورپ میں بھی عوامی نفرت جنگی جنون کے خلاف عروج پر ہے۔اور خصوصی طور پر لاطینی امریکہ کے بعد مڈل ایسٹ اور ایشا میں بھی عوامی مذاحمتیں سامراجیوں کے خلاف بڑھ رہی ہیں۔

اگر پاک امریکہ جنگ شروع ہوئی تو پھر یہ پاکستان تک محدود نہیں رہے گئ۔افغانستان میں ایک بار پھر یہ بھڑک اٹھے گئ سرحد پر واقع ایران اس سے الگ نہیں رہ سکتا۔ایران کا دوسرا دروازہ مڈل ایسٹ میں کھلتا ہے جہاں اسرائیل بھی ہے۔عراقیوں کا بھی امریکہ پر غصہ اترنا ابھی باقی ہے۔اسرائیل کا فاتح لیبان ابھی قائم ودائم ہے اسرائیل کے خلاف کئ دہائیوں سے فلسطینی عوام کی لڑائی اب بھی بڑی جرات سے زندہ ہے۔عرب انقلاب کی مہک ابھی تازہ ہے۔وہ نہ تھما ہے اور نہ ہی ختم ہوا ہے بلکہ اپنی حقیقی منزل کو حاصل کرنے کی جستجو میں برقرار اتار چڑھاو کا شکار ہے۔ان حالات میں امریکہ ناکوں چنے بھی نہ چبا سکے گا۔اور میرے خیال میں امریکہ اتنا بے وقوف نہیں ہے کہ وہ اپنی موت کو خود دعوت دے گا۔

لیکن ان حالات سے ہر کوئی فائدہ اٹھانے کے چکر میں ہے چینی نائب صدر بھی پاکستان آکر امریکہ پر اپنا رعب جھڑ رہے ہیں کیونکہ چین کے عالمی سامراج بننے میں امریکہ اور ڈالر ایک بڑی روکاٹ ہے اور ان کے درمیان عالمی سطح پر مالیاتی ، فوجی اور سیاسی تضادات تنقیدی نوعیت کے ہیں۔چین کا ان حالات میں پاکستان کا دورہ امریکہ کو یہ باور کرنا ہے کہ اگر امریکہ انڈیا کو چائنہ کے خلاف تیار کرے گا تو چین انڈیا سے مقابلے کے لیے پاکستان کو استعمال کرے گا اور اسکو بالی کا بکرا بنائے گا۔ پاکستان چین کے کندھوں پر بندوق رکھ کر چلانا چاہتا ہے اور امریکہ کے خلاف چین کو ہتھیار بنا رہا ہے جبکہ چین پاکستان کو استعمال کر رہاہے کیونکہ موجودہ متروک نظام میں پاکستان کی کسی عالمی طاقت کی سرپرستی کے بغیر زندگی ممکن نہیں ہے۔

یہ تمام سفارتی بڑک بازی ہے جس کے پیچھے ہر ایک کے مالیاتی مفادات ہیں جس میں عوام کا کوئی ذکر خیر نہیں ماسوائے ، نام کے یہ سب کچھ عوام کے نام پر عوام کے خلاف ہو رہا ہے۔

پاکستانی حکمران ہمیشہ یہ کوشش کرتے ہیں کہ انڈیا یا بعض اوقات امریکہ کے خلاف سفارتی جنگی جنون کی آڑ میں حب الواطنی کی دیوانگی کو ابھارا جائے تاکہ عوام اپنے تمام زخم ، درد ، تکالیف ، مصبتیں بھول کر چور لیٹرے حکمرانوں کے پیچھے صف بند ہوں جائیں۔عوام ملک کو بچانے کے لیے ان کے ہاتھوں پہ ایمان لے آئے اور میڈیا بھی ان کی حمد وثنا کرے۔،، جو اس نے شروع کر دی ہے،، فوج کے ظلمانہ کردار کا اثر کم ہو جائے اور اسے دوبارہ باعزت ادارہ بنا جائے تاکہ یہ جعلی جمہوریت کا تحفظ کر سکے۔اور انکا استحصالی نظام کچھ عرصہ مزید زندگی کی سانسیں لے سکے۔حکمرانوں کی لوٹ مار کا بازار جاری وساری رہے عوام مزید کچھ عرصہ اور سسکتی اور بلکتی مرتی رہے اس سے زیادہ پاک امریکہ یا پاک بھارت جنگ کے

ڈھونڈرے کا کوئی مقصد نہیں۔

آج ہمارے حکمرانوں کو پاکستان یاد آگیا ہے وطن سے محبت جاگ گئی ہے جبکہ انکے گھر انکی جائدادئں ، بینک بیلنس ، انکی اولادیں انکے رشتہ دار سب کچھ بیرون ممالک میں ہیں۔کسی کا دبئ اور کسی کا امریکہ یا یورپ میں یہ تو اپنے پاکستانی الیکشن کے نتائج بھی غیر ممالک میں بیٹھ کر سنتے ہیں اگر جیت جائیں تو پاکستان آجاتے ہیں وگرنہ وہیں لم لیٹ ہو جاتے ہیں۔کیا انکو ملک سے محبت ہے؟ اگر ہے تو پھر کیسی ہے اور کس لیے ہے ؟

ہاں یقینی طور پر ہے اور انہی حکمرانوں کو تو پاکستان سے اصل محبت ہے کیونکہ پاکستان انکی آمدنیوں اور سرمایے کی کمائی کا ایک بڑا زریعہ ہے۔جبکہ وہ اس وطن کی محبت کو عوام کے سر دھوپتے ہیں اس کا انتہائی زہریلا پراپیگنڈہ کرتے ہیں۔وطن سے حکمرانوں کی محبت جو لوٹ کھسوٹ کے علاوہ کچھ نہیں ہے اس کے لیے عوام کو سر خم تسلیم کرنے پر مجبور کرتے ہیں۔ یہاں سب سے اہم ترین سوال یہ ہے کہ یہ وطن ہے کس کا؟

ان بے روزگار نوجوانون کا جس کو یہ ملک روزگار نہیں دے سکتا جس کی تلاش میں یہ در با در کی خاک چھنتے اور ٹھوکریں کھاتے پھرتے ہیں۔یا بے روزگاری اور غربت سے خود کشی کرنے والے لوگوں کا جن کو اس ملک اوریہاں کے حالات نے موت سے پہلے اذیتی موت دے دی ؟یا ان بچوں کا جنھوں نے کھیلنے کودنے کی عمر دیکھی ہی نہیں اور چائلڈ لیبر کی بھٹی کا ایندھن بن گئے ؟۔یا پھران کلیوں کا جن کو کھیلنے سے پہلے ہی مسل دیا گیا؟ یا پھر ان لڑکیوں کا جو شادی کے خواب میں ہی بوڑھی ہوں گئیں؟یا پھر ان بیماروں کا جن کا علاج ہونے کے باوجود یہ ملک انکو علاج تک نہ دے سکا؟۔یا ان حاملہ عورتوں کا جن کی ممتا کی

خواہش تربیت یافتہ عملہ نہ ہونے کی وجہ سے پیٹ میں ہی دم توڑ دیتی ہے ؟۔کیا تارکین وطن کا یہ وطن ہے جس نے ان بے وطنوں کو حالات کے ہاتھوں مجبور کر کے وطن بدر کر دیا؟نہیں یہ یقینا ان کا دیش نہیں ہے یہ انکا ہو بھی نہیں سکتا۔یہ ان حکمرانوں کا وطن ہے جن کو یہ ملک سب کچھ دیتا ہے مال ودولت اور عیاشی کی زندگی۔۔یہ غریب عوام کا ملک نہیں ہو سکتا۔پھر اس کے کھو جانے کا ڈر کیسا؟ ڈر ان کو ہو جن کا یہ ملک ہے ؟ڈر ان کو ہو جن کی یہ دولت اور امارات ہے جن کی یہ دوکانداری ہے۔غریب کواس کے کھو جانے کا کیسا ڈر؟ لیکن اس بد دیش ملک پاکستان کو ہم عوام اپنا ملک بنائیں گئے اور جب یہ ہمارا ہو گا تب ہم اس کی بہت اچھی طرح حفاظت بھی کریں گئے لیکن پہلے اسے ہمیں اپنا بنا ہے یہاں عوامی راج لانا ہے عوامی پنچائتی نظام لانا ہے سرمایہ داروں ، جاگیرداروں ، فوجی جرنیلوں کو مار بھاگا نا ہے۔

ہم حکمرانوں کی جنگ کا کبھی بھی حصہ نہیں بنے گئے ان کی جنگ اور ہے اور ہماری جنگ اور انکے مفادات اور ہیں اور ہمارے اور۔ہم دونوں کے مفادات متضاد اور ناقابل مصالحت ہیں اس لیے ہم اپنی طبقاتی لڑائی سے کبھی غافل نہیں ہو سکتے اسے پیچھے نہیں ڈال سکتے اس پر مصالحت نہیں کر سکتے یہ ہماری موت اور زندگی کا مسئلہ ہے اس جنگ میں ایک کی موت ہوگی تو دوسرے کو زندگی ملے گئی۔ہم ہر جگہ ہر محاذ پر ہر لمحے عوامی جنگ کے علم کو سر نگوں نہیں کریں گئے۔سرمایہ داری کے نام نہاد امن کا دور جو اب ماضی کا قصہ بن چکا ہے یا پھر انکی آپسی جنگ ہو ہم لمحے مزدور انقلاب کی جدجہد کو جاری رکھیں گئے۔

حکمرانوں کی سطحی لڑائیوں میں وہ انکے آپس کی ہوں یا دوسرے ممالک کے حکمرانوں سے ہم اسے مسترد کرتے ہیں۔ہم صرف عوام کی جنگ پر یقین رکھتے ہیں۔عالمی عوام اور مزدور

کی سماج کی حقیقی تبدیلی کے لیے اور ویسے بھی سرمایہ دارانہ جنگیں انقلابات کے لیے بہت زرخیز ہوتی ہیں۔

تیس ستمبر دو ہزار گیارہ

اقلیتوں پر حملے۔ منافرت کی سفاکیت

لاہور ایک بار پھر لرز اٹھا جب احمدیوں کی عبادت گاہیں جو گڑھی شاہو اور ماڈل ٹاون لاہور میں واقع ہیں پر منظم دہشت گردی کے ان واقعات نے نہ صرف شہر لاہور کو بلکہ پورے پاکستان کو جھنجوڑ کر رکھ دیا ہے جو قابل افسوس ہی نہیں بلکہ قابل مذمت سے زیادہ قابل مذاحمت بھی ہے۔ اس درندگی میں 95 پچانویں ہلاکتیں اور 150 ایک سو پچاس افراد شدید زخمی ہوئے یہ تو سرکاری اعداوشمار ہیں جبکہ حقیقی اعدادو شمار ہمیشہ کچھ مختلف ہی ہوتے ہیں۔ پورے پاکستان میں اس مسلسل بڑھتی دہشت کی وحشت نے عوام کو یہ سوچنے پر مجبور کردیا ہے کہ کیا عرصہ دراز سے ہونے والی یہ بے گناہ عوام کی دن دہاڑے سرعام قتل گری کا بازار کب تلک گرم رہے گا؟ اور کیا اس کا کوئی انت ہے؟ اور اگر ہے تو کیا ہے ؟۔ موجودہ نظام میں، اسکے حکمرانوں ، روائتی پارٹیوں اور انکی قیادتوں سے تو تقریبا ہر کوئی مکمل مایوس اور نا امید ہے جو ایک بڑا سچ ہے۔

پاکستان میں عبادت گاہوں پر یہ پہلے حملے نہیں ہیں اور نہ ہی آخیری ہیں کیونکہ اس سے پہلے بھی اہل سنت اور اہل تشع کی عبادت گاہوں میں کئی بار دہشت گردی کی کاروائیاں ہوچکی ہیں ۔اہل تشع کی مساجد امام بار گاہوں ، محرم کے جلوسوں اور جنازوں پر خود کش بمبار حملے ہوتے رہے ہیں۔اسی طرح اہل سنت کی کئی عبادت گاہوں کو بھی دہشت گردی کا نشانہ بنایا گیا ہے

۔سندھ کے کئی شہروں میں ہندووں کے مندر اور عیسائیوں کے چرچ بھی دہشت گردی کا شکار ہو چکے ہیں۔اور نہ ہی اب سکھوں کے گوردوارے محفوظ ہیں۔ان ہولناک دہشت گردیوں کامقصد ملک میں خوف وہراس اور فرقہ راریت کی خونی جنونیت کو بھڑکنا اور عوامی جدوجہد کو دبانا ہے۔

روز با روز بڑھتے انسانیت سوز واقعات جو پاکستانی سماج کی تباہی و بربادی بن چکے ہیں کی اصل حقیقت کو ہم اس دن جان جائیں گئے جب ہم اس اہم سوال ،، کہ یہ دہشت گردی اور فرقہ واریت کس کے حق میں ہے اور کس کے خلاف ہے ؟ کا جواب تلاش کر لیں گئے۔طبقاتی سماج کا ایک سینکڑوں سال پرانا قانون اور اصول ہے کہ تقسیم کرو اور حکمرانی کرو جسے ہم سب جانتے ہیں۔اسی قانون کے تحت برطانوی سامراج نے پوری دنیا پر اپنی لوٹ کھسوٹ کی یلغار کی اور آج بھی یہ قانون نہ صرف اسی طرح من وعن قائم ہے بلکہ مختلف اوقات میں مختلف شکلوں سے جاری ہے۔کیونکہ جب جب معاشرے میں دولت کی غیر منصفانہ تقسیم سے طبقاتی خلیج بڑھتی ہے تو اس کے خلاف عوامی مذاحمت بھی ابھرتی ہے توعوام تقسیم کرو کا قانون اسی شدت سے سماج پر حکمرانوں کی جانب سے لاگو کیا جاتا ہے جو انکی بقا کی ضمانت ہے۔

کیا آپ نے کبھی سوچا ہے کہ دنیا کے تین سے پانچ فیصد لوگ، خاندان یا اجادریاں دنیا کی90 نوۓ فیصد سے زائد عوام پر کس طرح حکمرانی کرتے ہیں ؟۔یقیناًاسی پالیسی کے تحت کہ محنت کش عوام کو تقسیم در تقسیم کیا جاۓ تاکہ انکے اتحاد کی طاقت کو کمزور سے کمزور تر کر کے انکی مذاحمت کو اپاہج اور لاغر بنایا جاۓ تاکہ ان دولت مندوں کا استحصال اور جبر جاری رہ سکے یعنی ظلم تب تک قائم رہ سکتا ہے جب تک ہم عوام مذہبی ، علاقائی، نسلی ، لسانی

، قومی ، فرقہ وارانہ تعصبات میں بٹے رہیں گئے اور جو کوئی بھی نام نہاد طبقاتی تقسیم کی بات کرتا ہے یا پھر ان بنیادوں پر عوام میں تقسیم ڈال کر کوئی الگ جماعت ، پارٹی یا تنظیم بناتا ہے تو وہ نہ صرف ظلموں کے ساتھ کھڑا ہے بلکہ ظلم کا رکھوا بھی بن جاتا ہے کیونکہ حکمران طبقات کو سب سے بڑا خوف محنت کش عوام کی طبقاتی طاقت سے ہوتا ہے جو وہ تباہ کرنے کے درپے رہتے ہیں آج کی اذیتی غربت ، سماجی انتشار ، بم دھماکے ، جنگیں ، بے روزگاری ، مہنگائی، بنیاد پرستی کی جنونیت ، جرائم، بداعنوانی ، جمہوری اور آمرانہ لوٹ کھسوٹ طبقاتی سماج اور سرمایہ داری نظام کی بنیاد ہے۔غربت میں امن قائم کرنے کا فلسفہ کسی دیوانے کے خواب سے زیادہ حثیت نہیں رکھتا کیونکہ سیاست ہمیشہ معیشت کی ہی بیرونی شکل ہوتی ہے۔

سافٹ وئیر کے مالک بل گیسٹس کی منٹوں کی نہیں بلکہ سیکنڈوں کی آمدن کئی ملین ڈالڑ ہے۔ پاکستانی صدر مملکت آصف زرداری پاکستان کا امیر ترین شخص ہے جبکہ نواز شریف کا خاندان پاکستان کا تیسرا امیر ترین خاندان ہے وغیرہ وغیرہ جبکہ دوسری طرف سرکاری اعدادو شمار کے حوالے سے پاکستان کی 60ساٹھ فیصد سے زائد آبادی غربت کی لائن سے نیچے زندگی گزار رہی ہے جبکہ یہ پھر سرکاری شماریات ہیں جبکہ حقیقی اعدادو شمار کے مطابق80 اسی فیصد سے زائد آبادی160 ایک سو ساٹھ روپے روزانہ سے کم آمدن پر جانور سے بدتر زندگی بسر کر رہی ہے۔انہی حالات کی وجہ سے پاکستان میں آج مائیں بھوک کے دوزخ کو بجھانے کے لیے اپنے اپنی مامتا اور بچے فروخت کر رہی ہیں شوہر اپنی بیویوں کو بیچنے پر مجبور ہو رہے ہیں ۔جسم فروشی سے ضمیر فروشی تک کا بازار ہر طرف گرم ہے۔دبئ کے چکلوں میں پاکستانی مجبور عورتیں اکثریت میں پائی جاتی ہیں۔عربوں کے پسندیدہ کھیل اونٹوں کی ریس میں بھی کافی پاکستانی معصوم بچے استعمال ہوتے ہیں۔اس اونٹوں کی ریس میں ان شیر خوار بچوں کو

اونٹوں کے نیچے پیٹ پر باندھا جاتا ہے اور ان بچوں کے رونے سے اونٹ ڈر جاتے ہیں اور تیز بھگتے ہیں اونٹوں کے تیز بھاگنے سے بچے درد اور تکلیف سے جب زیادہ بلک بلک کر روتے ہیں تو اس طرح اونٹ پہلے سے زیادہ تیز سرپٹ بھاگتے ہیں اس ریس کے آخیر تک کبھی کوئی ایک بچہ مجزانہ طور پر بھی زندہ نہیں بچا۔یہ عربوں میں اونٹوں کی ریس امارات اور غربت کی دو انتہاوں کی بھیانک ترین شکل ہے۔

پاکستان کا شمار ان پانچ بڑے ممالک میں ہوتا ہے جو عالمی منڈی میں غربت کی وجہ سے گردے اور جسمانی اعضا بیچتے ہیں۔پاکستان میں ایک کڑوڑ کے قریب چائلڈ لیبر موجودہ ہے۔ پاکستان کی70 ستر فی صد سے زائد آبادی زراعت سے منسلک ہے اس کے باوجود پھر یہاں ہر وقت کوئی نہ کوئی زرعی اجناس کا ہی بحران رہتا ہے۔پاکستان دوھ پیدا کرنے والے دنیا کے بڑے ممالک میں شمار ہوتا ہے لیکن پھر بھی ہر غریب آدمی دوھ آسانی سے فورڈ نہیں کر سکتا ۔حکومت اب آئے دن دوھ ، دہی کی قیمتوں میں اضافہ کرتی رہتی ہے جبکہ دوھ دہی ہر انسان کی بنیادی صحت کے لیے اہم ترین حثیت رکھتا ہے۔ایک اندازے کے مطابق پاکستان میں غربت سے تنگ آئے نوجوانوں اور محنت کشوں میں خود کرشیوں کی شرح دنیا میں بلند ترین ہے اور پاکستان خود کرشیوں میں دنیا کا نمبر اول ملک تھا جو اب2012 دو ہزار بارہ میں انڈیا ہے۔پاکستان کے حوالے سے ایسے بے شمار درد ناک سرکاری اعداوشمار موجودہ ہیں جو چنگاری ڈاٹ کام کے آرٹیکلوں یا اخبارات ، رسائل اور انٹرنیٹ میں با آسانی دیکھے جا سکتے ہیں ۔جنکی اس مضمون میں گنجائش نہیں ہے۔

عالمی سطح پر پچھلے تین سال میں خوراک کی قیمتوں میں 83تراسی فیصد کا انتہائی اضافہ ہو چکا ہے۔افریقہ دنیا کا امیر ترین براعظم ہے جس کی 80اسی فیصد سے زائد آبادی بھوک اور ننگ

سے مر رہی ہے۔لیکن دوسری طرف امیروں کی امارت میں مسلسل اضافہ ہو رہا ہے اور یہ کیسا تضاد ہے کہ ان غریب ممالک میں دنیا کے امیر ترین لوگ رہتے ہیں۔مقامی اور عالمی فرموں اور اجارہ داریوں کے منافعوں میں ہر سال کئی سو فیصد کا اضافہ ہوتا ہے۔امن ہو یا جنگ امیر امیر تر ہوتے جا رہے ہیں اور غریب غریب تر۔عراق کی جنگ سے400 چار سو نئے امریکی ارب پتی بن گئے ہیں۔پچھلے سال پاکستان میں سب سے زیادہ منافع غیر ملکی مالیاتی اداروں نے کمایا۔حالیہ عالمی مالیاتی بحران میں بھی کسی امیر شخص یا فرم کو کوئی نقصان نہیں ہوا جن کی اندھی لوٹ مار موجودہ عالمی مالیاتی زوال کے اصل وجہ ہے۔اس کے باوجود تمام دنیا کے حکمرانوں نے عوامی رعائتوں میں کٹوتیوں سے ان بنکوں اور مالیاتی اجاراداریوں کو بھر پور نوازا ہے تاکہ انکے منافع جات کی بڑھوتری کو قائم رکھتے ہوئے بحرانوں کو ٹلا جائے یعنی ہر بار کی طرح اس بار بھی امیروں کے خساروں کو عوامی دولت سے پورا کیا جا رہا ہے۔آج دنیا کی90 نوئے فیصد معیشت دنیا کی صرف 500پانچ سو اجارداریاں کنٹرول کرتی ہیں جو اس زمینی کرہ ارض پر تمام ملکوں اور اس میں بسے والے انسانوں کا مقدر لکھتی ہیں۔کیونکہ سرمایہ داری نظام میں فیصلہ کن کردار سرمایہ ادا کرتا ہے۔اور اس نظام میں چاہیے کوئی کتنا ہی بد کردار ، بدمعاش ، عیاش ، قتل ، سمگلر کیوں نہ ہو اگر اس کے پاس پیسہ ہے تو یہ موجودہ معاشرے میں شریف ترین شخص ٹھہرایا جائے گا ہر کوئی اس کی عزت کرئے گا یہ طاقت ور ہوگا ریاستی ادارے اس کے ملازم ہوں گئے جو اس کا اور اس کے ناجائز سرمایے کا تحفظ کریں گئے ایسا ہی ہو رہا ہے اور یہی سرمایہ داری اور اسکی ریاستوں کا کردار اور فرایضہ ہے۔

منڈی کے نظام کی بنیاد شرح منافع پر ہے جس میں کوئی انسان نہیں ، جذبات نہیں ، احساس نہیں، ہمدردی نہیں، قربانی نہیں ، مخلصی نہیں، دوستی نہیں ، عزت و احترام نہیں، رشتے داری

نہیں بلکہ دولت دولت اور صرف دولت ہے۔اس نظام میں اس دولت کو ہر طرح سے حاصل کرنا ہے جیسے بھی ہو۔اور جب یہ دولت ہے تو سب کچھ ہے وگرنہ کچھ بھی نہیں ہےاس لیے ہر طرف صرف اور صرف دھندے ہیں وہ کالے ہیں یا گورے۔ہر چیز کا دھندہ ہو رہا، کیونکہ منڈی میں صرف کاروبار ہو تا اور موجودہ عالمی نظام منڈی کا نظام ہے جیسے تہذیب یافتہ مارکیٹ اکانومی یعنی بازاری معیشت کہتے ہیں۔

کم از کم ہم یہ تو جانتے ہی ہیں کہ پاکستان میں آج جتنے بھی امیر خاندان ہیں یہ لوٹ مار اور ناجائز طریقوں سے امیر ہوئے ہیں۔کیا کوئی موجودہ نظام میں جائز طریقوں سے دولت مند بنے سکتا ہے؟ نہیں یہ ممکن ہی نہیں کیونکہ دنیا میں اصل کیپٹل ایک ہی مقدار میں موجود ہے اس لیے جب بھی کسی کے پاس پیسہ بڑھتا ہے تو اس کا یقینا مطلب ہے کہ کسی کا پیسہ کم ہو رہا ہے۔اسی لیے تو جالب کہتا تھا کہ اونچے گھروں میں چراغ ہمارے لہو سے جلتے ہیں۔

موجودہ نظام میں نہ صرف منافع بلکہ شرح منافع کے لیے کاروبار کیے جاتے ہیں اور پاکستان کی موجودہ صورتحال میں بھی صرف سرمایے کے مفادات حاصل کیے جا رہے ہیں۔اسی طرح پاکستان میں تمام دہشت گردیاں بھی بے مقصد اور غیر منافع بخش نہیں ہیں کیونکہ سرمایہ داری میں مندے کے دھندے نہیں ہوتے۔ان خود کش بمبار حملوں کا فائدہ سب سے پہلے حکمرانوں اور انکی ریاست کو ہو رہا ہے اس لیے کہ پاکستان میں پھن پھیلے ، معاشی ، سماجی اور سیاسی مسائل کا اژدھا سماج کو بری طرح ڈس رہا ہے سرمایہ داری جیسے آج انسانیت کا ماضی بعید ہونا چاہیے تھا بد قسمتی سے اب بھی ننگی جارحیت سے قائم ہے جبکہ اس میں سماجی ترقی کی تمام صلاحتیں دم توڑ گئی ہیں آج کے تمام مقامی اور عالمی مسائل جن میں جنگیں ، آئے دن کے شدید مالی، سیاسی اور سماجی بحران، ریاستی کٹوتیاں ، اور یہ خود کش حملے موجودہ نظام

کی ناکامی اور فرسودگی کا واضح ثبوت ہیں۔ حقیقی سماجی مسائل کو حل نہ کرنے کی صلاحیت حکمرانوں کو ایشو کی بجائے نان ایشو کو ابھارتے کی طرف مائل کر دیتی ہے تا کہ عوامی اور سماجی مسائل کو دبایا جائے اور ان پر کوئی عوامی تحریک متحرک نہ ہو سکے۔

آج جن کو امریکی، یورپی، عالمی اور مقامی حکمران اور انکا میڈیا دہشت گرد کہہ رہے ہیں کل وہی انکو مجاہدین اور حریت پسند کہا کرتے تھے۔ افغان جنگ میں انہوں نے انکی ہر طرح کی مالی سیاسی اور فوجی مدد کی امریکہ نے ہی افغانستان میں جنگی پالیسی کے تحت آئی ایس آئی کا انتخاب کیا تھا جو پاکستان کی فوج سے بالا اور خود مختار فوجی ادارہ بن گیا۔ ان سب نے سامراجیوں سے خوب ڈالرز کمائے جس سے انہوں نے جائدادیں، بلیک منی، کاروبار اور ملاوں کی درندگی کا ایک نیٹ ورک تعمیر کر کے مضبوط کیا۔

اور آج جب افغان جنگ ختم ہو چکی تو یہ سامراجی پاگل نہیں ہیں کہ یہ اب بھی انکو مفت میں ڈالرز دیتے رہیں انہوں نے ایک کاروبار کیا تھا وہ اب ختم ہو گیا ہے۔ انہوں نے اس کاروبار میں سب کام کرنے والوں کو منہ مانگی رقم ادا کی لیکن اب انہوں نے برطرفیاں شروع کر دیں ہیں۔ جس سے انکے ڈالرز بند ہوگئے جو ملا اور آئی ایس آئی کبھی برداشت نہیں کر سکتے اور نہ انہوں نے اسے برداشت کیا۔ جس کے رد عمل میں یہ اپنے ہی آقاوں کے خلاف صف آرا ہوگئے۔ جس میں امریکی سامراج کی اپنی کمزوری اور اس کے زوال کی کیفیت تھی جو آج بھی ہے۔ جو آئی ایس آئی اور ملائیت کی طاقت بنی اس لیے آج کی یہ نظر آنے والی دہشت گردی حکمرانوں کی اپنی حکمرانی کی لڑائی ہے جو تمام ریاستی ادروں میں سرائیت کر چکی ہے جس وجہ سے یہ آپس میں دست و گریبان ہیں لیکن حکمرانوں کی آپسی سرمایے کی جنگ میں غریب اور معصوم عوام تباہ و برباد ہو رہے ہیں۔ امریکہ اوردوسرے سامراجیوں کے

104

مفادات بھی پورے ہو رہے ہیں۔روس کے بعد مالیاتی نظام کو بظاہر دشمن کی ضرورت نہیں تھی۔جس سرد جنگ کے نام پر عوامی تحریکوں کو خاموش کیا جاتا تھا۔عوامی پیشہ بٹورا جائے ،۔ریاستی کٹوتیاں کر کے سرمایہ داری کے استحصال کو جاری رکھا جارہا تھا۔اب انہوں نے سرمایہ داری کے خلاف عوامی غصے کو زائل کرنے اور عوامی استحصال جاری رکھنے کے لیےخود ساختہ نام نہاد دشمن اسلامی بنیاد پرستوں کو تراش لیا ہے۔

پاکستانی ریاست ایک طرف آئی ایس آئی اور بنیاد پرستوں کی خود کش کاروائیوں یا نام نہاد دہشت گردی کی جنگ میں ان کے ساتھ بھی ہے اور مخالفت کا ڈھونگ بھی کرتی ہے۔اس دہشت گردی کی جنگ کے ساتھ رہ کر پیسہ کما رہی ہے۔اور اس جنگ کے خلاف لڑنے کے لیے ریاست پاکستان اور اس کے حکمران سامراجیوں سے ڈالرز لیتے ہیں۔یعنی یہ جنگ جہاں پاکستانی حکمرانوں اور ملائیت کے لیے دونوں طرف سے منافع بخش دھندہ ہے وہاں یہ سامراجی آقاوں کے لیے بھی بڑی منافع آوار صنعت ہے۔اسی لیے امریکی حکمران ، ریاست اور سی آئی اے بھی اس جنگ میں مکمل شامل ہیں۔سب کو معلوم ہے کہ امریکہ دنیا میں اسلحہ بنانے والا سب سے بڑا ملک ہے۔اسلحہ بنانا نہ تو اس کا شوق ہے اور نہ ہی یہ اسلحہ کسی دفاع کے لیے بنا تا ہے بلکہ یہ اسلحہ خالصتا فروخت کے لیے اور منافع کمانے کے لیے بنا یا جاتا ہے اس لیے اگر دنیا میں امن ہو گیا تو سب سے پہلے جو ملک دیوالیہ ہو گا وہ امریکہ ہو گا اور امریکہ کافی سیانہ ہے وہ ایسا کبھی نہیں چاہے گا۔

امریکہ میں تمام اسلحہ نجی ملکیت میں تیا رکیا جاتا ہے اور ان فیکٹریوں کے مالکان ہر امریکی الیکشن میں بے شمار رقم خرچ کرتے ہیں تا کہ یہ سیاسی رہنما حکومت میں آکر ان کے حق میں پالیساں بنائیں یعنی پرانی جنگوں کو تیز کریں اور نئ جنگیں شروع کرے تا کہ ان اسلحہ ساز

فیکٹریوں کے کاروبار چمکیں اور یہ خوب منافع کمائیں۔امریکہ اسلحہ کی دنیا میں سب سے بڑی معیشت ہے اس لیے امریکہ کی ہمیشہ عالمی دنیا پر جنگی پالیسیاں ہی رہی ہیں اور رہیں گئیں۔ اب ہو کیا رہا ہے ایک طرف امریکی ریاست عوامی خزانے سے جنگوں کے لیے اسلحہ خرید رہی ہے تو دوسری طرف ان جنگوں میں سامراجی فوجوں کے خلاف بھی امریکن اسلحہ ہی استعمال ہو رہا ہے۔یعنی امریکی یا سامراجی اسلحہ بنانے والی نجی کمپنیاں اپنی فوجوں اور ان کے مخالف لڑنے والوں دونوں کو اسلحہ فروخت کر کے خوب دھندہ کر رہی ہیں۔افغانستان اور پاکستان میں بھی یہی ہو رہا ہے۔آن دی ریکارڈ ہے کہ خود کش بمبار جیکٹیں نہایت جدید اور ایڈوانس ترین ہیں جو امریکہ اور یورپ میں تیار کی جاتی ہیں کیونکہ اتنا بارود اتنی صفائی سے پریس کر کے خود کش جیکٹوں میں ڈالنا صرف جدید ترین ٹیکنک سے ہی ممکن ہے۔

ایک خود کش جیکٹ کی قیمت عالمی منڈی میں10000 دس ہزار ڈالر ہے جو کوئی بھی خرید سکتا ہے جس کے پاس اتنے پیسے ہیں۔اتنی مہنگی خود کش بمبار جیکٹ دنیا میں کوئی غریب آدمی ، ایک پارٹی یا جماعت فورڈ نہیں کر سکتی۔اس سے صاف ظاہر ہو تا ہے کہ ان خود کش بمبار حملوں میں آئی ایس آئی جو سی آئی اے کی پرانی ساتھی اور رفیق ہے مکمل شامل ہے۔

آئی ایس آئی تمام امریکی اسلحہ سی آئی اے کے ذریعے خریدتی ہے اس ڈیل میں سی آئی اے کا اپنا کمیشن ہو تا ہے۔تمام اسلامی ممالک جن میں سعودی عرب، کویت ، ایران ، سرفہرست ہیں اپنے مفادات کے لیے براہ راست یا بل واسطہ آئی ایس آئی کو یہ جنگ قائم رکھنے کے لیے مالی مدد کرتے ہیں۔اس کے علاوہ منشیات کے کاروبار کا تمام پیسہ جو اس جنگ میں ایک بڑا حصہ ہے جو کالی معیشت بھی ہے آئی ایس آئی امریکہ کے خلاف نام نہاد جنگ میں لگتی ہے جو پہلے سوویٹ یونین کے خلاف افغان جہاد میں استعمال ہو تا تھا۔

مارکیٹ اکانومی یا سرمایہ دارانہ نظام میں سرمایہ ہی فیصلہ کن ہوتا ہے اور یہی تمام فیصلے کرتا ہے اور یہ یقینا اپنے خلاف کوئی فیصلہ نہیں کرئے گا۔اس لیے پاکستان میں اب تک اس دہشت گردی کے خلاف جنگ کا کوئی نتیجہ نہیں نکلا اور نہ ہی آئندہ نکلے گا کیونکہ یہ پاکستانی اور عالمی حکمرانوں کی اپنے ریاستی اداروں سے نوار کشتی ہے۔جس میں ہر کوئی کمائی کر رہا ہے اور اگر کوئی گھاٹے میں ہے تو وہ ہے صرف اور صرف عوام اور محنت کش طبقہ ہے۔جو اس تمام دہشت گردی کے حقیقی طور پر خلاف ہے جبکہ یہ موجودہ جنگ ہر طرف سے حکمرانوں کے ہی حق میں ہے ۔عوام کا اس سے کوئی تعلق نہیں ہے یہ دہشت گردی کی جنگ عوام پر حکمرانوں کی طرف سے مسلط کی گئی ہے۔اس سے مکمل نجات کے لیے تمام پاکستان کے عوام کو حکمرانوں کے خلاف طبقاتی بنیادوں پر متحد ہو نا ہو گا جسکے علاوہ نجات کا کوئی راستہ ممکن نہیں ہے۔

ہر ذی شعور یہ سمجھتا ہے کہ مذہب ہر کسی کا ذاتی مسئلہ ہے اور ہر ایک کو اپنے مذہب میں مکمل آزاد ہونے کا حق حاصل ہے۔احمدی لاہوری ہو یا قادیانی ، اہل سنت ہو یا اہل تشیع ، اہل احادیث ہو یا کوئی اور ہندو ، عیسائی ، سکھ ، مسلم سب کو اپنے اپنے مذہبی فرائض کی ادائیگی میں آزادی ہونی چاہیے۔لیکن مذہبی بنیاد پر جماعت بندی عوامی تحریک کے لیے زہر قاتل ہے جس کی کبھی کسی صورت میں اجازت نہیں دی جاسکتی اور اگر مذہبی بنیاد پر جماعت بندی کی اجازت دی جائے تو پھر القاعدہ ، طالبان ، انجمن سپاہ صحابہ ، اوردوسری تمام مذہبی جماعتیں درست ہیں اور موجودہ دہشت گردیاں اور قتل غارت بھی عین اسلام ہے۔

ہم مطالبہ کرتے ہیں کہ جماعت اسلامی سمیت تمام مذہبی جماعتوں پر فوری مکمل پابندی عائد کی جائے۔انکے بیرونی رابطے منقطع کیا جائیں اور انکے وسائل کے ذرائع اور تمام اثاثوں،

اکاونٹس کو قومی تحویل میں لیا جائے۔مذہبی بنیاد پر جماعت بندی کسی نہ کسی حوالے سے براہ راست یا بل واسطہ موجودہ دہشت گردیوں اور خون ریزی کی وجہ ہیں۔آج تک حکمرانوں اور انکی ریاست نے پاکستان میں عوامی تحریک کو توڑنے کے لیے اقلیتوں کو عام عوام سے الگ تھلگ کرنے اور انکو عام شہریوں کا درجہ نہ دینے کے غیر انسانی قوانین پاکستان میں موجود ہیں جو فوری طور پر ختم ہونے چاہیے۔پاکستان میں اقلیتوں کے رہنماوں یا پیشواوں نے بھی اپنے مالی مفادات کے لیے ریاستی حکمرانوں کا ہر دور میں مکمل ساتھ دیا ہے اور انہوں نے ان اقلتوں کو دوسری عام عوام سے کاٹ دیا جو ایک مجرمانہ فعل ہے۔

اقلیوں کا مقدر بھی پاکستانی محنت کش عوام سے ناگزیر طورپر منسلک ہے ان اقلیوں کو اپنے اوپر ہونے والے مظالم سے خاتمے کے لیے پاکستانی عوام کی طبقاتی تحریک کا اٹوٹ حصہ بنا ہو گا اور پاکستان میں ایک عوامی جدوجہد میں شامل ہو کر انقلاب کرنا ہو گا ایک اشتراکی انقلاب کے بغیر یہ اقلیتیں پہلے سے زیادہ تباہ اور پستی چلیں جائیں گئیں۔ صرف یہی حقیقی سماجی تبدیلی پاکستان میں تمام اقلیتوں کو ہر طرح کا مکمل سماجی تحفظ دے کر انسان کا رتبہ دلاوا سکتی ہے۔

ہم سمجھتے ہیں کہ غربت میں امن قائم نہیں ہو سکتا۔اس لیے ضروری ہے کہ سماجی ترقی کے لیے تمام بڑی بڑی مقامی یا غیر ملکی صنعتوں کو جو اب تک عوام اور ملک کی بجائے صرف چند افراد کی دولت میں اضافے کا باعث ہیں فوار قومی تحویل میں لے کر مزدوروں کے جمہوری کنٹرول میں دیا جائے تاکہ زیادہ سے زیادہ پیداوار کو بڑھا کر عوامی ضرورتوں کو پورا کیا جائے ۔اس سے بے روزگاری کا خاتمہ بھی ممکن ہو سکے گا اور عام مزدورں کی تنخواہ ایک تولہ سونے کی برابر کی جاسکے گئ اور بے روزگار افراد کو معقول بے روزگاری الاونس بھی دیا جاسکتا ہے۔ صنعتی پیداوار کو بڑھنے کے لیے بڑی بڑی جاگیروں کو جاگیرداروں سے لے کر

چھوٹے کسانوں میں مفت تقسیم کی جائے تاکہ زراعت ترقی کر سکے اور ملک میں اجناس کے بحرانوں کو ختم کیا جا سکے اور صنعت کے لیے وافر مقدار میں خام مال میسر آسکے۔

سامراجی قرضوں کو دینے سے انکار کیا جائے کیونکہ ہم سود کی شکل میں قرضوں کی اصل رقم سے کئی گناہ زیادہ رقم پہلے ہی ادا کر چکے ہیں۔

ملک میں بار بار فوجی آمریت کے خطرہ کو ہمیشہ کے لیے ختم کرنے کے لیے ضروری ہے کہ عوامی فوج بنائی جائے اور موجودہ فوج میں کمیشن سسٹم کا خاتمہ کیا جائے اور فوجی افسران عام فوجیوں کی کمیٹیوں کے ذریعے منتخب ہوں۔

سامراجی جارجیت کے خلاف بیرونی ممالک کی ٹریڈ یونینوں اور مزدور عوام سے راوابط بنائے اور بڑھے جائیں اور انکی طبقاتی جدوجہد کی مکمل حمائت کی جائے۔

عورتوں کے خلاف تمام امتیازی قوانین کا فل فور مکمل خاتمہ کیا جائے اور جنس کی بنیاد پر جنونی استحصال کا خاتمہ ممکن بنائیں۔

عالمی سطح پر ایک مزدور پارٹی کی تشکیل کی جائے۔ جس کے بغیر عالمی عوامی نجات ممکن نہیں ہے۔

یکم مئی دو ہزار دس

بنیاد پرستی اور ریاستی دہشت گردی سے نجات کیسے ممکن ہے

راہ حق ،، جو اصل میں راہ ناحق فوجی آپریشن ہے یہ پہلا ہے نہ آخیری ہو گا جس کے لیے
امریکہ نے پاکستانی حکمرانوں کو اپنے ہی عوام کے قتل کے لیے بہت بڑی رقم ادا کی ہے۔
جس سے آج سوات مالاکنڈ، دیر اور بہت سے دوسرے علاقوں پر پاکستانی ریاست نے اپنے ہی
ملک پر فوجی جارحیت سے خون اور تباہی کا بازار گرم کر رکھا ہے۔اور آج پھر ماضی کی طرح
حسب روایت یہ پاک فوج اپنے ہی ملک اور عوام کو فتح کرنے نکلی ہے۔ یہ پاکستانی ریاست
آج کسی اور سے نہیں بلکہ خود اپنے آپ سے دست و گریباں ہے۔ یہ ایک ایسی جنگ ہے
جس کا کوئی انت نہیں ہے کیونکہ یہ جنگ ریاست پاکستان کے اپنے اداروں اور حکمران طبقوں
کا تصادم اور ٹکراو ہے جس میں جنگ کرنے والے اور جنگ کے خلاف لڑنے والے دونوں
ہی ریاست کے ادارے اور حکمران ہیں۔ جس میں مریں گئے اور نقصان ہو گا صرف عوام کا۔
آج عوام کو اپنی بقا کے لیے طالبان اور اس حکمرانوں کی آپسی جنگ کے خلاف منظم ہونا
ہو گا۔یہ جنگ موجودہ سرمایہ دارانہ، جاگیر دارانہ، فوجی آفسرانہ اور سامراج گماشتہ نظام کی
آخیری ہچکیاں ہیں جو ہمیشہ بہت تکلیف دہ ہوتی ہیں جو لمبی بھی ہو سکتی ہیں اور مختصر بھی جس
کو کچھ لوگ 62 با سٹھ سالہ تاریخ کا انتقام بھی قرار دے رہے ہیں۔

جنگ جس کے متعلق کا مریڈ ٹیڈ گرانٹ لکھتا ہے کہ۔جنگ میں جس کا سب سے پہلے قتل کیا

جاتا ہے وہ ،، سچ،، ہو تا ہے۔اسی لیے تو آج تمام روز ناموں سمیت تمام ٹی وی چینل جن کی آج اپنی اپنی دوکانداری کے لیے بھرمار ہے۔اس تمام میڈیے کے پراپیگنڈے کی یلغار اور فوجی جرنیلوں کی پریس کانفرنسیں اور بیان اصل حقائق کو چھپانے کے لیے جھوٹ کا پلندہ ہیں۔جبکہ ہمارے ساتھی جو مالاکنڈ، سوات ، دیر اور پختوان خواہ کے دوسرے جنگی علاقوں میں رہائش پذیر ہیں یہ بڑے بے خطرے اور جرات مندی سے عوامی انقلابی دفاعی ریلیف کمیٹیاں قائم کر رہے ہیں ان کے مطابق حقائق ان سے مختلف ہیں جن کی آج ہر طرف باز گشت سنائی دے رہی ہے۔مثلا ، مالاکنڈ میں9 نو مئی کو فوج نے11 گیارہ معصوم لوگوں کا قتل کیا جن میں بچے اور عورتیں شامل تھیں۔جبکہ تمام ٹی وی چینلوں اور فوجی سربراہان نے کہا کہ وہاں گیارہ دہشت گردوں کو مارا گیا ہے۔یہ تو صرف ایک مثال تھی لیکن آج ایسے ہزاروں واقعات ہیں جن کو توڑ موڑ کر حکمران اور انکا میڈیا اپنے مفادات کے لیے موزوں بنا کر بیان کرتا ہے جس کی تفصیل کی اس مضمون میں گنجائش نہیں ہے۔اور یہ کوئی نئ اور عجب بات نہیں ہے۔ویتنام سے عراق اور لبنان سے افغانستان تک عالمی حکمرانوں کا بھی یہی مقدس قانون ہے کہ اپنی استحصالی حکمرانی کو قائم رکھنے کے لیے جھوٹ کو بڑی بے شرمی سے کھلے عام بیان کیا جائے۔اپنی لوٹ مار اور ظلم کے مفادات کو بڑے تقدس اور ابدی عظیم بنا کر انسانوں کے زہنوں میں ٹھونسا جائے۔۔۔لیکن ایسا ہمیشہ نہیں ہوتا۔

یہ کس کو معلوم نہیں ،، طالبان اور القاعدہ ،، پاکستانی فوج کا ایک ذیلی ادارہ رہا ہے اور آج بھی ہے۔جس کی سربراہی آئی ایس آئی اور دوسری ریاستی ایجنسیوں کے پاس ہے۔پاکستانی ریاست اپنے اس ذیلی ادارے ،،طالبان،، کو ختم کرنا ہی نہیں چاہتی ورگرنہ پہاڑی جہاہل ملاوں میں اتنی طاقت کبھی نہیں تھی اور نہ ہی ہے کہ وہ ایک ریاست کی باقاعدہ فوج اور وہ

بھی دنیا کی بڑی اور جدید فوج کا مقابلہ کر سکتے۔

پاکستانی حکمرانوں کے لیے طالبان ایک بلنک چیک بھی ہے جسے وہ امریکہ اور یورپ سے کیش کرواتے ہیں انہوں نے ماضی میں بھی ایسا کیا جسکا آغاز ضیا آمریت کی اندھیری رات سے ہوا تھا جس نے القاعدہ اور طالبان کا چیک بنایا تھا اور اسے کیش کیا اب یہ ماضی کا القاعدہ یا طالبان چیک انہی طاقتوں کو ختم کرنے پر کیش ہوتا ہے اور اس چیک کو پاکستانی حکمران آئندہ بھی کیش کراتے رہے گئے۔وہ آپنے اس ،،طالبان یا القاعدہ ،، بلنک چیک کو کبھی ضائع نہیں کریں گئے۔آج بھی امریکہ اور یورپ نے طالبان کے خلاف اس فوجی ایکشن ،، راہ حق،، کی بھاری قیمت ادا کی ہے۔یہ ،،راہ حق،، فوجی آپریشن ایک بھیانک خونی یلغار ہے جو پاکستانی عوام کی زندگیوں سے کھیلی جانے والی نورا کشتی ہے۔اسی لیے تو کسی بھی فوجی کاروائی سے پہلے طالبان کو معلوم ہوتا ہے کہ کل فوج کیا کرنے والی ہے۔اب تک کی تمام فوجی کاروائیوں میں زیادہ تر عام لوگ مارے جا رہے ہیں انکو بڑی بے دردی سے بے گھر اور بے سروسامان کیا جا رہا ہے جدید انسانی تاریخ کی شاید یہ سب سے بڑی نقل مکانی ہے جو میڈیے اور سرکار کے مطابق200000 بیس لاکھ سے تجاوز کر چکی ہے یہ بد قسمت اپنے ہی وطن میں بے وطنے ہیں۔باجوڑ میں فوجی آپریشن کے بعد اب عوام سے کہا جا رہا ہے کہ وہ اپنے علاقوں میں واپس جائیں لیکن سوال یہ ہے کہ وہ کہاں واپس جائیں انکے گھروں کو مسمار کر دیا گیا ہے اور محلوں کے محلے اور علاقوں کے علاقے بمبوں سے تہس نہس کر دیئے گئے ہیں۔ جہاں زندگی کے آثار مخدوش ہو چکے ہیں۔اور اب ان کھنڈروں میں لوگوں کو واپس جانے پر مجبور کیا جا رہا ہے جبکہ ضرورت اس چیز کی تھی کہ تمام گھروں اور وہاں کا سماجی ڈھانچہ از سر نو تعمیر کیا جاتا۔صرف اسی طرح عوام کے نقصان کا ازلہ کیا جا سکتا تھا۔لیکن پاکستانی حکمرانوں

کو تو اپنی جیبیں بھرنے سے غرض ہے عوام سے نہیں۔اس آپریشن کے نام پر پاکستانی فوج کے جرنیلوں کو بے شمار مراعات اور عیاشیوں سے نوازا جا رہا ہے ان سب کی دولتوں میں اضافہ ہی اضافہ ہو رہا ہے۔ان حکمرانوں کے لیے جنگ بھی ایک فائدہ مند ترین کاروبار ہے۔ جو ایک طرف لاکھوں ڈالروں اور یوروں کا فائدہ ہو رہا ہے تو دوسری طرف عوامی آہوں، خون ریزی ، تباہ و بربادی، بے گھری، ذلتوں، محرومیوں اور سسکیوں پر یہی دوکانداری چمکائی جا رہی ہے۔

اب اسی طرح مالاکنڈ ا، سوات اور دیر وغیرہ کے علاقوں کے عوام سے بھی فوجی آپریشن کے بعد یہی غیر انسانی سلوک کیا جائے گا انکو یہ جنت سما وادیاں ویران و سنسان کر کے ان میں یہاں کی عوام کو بے یارو مدگار دھکیل دیا جائے گا۔یعنی پاکستان کی ایک بڑی آبادی کو تڑپ تڑپ کر مرنے کے لیے چھوڑ دیا جائے گا۔ جبکہ حکمرانوں نے اس جنگ کے بیوبار سے بہت کچھ کمالیا ہو گا۔

ہم مطالبہ کرتے ہیں۔

باجوڑ کے تمام مہاجروں کے لیے باجوڑ میں مکانات تعمیر کر مفت دیئے جائیں۔اور یہاں تباہ حال سماجی ڈھانچے کو ایک مارشل پلان کے تحت جلد از جلد تعمیر کیا جائے جس میں سکول، کالج ، یونیورسٹی ، سڑکیں، بجلی گھر، ہسپتال وغیرہ بنائیں جائیں عوام کو تمام بنیادی ضروریات مفت فراہم کیں جائیں۔سوات، مالاکنڈ، دیر وغیرہ تمام جنگی علاقوں میں بھی جنگ کے بعد اسی پروگرام پر عمل کیا جائے تاکہ یہاں کی عوام کے نقصان کو پورا کیا جا سکے۔طالبان کی مذہبی جنونیت کے خلاف اس جنگ کو جیتنے کے لیے پورے پاکستان میں تمام مذہبی جماعتوں پر مکمل

پابندی عائد کی جائے ان کی تمام جائیدیں اور اکاونٹ بحق سرکار ضبط کیے جائیں جو طالبان کی براہ راست یا بلواسطہ ہر طرح سے امداد کر رہے ہیں اور طالبان کی مورل سپورٹ کا باعث ہیں۔

فوجی آپریشن فل فور بند کیا جائے جس میں طالبان سے زیادہ عوام مارے جارہے ہیں اور مقامی عوام کا ہی زیادہ نقصان ہو رہا ہے۔اس عوامی اور سماجی نقصان سے بچنے کے لیے اور طالبان کی مکمل شکست کے لیے طالبان کے خلاف عوامی دفاعی کمیٹیاں بنائیں جائیں جو اسلحہ سے مسلح تربیت یافتہ نوجوان اور مزدور پر مبنی ہوں جو وہاں کے عوام کی نمائندگی بھی کرتے ہوں۔

۔مہاجر کیمپوں میں آئے ہوئے تمام لوگوں کی تمام بنیادی ضروتوں کا مکمل خیال رکھا جائے کیونکہ یہ جنگ عوام نے نہیں بلکہ حکمرانوں نے شروع کی ہے۔

آئی ایس آئی سمیت تمام فوج میں اور تمام ریاستی اداروں میں مذہبی جماعتوں کی حمائت کرنے والے تمام آفسران کو برطرف کیا جائے جو پس پردہ طالبان کی پشت پناہی کر رہے ہیں

۔

امریکی سامراج کی پاکستان سمیت تمام جنوبی ایشیا میں مداخلت اور ڈرون حملوں کے خلاف ایک عوامی تحریک کو منظم کیا جائے۔

تمام مزدوروں کی تنخواہ کم از کم ایک تولہ سونے سے منسلک کر کے ادا کی جائے اور بے روگاری کی صورت میں کم از کم ساڑھے سات ہزار روپے بے روزگاری الاونس دیا جائے یہ کوئی رعائت نہیں بلکہ عوام کا حق ہے کیونکہ اگر حکمران لاکھوں اربوں کے دو نمبر طریقوں

سے مالک ہو سکتے ہیں تو عوام کو انکی بنیادی ضروریات مہیا کرنا ریاست کی اول ذمہ داری ہونی چاہیے۔

اس جنگ کے شور میں حکمران پاکستان میں بچے کچے سرکای اداروں کو بھی فروخت کرنے کا عمل تیز کر رہے ہیں جس کے خلاف محنت کش پچھلے تمام عرصہ سراپا احتجاج رہے ہیں ان بائیس قومی اداروں کی نجکاری فل فوار بند کی جائے اور تمام سامراجی اداروں، بینکوں، مالیاتی کمپنیوں اور تمام بڑی صنعتوں کو قومی تحویل میں لے کر مزدروں کے جمہوری کنٹرول میں چلایا جائے۔تمام بنیادی انسانی ضروریاتیں جس میں صحت، تعلیم، بجلی، صاف پانی، ٹرانسپورٹ، رہائش ، سیورتج ، وغیرہ شامل ہیں تمام عوام کو مفت جلد از جلد فراہم کی جائیں۔آج کے سماجی نقائص اور مسائل جس میں مہنگائی کا عذاب، بجلی ، پانی اور گیس کی لوڈ شیڈنگ، بے روزگاری، غربت، بھوک، ننگ ، افلاس موجودہ نظام کی دین اور حکمرانوں کے جرائم ہیں جن سے مکمل نجات کے بغیر کوئی ایک بھی بنیادی مسئلہ حل نہیں ہو سکتا۔آئیں انقلابی دفاعی کمیٹیاں بنائیں ان کی مدد کریں اور یک زباں ہو۔

ریاست اور میڈیا کے کھیل تماشوں میں عوام پس گئی

سکینڈل، سکینڈل اور پھر سکینڈل۔واقعات ، واقعات اور پھر واقعات کا یہ تیز ترین زمانہ ہے۔ جہاں آج ایک واقعہ ابھی پردہ سکرین سے نہیں ہٹتا تو کئی نئے واقعات سیاسی اور سماجی افق کی زینت بن جاتے ہیں ہر ابھارنے والا ایک سکینڈل یا واقعہ اپنے ساتھ بہت سے نئے واقعات اور سکینڈلوں کو ابھار دیتا ہے۔جس سے ایک چیز واضح ہے کہ آج کے پاکستانی معاشرے میں بارود بھرا پڑا ہے جس میں ایک طرف تمام حکمرانوں اور تمام ریاستی اداروں کی کمال بداعنوانیاں ، لوٹ مار اور عیاشیاں سر بازار عروج پر ہیں تو دوسری طرف بھوک ، ننگ اور افلاس سے مرتی عوام کی بھی انتہا ہو چکی ہے۔

ریاض ملک کا عدالتوں سے دست و گریباں ہونا اور دنیا نیوز ٹی وی کے سکینڈل سے میڈیا کی جنگ میں ایک چیز ثابت ہوگئی ہے کہ موجودہ نظام میں ہر ادارہ ، پارلیمنٹ ، عدالتیں ، پولیس ، فوج ، ایجنسیاں ، افسر شاہی ، سیاست دان ، ذرائع ابلاغ ، مذہبی اور سیاسی پارٹیاں اور انکے سیاستدان غرض پورا نظام سر سے پاوں تک بد اعنوانیوں اور لوٹ گھسوٹ میں دھنس چکا ہے اور ان کے درمیان لوٹ مار کا گرم بازار آج ہر گھر ، گلی محلے ، گاوں ، شہر اور ملک میں ٹی وی اسکرینوں پر کسی میلے کی طرح سج چکا ہے۔جبکہ غریب عوام اب تک صرف تماشائی ہیں وہ سب کچھ دیکھ رہے اور سمجھنے کی کوشش کر رہے ہیں جس سے وہ اپنے تمام دشمنوں کو

پہچان رہے ہیں کہ یہ سب ان کے ساتھ اور انکے نام پر کیا کیا کھلواڑ کر رہے ہیں۔نودولتئے ملک ریاض بھی ملک اور عوام کی بہتری چاہتا ہے ، عدالتیں بھی ، پارلیمنٹ بھی ، فوج اور ایجنسیاں بھی، تمام مذہبی اور سیاسی پارٹیاں بھی، زرداری، الطاف بھائی، نواز شریف اور عمران خان بھی اور تمام میڈیا بھی سب عوام اور ملک کی سلامتی اور عوام کی بھلائی کے لیے سر گرم عمل ہیں لیکن حقیقت میں ہو سب اس عوام کے نام پر عوام کے مفادات کے بالکل خلاف ہو رہا ہے۔پاکستانی عوام اور محنت کش طبقہ اب تک شاید اس لیے خاموش تماشائی ہے کہ یہ ان سب مداریوں کی آخیر دیکھنا چاہتے ہیں کہ یہ کہاں تک ملک وقوم کو تباہ وبرباد کرسکتے ہیں۔

لازما آخیر میں عوام نے بھی اپنا کردار تو ادا کرنا ہی ہے اور انہوں نے اپنا زندہ ہونا کا احساس دلانا ہے کیونکہ وہ ان حالات و وقعات پر کب تک خاموش رہیں گئے اور رہ سکتے ہیں اب اس میں زیادہ دیر نہیں ہے جب دھرتی تھر تھر کانپے گئی۔عوام اٹھیں گئے تو اس کا مطلب ہو گا کہ حکمرانوں اور انکے نظام نے اب آخیر کر دی تب عوام بھی اپنی آخیر کرنے کے لیے اٹھیں گئے۔لیکن آج حکمرانوں کو صرف یہ سوچنا ہونا گا کہ جب عوام میدان میں آئیں گئے تو پھر کیا ہو گا کیونکہ عوام99 ننانوے فیصد ہیں۔مارنا بہت آسان ہے لیکن مرنا بہت مشکل اور جو پہلے ہی مر رہے ہوں ان کے لیے کسی کو مرنا مشکل نہیں ہوتا

موجودہ ریاستی ڈرامے بازیاں جس میں سپریم کورٹ ، فوج اور پارلیمنٹ کو مقدس گائے بنا کر پیش کیا جا رہا ہے جبکہ یہی آج بد اعنوانی اور ظلم وجبر کے دیوتا بن کر سامنے آئیں ہیں۔کسی اور نے نہیں بلکہ انہی میں سے ایک نئے دولت کے نا خدا ملک ریاض نے ہی ان سب کو ننگا کر دیا ہے۔اس نے تمام فوجی افسروں ، ایجنسیوں ، سیاسی پارٹیوں کی قیادتوں ، ججوں اور انکی

الادوں کو اپنے غیر قانونی کاموں کو قانونی بنانے کے لیے ہر دور میں خریدا ہے جس کا وہ بڑی بے باکی سے اعلان کر رہا ہے جیسے کوئی روکنے ٹوکنے والا بھی نہیں جس سے اسکی سچائی کا اعلان ہو تا ہے۔کارل مارکس نے کیمونسٹ مینی فسٹو میں لکھا ہے کہ،، سرمایہ داری نے ہر مقدس رشتے اور پیشے کے تقدس کو پامال کرکے اسے آج سرمایہ کی لونڈی بنا دیا ہے،، اس بازار میں ہر جنس کی ایک قیمت ہے کم یا زیادہ چاہے وہ انصاف ہی کیوں نہ ہو۔پہلے بھی پیسہ ہی تھا اور آج بھی پیسہ ہی بول رہا ہے۔جرمنی میں ایک مشہور کہاوت ہے جو آج کے سماج کی بڑی درست نمائندگی کرتا ہے،، پیسہ حکمرانی کرتا ہے،،۔

ملک ریاض کی اہمیت اور حیثیت کیا ہے ؟ ماسوائے ایک عام پاکستانی شہری کے۔وہ نہ تو کسی پارلیمنٹ کا ممبر ہے نہ ہی کسی ریاستی ادارے کا سربراہ نہ ہی کوئی صحافی اور نہ ہی کو ئی دانشوار لیکن پھر بھی یہ سب پر بھاری ہے اور ہر ایک پر حکم چلا کر حکمرانی کرتا ہے۔اپنا زیادہ وقت ایوان صدر یا پھر سرکاری ایوانوں میں گزارتا ہے۔جی ایچ کیو میں اسے جانے کے لیے کسی اجازت کی ضرورت نہیں۔اسے کسی بھی بیرونی ملک کے ویزے کے لیے کسی بھی ایمبسی جانے کی ضرورت نہیں ویزہ خود چل کر اس کے گھر آتا ہے۔یہ جب چاہیے جس کی عزت سے کھیل جائے۔جب چاہیے کسی کو عزت دے اور جب چاہیے کسی کو بے عزت کر دے۔یہ ہے سرمایہ داری معاشرے میں سرمایے کی طاقت جس نے ایک میٹرک فیل نودولتے کو خدا بنا دیا ہے وہ کچھ نہ ہوتے ہوے بھی سب کچھ ہے۔آپ خود بتائیں کیا کوئی عام پاکستانی عدلیہ ، فوجی افسروں اور سیاست دانوں کی اس طرح دھلائی کر سکتے ہے جس طرح یہ میڈیے میں کر رہا ہے۔جس طرح یہ پاکستان کے آئین اور قوانین کی دھجیاں اڑ رہا ہے کوئی اور کر سکتا ہے۔آج کا یہی سوال ہے کہ اس کو یہ طاقت کس نے دی۔سرمایہ اور

دولت نے جو آج زندہ 18 آٹھارہ کڑور انسانوں اور انکی تہذیب ، ان کا صدیوں سے ترتیب دیئے سماجوں سے افضل ہو گیا۔یہی منڈی اور سرمایہ داری کا خدائی روپ ہے۔جیسے بوڑھے مارکس نے بہت پہلے اور بہت وضاحت سے بیان کیا تھا۔

پاکستان میں آج یہ تمام تماشہ جو ملک ریاض سے شروع ہوا جس میں میڈیا اورریاستی اداروں کے تضادات اور پوشیدہ لڑائیاں منظرعام پر آگئی ان سب صف اول کے سکینڈلوں اور لڑائیوں کا عوام سے کیا تعلق ہے وہ تو مسلسل بھوک، ننگ ، افلاس، بے روزگاری ، مہنگائی اور بجلی گیس کی لوڈ شیڈنگ کے کرب سے تڑپ رہے ہیں۔یہ تو حکمرانوں اور دولت مندوں کی اپنی حاکمیت اور لوٹ کی جنگ ہے۔جس میں عوام کے اصل ایشوز کو دبایا جا رہا ہے۔اس لڑائی میں کسی ایک کی ہار یا جیت سے عوام کو کچھ نہیں ملے گا ماسوائے ذلت اور رسوائی کے جو پہلے بھی انہیں ملی۔عوام کو پہلے بھی عدالتوں کی بحالی کی تحریک کے بعد کچھ نہیں ملا سوائے بدستور بڑھتے مسائل کے۔اب عوام کو کسی اور کی نہیں اور نہ ہی کسی اور کے لیے بلکہ اپنی لڑائی اپنے لیے لڑنی ہوگئی ان تمام میڈیے اور حکمرانوں اور ریاستی اداروں کے کھیل تماشوں کو مکمل رد کر کے دولت کی اس لا محدود استحصالی حکمرانی کو توڑنے کے لیے اور عوامی مسائل سے نجات کے لیے آگے بڑھنا ہو گا اپنے عوامی مسائل کے پروگرام پرمزدور جنگ لڑنی ہو گئی۔

ہمارے مطالبات

تمام فیصلوں کی کاروائی کھلی عدالتوں میں کی جائے۔عوامی عدالتیں قائم کی جائے جس میں حقیقی عوامی نمائندوں اور مزدور نمائندوں کو شامل کیا جائے۔

ملک ریاض اور اس جیسے بے شمار دولت کے بل بوتے پر بے لگام سانڈوں کو کنٹرول کرنے کے لیے تمام بڑی بڑی جاگیروں ، جائیدادوں کو قومی ملکیت میں لے کر عام عوام میں تقسیم کی جائیں اور صنعتی اداروں کو قومی تحویل میں لے کر مزدوروں کے جمہوری کنٹرول میں دیا جائے۔تاکہ زیادہ سے زیادہ پیداوار سے عوامی ضروریات کو جلد از جلد پورا کیا جاسکے گا اور جس سے بے روزگاری کا خاتمہ بھی ممکن ہو گا۔

ہر مزدور کی تنخواہ ایک تولہ سونے کے برابر کی جائے اور بے روزگار افراد کوایک معقول الاونس دیا جائے۔کیونکہ زندہ رہنا ہر شخص کا حق ہے جس کا حق دینا ریاست کی اول اور بنیادی ذمہ داری ہے۔

فوجی آمریت کے خوف کے خاتمے کے لیے تمام فوجی افسروں کا عام سپاہی کے زریعے انتخاب ہو۔کمیشن سسٹم کا خاتمہ کیا جائے اور کسی فوجی افسر کی تنخواہ عام ہنر مند مزدور سے زیادہ نہ ہو۔

تہتر کے آئین کو مکمل طور پر بحال کیا جائے اور اس میں سرمایہ داری کو تحفظ دینے والی تمام شقوں کا خاتمہ کیا جائے۔

جنس اور مذہب کی بنیاد پر استحصال کے تمام قوانین کا مکمل خاتمہ۔عورتوں اور اقلیتوں کے خلاف جرائم کا مکمل خاتمہ اور اس کے لیے قانون سازی۔

انتخابات کے لیے عوامی پنچائتی سسٹم رائج کیا جائے جس میں کسی بھی ریاستی اہلکار کی تنخواہ عام مزدور سے زیادہ نہ ہو اور اس کو کسی وقت بھی اس کے عہدے سے برطرف کرنے کا حق عوام کو حاصل ہو

سامراجی ملکوں کو قرضوں کی واپسی سے مکمل انکار کیونکہ ہم نے سود کی ادائیگی کی صورت میں یہ قرضے کئی بار ادا کر دیے ہیں۔اور تمام دنیا کی مزدور یونیوں سے رابطے اور انکی طبقاتی جدوجہد کی مکمل حمائت۔سے ہی ہم پاکستان میں کوئی ایک حقیقی تبدیلی کر سکتے ہیں۔جو عوام کی خوشحالی اور حقیقی آزادی کی ضمانت دے سکتا ہے

پاکستان میں بجلی کا کوئی بحران نہیں پھر بحران کیوں؟

بجلی یا الیکٹرک سٹی آج کسی بھی سماج کی نہ صرف بنیادی بلکہ لازمی ضرورت ہے جو انسانی سماج کو دور بربریت سے الگ کرتی ہے۔لیکن میرا دیس مہان جہاں عوام کے پاس کوئی سہولت تو پہلے ہی نہیں تھی اب ان سے زندہ رہنے کا حق بھی چھینا جا رہا ہے۔روٹی کپڑا مکان کے ساتھ ساتھ اب بجلی ، پانی گیس جو انسانی بنیادی ضروتوں میں شمار ہوتی ہیں ایک عیاشی بنتی جا رہی ہے۔بجلی اور گیس کی لوڈشیڈنگ نے پاکستان کے بہت سے معاشی اور سماجی مسائل کو نہ صرف مزید بھیانک بنا دیا ہے بلکہ بے شمار نفسیاتی مسائل کو بھی پیدا کر دیا ہے۔جس سے عام انسانوں کے رویے بڑی تیزی سے تبدیل ہو رہے ہیں جن کا رخ منفی ، تخریبی اور غیر انسانی رجحانوں کی طرف ہے جس کی وضاحت کی گنجائش اس مضمون میں نہیں۔بجلی پانی اور گیس ایسے خود ساختہ بحران ہیں جن کا خاتمہ ماہریں کے نقطہ نظر سے چند دنوں میں ختم کیا جاسکتے ہے۔اور یہ اس کو ثابت بھی کرتے ہیں لیکن وہ دولت مند ان بحرانوں کو کیسے اور کیوں ختم کریں جو ان مسائل پر بڑے بڑے دھندے کرتے ہیں اور پیسہ کماتے ہیں۔ہمارے نام نہاد حکمران ان بحرانوں میں کیوں کر دل چسپی لیں جن کا یہ مسئلہ ہی نہیں ہے۔جن کا مسئلہ بڑی بڑی جائیدادوں میں اضافہ لوٹ مار بیرونی بینکوں میں اپنی دولت بھرنا اور اس غیر قانونی اور عوام سے لوٹی موٹی موٹی رقموں میں اضافہ ہے۔خود اور اپنے خاندانوں کی یورپ اور مغربی ممالک میں ایڈجسٹ منٹ ہے۔یہ تو پاکستان کو غیر ممالک سے صرف لوٹنے آتے

ہیں یعنی ان کے ریاست پاکستان ایک دوکان سے زیادہ کوئی حیثیت نہیں رکھتی۔ انہوں نے کسی بھی سماج کی سیاست کے ذمہ دار اور مقدس پیشے کو سستی بازاری تحائف بنا دیا ہے جس کے یہ دلال ہیں سیاست دان نہیں۔

بجلی آج پاکستان میں اتنی مقدار میں موجود ہے کہ ملک کی ساری ضروریات فوری پوری کی جاسکتی ہیں۔ ایک اندازے کے مطابق پاکستان میں بجلی پیدا کرنے کی گنجائش 20 ہزار میگاواٹ سے زیادہ اور طلب 17 ہزار میگاواٹ کے لگ بھگ ہے۔ یعنی ہم اپنی تمام ملکی ضرورت سے 3000 تین ہزار میگاواٹ بجلی زیادہ پیدا کرنے کی صلاحیت رکھتے ہیں مگر چونکہ مانگ کے مطابق بجلی پیدا نہیں کی جارہی بلکہ شرح منافعوں میں مسلسل اضافوں کے لیے پیدا کی جا رہی ہے اس لیے ملک کے کئی حصوں میں 18 سے 20 گھنٹوں تک اس کی فراہمی بند رہتی ہے۔

پاکستان میں بجلی حاصل کرنے کے تین اہم ذریعے ہیں، پانی، تیل اور گیس اور جوہری توانائی۔ اگر پن بجلی گھر اپنی پوری استطاعت پر کام کریں تو 6000 چھ ہزار میگاواٹ سے زیادہ بجلی حاصل ہوسکتی ہے لیکن انتہائی بد انتظامی کی وجہ سے پانی کی کمی، اور فنی خرابیوں کے باعث اس کی پیداوار آدھی سے بھی کم ہے۔ جس سے تھرمل بجلی گھروں پر دباؤ مسلسل بڑھ رہا ہے اور کل پیداوار میں اس کا حصہ کئی بار 70 فی صد تک بھی پہنچ جاتا ہے۔ امریکی دباو کی وجہ سے پاکستان کو تیل اور گیس سے بجلی پیدا کرنا انتہائی مہنگا پڑ رہا ہے جس کی وجہ عالمی منڈی میں تیل کی قیمتوں میں اتار چڑھاو کے باجود روپے کی قدر مسلسل کم ہوتی رہتی ہے۔ ایک اندازے کے مطابق ان دنوں تیل سے پیدا کی جانے والی بجلی کے ایک یونٹ پر 20 روپے کے لگ بھگ خرچ آرہا ہے۔ ماہرین کا کہنا ہے کہ بجلی کی کل ضرورت کا ایک تہائی سے زیادہ تھرمل پاور پر انحصار معیشت کے لیے نقصان دہ ہوتا ہے۔ اسی لیے ترقی یافتہ ملک پیداواری

لاگت میں کمی کی خاطر پانی، کوئلہ ، گیس ، تیل ، نیوکلیئر اور متبادل ذرائع سے ملاجلا کر بجلی پیدا کرتے ہیں اور تھرمل پاور پر زیادہ دباؤ نہیں پڑنے دیتے۔جب کہ پاکستان میں صورت حال اس کے الٹ ہے۔

پانی سے بجلی کوڑیوں کے مول پڑتی ہے۔مگر نجی کمپنیوں اور حکمرانوں کی لوٹ مار کی بنا پر پاکستان میں آبی منصوبوں پر زیادہ توجہ نہیں دی گئی۔کالا باغ کے علاوہ بھی ایسے کئی علاقوں کی نشاندہی ہوچکی ہے جہاں سے پن بجلی حاصل کی جاسکتی ہے۔اسی طرح پنجاب میں، جہاں دنیا کا سب سے بڑا نہری نظام موجود ہے، چھوٹے پیمانے اور مقامی سطح پر بجلی پیدا کرنے کی بہت گنجائش موجود ہے۔معاشی ترقی اور سستی بجلی کے لیے آبی وسائل کے استعمال پر اعتماد سازی وقت کی سب سے اہم ضرورت ہے۔کوئلے سے بجلی کا حصول بھی نسبتاً سستا پڑتا ہے۔ پاکستان میں کوئلے کے وسیع ذخائر موجود ہیں۔پاکستانی سائنس دانوں نے اسے براہ راست گیس میں بدل کر بجلی بنانے کا کامیاب تجربہ بھی کیا ہے۔اس منصوبے کی نجی اداروں کی مخالفت کی وجہ سے مستقبل میں اس قدرتی ذخیرے سے بڑے پیمانے پر بجلی حاصل نہ ہونے کے روشن امکانات موجود ہیں۔

پاکستان میں کئی تھرمل یونٹ قدرتی گیس سے چلائے جارہے ہیں مگر گیس پر مختلف شعبوں کے مسلسل بڑھتے ہوئے دباؤ اور طویل عرصے سے نئے ذخائر کی تلاش پر سنجیدگی سے توجہ نہ دینے کے باعث گیس کا بھی بحران پیدا ہوچکاہے۔ان دنوں امریکی حکم پر بیرونی ممالک سے گیس کی درآمد کے منصوبوں پر زیادہ دھیان دیا جارہاہے، لیکن سستی بجلی کے لیے مقامی وسائل کو بہتر بنانے پر زیادہ توجہ نہیں دی جا رہی۔ جوہری بجلی بھی تھرمل پاور سے سستی ہوتی ہے۔پاکستان کے پاس اس وقت دوجوہری بجلی گھر ہیں جن سے کل ملکی پیداوار کا محض

دو فی صد حاصل ہو رہا ہے۔2030ء تک ساڑھے آٹھ ہزار میگاواٹ سے زیادہ بجلی جوہری پلانٹس سے حاصل کی جا سکتی ہے

پاکستان کے طویل ساحلی اور صحرائی علاقوں میں ہوائی چکی (ونڈ ملز) لگانے کے وسیع امکانات موجود ہیں۔ اسی طرح ملک کے میدانی علاقوں میں سارا سال سورج چمکتا ہے جس سے بڑی مقدار میں شمسی توانائی حاصل کی جا سکتی ہے۔ توانائی کے یہ متبادل ذرائع چھوٹے پیمانے پر دیہاتوں اور قصبوں کی بجلی کی ضروریات پوری کرنے میں اہم کردار ادا کر سکتے ہیں۔ ماہرین کے مطابق کم از کم 5000 پانچ ہزار دیہاتوں کو ہزاروں میل لمبی تاریں بچھائے بغیر ونڈ ملز کے ذریعے مقامی طور پر سستی یا مفت بجلی فراہم کی جا سکتی ہے۔ پیپلز پارٹی نے اقتدار سنبھالتے ہی بجلی کے مسئلے سے نمٹنے کے نام پر نوٹ بنانے کے لیے کرائے کے بجلی گھروں کا منصوبہ شروع کیا تھا۔ لیکن کئی حلقوں نے اس کی شدید مخالفت کرتے ہوئے کہا تھا کہ تیل سے چلنے والے پرانے جنریٹر اس مسئلے کی سنگینی میں مزید اضافہ کریں گے، کیونکہ تھرمل پاور یونٹ تیل کی کمی کے باعث ہی اپنی استعداد کے مطابق نہیں چل رہے۔ جب کہ اصل مسئلہ بجلی کی کمی کا نہیں بلکہ بجلی گھروں سے پوری پیداوار لینے میں مکمل ناکامی کا ہے۔

پاکستان میں بجلی کے مسئلے سے منسلک ایک اہم پہلو بڑے پیمانے پر سرمایہ داروں، دولت مندوں اور حکمرانوں کی بجلی کی چوری اور ناقص انتظام سے اس کی ترسیل میں خرابیاں ہیں جس کے سبب محتاط اندازوں کے مطابق 30 فی صد سے زیادہ بجلی ضائع ہو جاتی ہے یا بڑے بڑے صنعت کار چوری کر لیتے ہیں (جس کا تمام بوجھ عام غریب عوام پر ڈالا جاتا ہے)۔ ان پر قابو پانے سے نہ صرف پیداواری اخراجات کم ہوں گے بلکہ مزید مالی وسائل بھی مہیا ہو سکیں گے۔ اصل مسئلہ بجلی کا نہیں ہے بلکہ تیل کمپنیوں اور پرائیویٹ بجلی گھروں کے اربوں روپے

کی لوٹ مار اور دولت میں اندھی دوڑ ہے۔لیکن دوسرا اہم مسئلہ کوئی بھی ملک آج مہنگی تھرمل بجلی پر انحصار کا متحمل نہیں ہو سکتا۔

مندرجہ بالا اعدادوشمار کی روشنی میں یہ ثابت ہے کہ پاکستان میں آج کا بجلی کا بحران مصنوعی جعلی اور دولت کی لوٹ مار کی ہوس کا بحران ہے۔لیکن حقیقت میں بجلی کا کوئی بحران نہیں ہے۔یقینا موجودہ نظام اور حکمرانوں کی موجودگی میں نہ صرف یہ بحران رہے گا بلکہ اس میں مسلسل اضافہ ہو گا۔کیونکہ آج کے تمام مسائل کی وجہ یہ دولت مند خود ہیں اور انکا سرمایہ داری نظام ہے جس سے نجات پائے بغیر کوئی ایک تبدیلی بھی ممکن نہیں ہے۔

لیکن پاکستان جو آج دنیا کی آٹھویں بڑی ایٹمی طاقت اور بڑی فوج رکھتا ہے۔عوام کو زندگی کی بنیادی ضروریات دینے سے قاصر ہے اس کی 83 تراسی فیصد عوام 120 ایک سو بیس روپے روزانہ پر زندہ ہیں۔جو امیروں کی متعین کردہ غربت کی نام نہاد لائن سے بھی نیچے جانور سے بدتر زندگی گزارنے پر مجبور ہیں۔بنیادی ضروریات جس میں صرف روٹی کپڑے ، مکان، تعلیم ، صحت اور بقیہ لوازمات جو ایک انسان کو زندہ رہنے کے لیے درکار ہیں پاکستانی عوام اس سے بھی محروم ہو رہے ہیں۔جس وجہ سے اسلامی جمہوریہ پاکستان آج خودکرشیوں میں دنیا کا بڑا ملک ہے جس میں بالغ افراد کے ساتھ اب بچے بھی خودکرشیاں کرنے لگے ہیں جو کسی بھی معاشرے کی وحشت ناک صوتحال کی غمازی کرتی ہے۔جس نے زندہ انسانوں کو بھیانک موت کی کھائی میں دھکیل دیا ہے۔جن کے لیے زندگی موت سے بدتر ہو چکی ہے۔ مسائل کے اژدھا نے عوام کو اب نارمل اور نفسیاتی مریض بنادیا ہے۔حقیقت میں عام انسانوں کو موت کا لفظ ہی لرزہ دیتا ہے۔ اس سے پاکستانی عوام کی تنگ دست زندگیوں کا احساس ہوتا ہے جو آج موت میں ہی اپنی عافیت محسوس کرتے۔اور جس معاشرے میں لوگ

موت کو زندگی پر ترجیح دیں وہ یقیناً انسانی معاشرہ یا انسانی صفات کا حامل معاشرہ نہیں ہو سکتا۔

اصل میں آج پاکستان میں کوئی بحران اور قلت نہیں ہے بلکہ عوامی ضرورتوں سے زائد وافر مقدار میں ہر پیداروار موجودہ ہے لیکن موجودہ ہر عذاب امریکی دلالی اور انکا قائم کردہ مالیاتی نظام کی دین ہے اگر موجودہ حالات کو بدلنا ہے۔ تو پھر لازما موجودہ نظام اور اسکے حکمرانوں کو بھی بدلنا ہو گا ۔ جن کی مکمل تبدیلی کے بغیر کوئی ایک مسئلہ بھی حل نہیں ہو گا۔ اس لیے آج کا سب سے بڑا سچ یہی کہ پاکستان کا مستقبل اشتراکیت ہے یا پھر بربریت ہے

گوڈ فادر زرداری پارٹی اور پاکستان کو لے ڈوبے گا

پاکستان کے دوسرے امیر ترین شخص اور سرے برطانیہ میں انگلستان کے شاہی خاندان کے پرنس ولیم کے قریب دوسرے محل کے شہنشاہ اور موجودہ پیپلز پارٹی کے کرتا دھرتا گوڈ فادر مسٹر زرداری چھ ستمبر کو پاکستان کے نئے بارویں صدر بن چکے ہیں اور ایسا لگتا ہے کہ پیپلز پارٹی کی جنرل مشرف سے ڈیلوں سے لے کر آج تک واشنگٹن نے جو ڈرامہ پاکستان کے لیے لکھا تھا یہی کھیلا جا رہا ہے۔ یہ پاکستان کے گوڈ فادر آج صدرات کا حلف بھی اٹھا چکے ہیں۔ اور جب یہ حلف اٹھا رہے تھے تو ایوان صدر کے باہر پولیس پیپلز پارٹی کے جیلے کارکنان کو مار پیٹ رہی تھی اس میں پاکستان پیپلز پارٹی کی ورکرز خواتین بھی شامل تھیں ان کو بھی شدید مارا پیٹا گیا جو صرف اپنے لیڈر کو صدر بنے پر مبارک پیش کرنا چاہتے تھے یہ عزت واحترام ہے ان پیپلز پارٹی کارکنوں کا جنکی وجہ سے زرداری آج ایوان صدر تک پہنچے ہیں؟ اور ورکرروں پر یہ ریاستی تشدد نہایت شرم ناک اور قابل مذمت ہے۔ اگر اس سے آگے دیکھیں تو زرداری نے جو الیکشن جیتنے کے بعد کہا تھا کہ انکو عوام نے روٹی کپڑے مکان کا مینڈیٹ دیا ہے اس کا انہوں نے کیا حال کیا؟

آصف زرداری کا کوئی سیاسی پس منظر یا تاریخ تو نہیں ہے ماسوائے کرپشن اور لوٹ مار کے

اور بے نظیر بھٹو کے خاوند ہونے کے۔۔۔۔

ان کے پاس صرف اور صرف بے نظیر کا میاں ہونے کا اعزاز ہے اور اس کارڈ کو یہ بہت اچھی طرح استعمال کررہے ہیں۔بیوی زندگی کی پاٹنر اور اچھی دوست ہوا کرتی ہے لیکن زداری صاحب بے نظیر کا نام بڑے ادب اور احترام سے ایسے لیتے ہیں کہ جیسے یہ انکی بیوی نہ ہو بلکہ ماں یا بہن ہو۔یہ اس لیے ایسا کرنے پر مجبور ہیں کہ انکا اپنا کوئی سیاسی قداور کردار نہیں ہے پیپلز پارٹی کی قیادت کرنے اور اپنے مفادات حاصل کرنے کے لیے انکو بے نظیر بھٹو یا بھٹو خاندان کی تسبح کرنی پڑتی ہے۔ دولت اور حکمرانی کے لیے اس نے بلاول زرداری کو بھی بھٹو کا نام دے کر پارٹی میں خاندانی یا جاگیر دارانہ سیاست کو قائم رکھنے کی کوشش کی ہے۔جبکہ پیپلزپارٹی کوئی شخصی پارٹی یا کسی خاندان کی جاگیر نہیں ہے اور نہ ہی سیاسی پارٹیاں ذاتی ملکیت ہوا کرتیں ہیں۔

پیپلز پارٹی پاکستان کے محنت کش عوام کی اپنے مسائل کے حل کے لیے ایک عوامی تحریک کا نام ہے۔جس کے ساتھ بھٹو کا نام منسلک ہوگیا تھا لیکن اس کی بنیادیں جمہوریت اور سوشلزم تھیں جس کو آج مکمل پردہ پوش کردیا گیا ہے۔پارٹی میں مرکزیت کی آمریت کو قائم رکھنے کے لیے دائیں بازو کی خوشامدی قیادت کو پارٹی لیڈر شپ کی ہر سطح پر مسلط کر دیا گیا۔جس کا نتیجہ یہ نکلا ہے کہ پیپلزپارٹی جو سرمایہ داری ، جاگیرداری اور سامراج دشمن عوام کی پارٹی تھی آج ضیا آمریت کی باقیات نواز لیگ سے اتحاد کیا گیا اور انکو ساتھ ملانے کے لیے انکے پاوں چاٹے جارہے ہیں لیکن انہوں نے مسترد کر دیا اس سے زیادہ کسی ایک عوامی پارٹی کی ذلت و رسوائی اور تذلیل کیا ہوگئی۔ایم کیو ایم جیسی فاشیسٹ تنظیم سے ملکر حکومت بنائی گئی۔ ملا فضل الرحمن جیسے بنیاد پرست سفاک لیٹرے سے جو پورے پاکستان میں مولوی ڈیزل کے

نام سے مشہور ہے۔کو مخلوط حکومت میں شامل کیا گیا۔جس سے یہ ثابت ہوجاتا ہے کہ پیپلز پارٹی آج عوام کی پارٹی نہیں رہی بلکہ جاگیرداروں، سرمایہ داروں، سامراج گماشتہ اور ریاستی افسرشاہی کاحقیر ٹولہ بن گیا ہے۔جن کو صرف اور صرف اپنے مالی مفادات اور حکمرانی سے غرض ہے ۔پیپلز پارٹی کی تمام قیادت آج مفادات پرستوں ، لیٹروں اور حکمرانی کے لالچیوں کے ٹولے سے زیاہ کچھ نہیں ہے۔جن کو عوام اور ان کے مسائل سے عملی طور پر کوئی دلچسپی نہیں رہی۔

پاکستان میں آج خورد ونوش کی اشیا کی قیمتوں میں 200 دوسو فیصد سے زیادہ کا بھیانک اضافہ ہوچکا ہے۔پیٹرول کی قیمت آسمان سے باتیں کر رہیں ہیں جس نے تمام ضروریات زندگی کی قیمتوں کو آسمان پر پہنچا دیا ہے۔رمضان بازار، سستا بازار، اتوار بازار ، یوٹیلی سٹور اور نا جانے کیسے کیسے ڈھونگ کرکے عوام کو دھوکہ دیا جارہا ہے۔کیونکہ یہاں بے شک چند اشیا کی قیمتیں کم ہیں لیکن چیزوں کا معیار نہایت گھٹیا اور گندہ ہے مثلا آٹے کے توڑے میں جھان بورا اور سوکھی روٹیاں ملائی ہوئی ہوتی ہیں۔وغیرہ وغیرہ۔قدرتی گیس جو پاکستان کی اپنی ہے اس کی قیمت میں بھی انتہائی اضافہ کردیا گیاہے۔بجلی کی لوڈ شیڈنگ نہ صرف بددستور قائم ہے بلکہ اس میں مسلسل اضافہ ہو رہا ہے۔اب تو اس پر لطیفے بھی بنے شروع ہوگئے ہیں۔ایک پاکستانی بوڑھی عورت کا بجلی کا بل ہر ماہ سو یونٹ آتا تھا اس پر تمام لوگ حیران تھے انہوں نے جب اس مائی سے پوچھا کہ تمھارا بجلی کا بل اتنا کم کیوں آتا ہے تو اس نے کہا کہ میں صرف لائٹ اس وقت جلاتی ہوں جب مجھے موم بتی ڈھونڈنی ہوتی ہے۔۔۔

بجلی کی یہ لوڈ شیڈنگ پاکستان کو دور بربریت میں دھکیل رہی ہے۔ صنعتیں بند ہورہی ہیں ایک محتاط اندازے کے مطابق جمہوری حکومت بنے سے اب تک4000 چار ہزار سے زائد چھوٹی

بڑی صنعتیں بند ہوچکی ہیں جس سے بے روزگاری میں زبردست اضافہ ہورہا ہے۔سرکاری اعداوشمار کے مطابق پاکستان میں بے روزگاری تین کڑوڑ سے زیادہ ہے۔بجلی کی لوڈ شیڈنگ کا حل حکومت نے یہ نکلا ہے کہ بجلی کی قیمتوں میں اضافہ کر دیا جائے یہ اضافہ دو مرحلوں میں ہوگا پہلے 31 اکتیس فیصد اضافہ ہوگا جو ہوچکا ہے اب چند ماہ بعد 31 اکتیس فیصد اور کر دیا جائے گااس سے پاکستان کی غریب عوام بجلی فورڈ ہی نہیں کر سکے گئی اور یہ صرف امیروں کے استعمال میں آجائے گئی اور پھر لوڈ شیڈنگ بھی نہیں ہوگئی کیونکہ اس کے صارف ہی چند رہ جائیں گئے۔جس سے حکومت کا وعدہ بھی پورا ہوجائے گا کہ آئندہ چند سال میں لوڈشیدنگ ختم کردیں گئے۔

سٹیٹ بینک آف پاکستان کے مطابق افراط زر میں20 بیس فیصد سے زائد کا اضافہ ہوچکا ہے۔ ملکی معیشت تباہ کن دور میں داخل ہوچکی اور زیادہ لمبا عرصہ چلنے سے قاصر ہے۔قبائل میں بنیاد پرستوں اور پاک فوج کی خونی ھولی زوروں پر ہے جس کا خاتمہ اور کوئی حل نظر نہیں آرہا کیونکہ اس کا موجودہ نظام میں کوئی حل موجود ہی نہیں ہے اگر ہوتا تو کب کا حل ہو چکا ہوتا۔اب دیکھنا یہ ہوگا کہ کیا نئے صدر مسٹر زرداری ملک کو اس کے موجودہ معاشی سیاسی اور سماجی عذاب سے کیسے نجات دلا پائیں گئے؟ اور کیا یہ پاکستان کی مہنگائی اور غربت سے سسکتی عوام کو کچھ ریلف دے سکیں گئے؟ یقینا نہیں بلکہ پہلے سے بھی بد حال کر دیں گئے۔

جس بھٹو خاندان کے سیاسی خون پر یہ زرداری صاحب لوٹ مار کی عیاشی کر رہے ہیں اس خاندان پر کچھ تحریر کاروں کا یہ لکھنا ہے کہ ذولفقار علی بھٹو پھانسی کے لیے ہی پیدا ہوا تھا اگر اس میں یہ اضافہ کیا جائے کہ ،، بھٹو خاندان پھانسی اور قتل ہونے کے لیے ہی پیدا ہوا تھا تو غلط نہ ہوگا کیونکہ ذوالفقار علی بھٹو سے لے کر بے نظیر بھٹو تک تمام لیڈر قتل ہی ہوئے ہیں

یہ الگ تفصیلی بحث ہے کہ ان کو کس جرم کی سزا ملی۔ لیکن یہ بیان کرنا ایک لازمی امر ہے کہ ذوالفقار علی بھٹو نے پاکستانی عوام کو سوشلزم کے لفظ سے آشکار کیا تھا۔ انکو اپنے حقوق کے لیے خود لڑنے کی ترغیب دی تھی اور ایک طبقاتی لڑائی کا شعور بخشا تھا۔ اور جب 1968 انیس سو آٹھا سٹھ، 1969 انہتر کو پاکستان کی عوامی انقلابی تحریک کو ایک سوشلسٹ انقلاب کی منزل سے ہم کنار کیا جاسکتا تھا تو اس انقلاب کو برپا کرنے سے اجتناب کرنے کی سزا بھٹو خاندان کو ملی ہے۔ اور بے نظیر بھٹو کا آصف علی زرداری سے شادی کرنا پیپلز پارٹی کی بد قسمتی کے دنوں کا آغاز تھا جب پارٹی پر بد اعنوانیوں کے کھلے عام الزمات لگنے کا آغاز ہوا۔ اور یہ بھی پارٹی میں پہلی بار ہوا تھا کہ آصف زرداری کو دس فیصد کمیشن کے حوالے سے جانا جاتا تھا۔

زرداری صاحب کے سوئس بینکوں میں ملینز ڈالرز کے اکاونٹ کسی سے ڈھکے چھپے نہیں ہیں۔ اس پر بھٹو کے ایک بیٹے مرتضے بھٹو کے قتل کا الزام بھی ہے اور یہ اس قتل اور کرپشن کے الزامات میں جیل بھی گیا۔ مغرب سے انکی والہانہ عقیدت اور امریکہ کی فرمانبرادی کے تو امریکی اخبار بھی گواہ ہیں اور زرداری کے پاکستان کے صدر بنے سے پہلے امریکہ کے اخباروں میں لکھے گئے آرٹیکل بھی اس کا ثبوت ہیں۔ جن کی تفصیل میں جانا ضروری نہیں یہ تمام معروف حقیقتیں ہیں۔ جس مغرب اور امریکی سامراج نے پاکستان کو برباد کیا گوڈ فادر زرداری صاحب ان سے مل کر پاکستان کو آباد کرنے کا خوفناک خواب دیکھ رہے ہیں اب یہ کیسا آباد ہو گا ہم سب کو معلوم ہے وگرنہ آنے والے حالات اسے ثابت کردیں گئے۔ پاکستان میں آج ضرورت اس چیز کی ہے کہ باشعور محنت کش اور نوجوان منظم ہو کر پاکستان کی تمام سیاسی پارٹیوں اور انکی قیادتوں کے خلاف ایک حقیقی عوامی اپوزیشن کی تحریک چلیں جس مقصد مہنگائی، بے روز گاری، غربت،

بیماری گندگی کے خلاف عام لوگوں کی خوشحال امن اور سکون ہو و گر نہ عوام تو برباد ہو ہی رہے ہیں جو مستقبل میں مزید رسوا ہوں گئے

نو ستمبر دو ہزار آٹھ

افلاس کے دیش میں امیروں کے عوامی اور منصفانہ الیکشن کا دھوکہ

بھوکے پیٹ تو نماز بھی حرام ہوتی ہے پھر موجودہ انتخابات کیسے حلال ہو سکتے ہیں کیونکہ پاکستان کی82 باسی فیصد آبادی کو پینے کا صاف پانی تک میسر نہیں ہے اور یہ عوام بنیادی انسانی ضروریات سے محروم نیم مردگی میں زندہ ہے جبکہ حکمران پاکستان میں اس بھوک، ننگ اور افلاس کے مارے عوام کے قبرستان میں لاکھوں اور کڑوروں کا نہیں بلکہ اربوں روپے کے الیکشن کا زہریلا تماشا کر رہے ہیں جو پاکستانی عوام کے اقتصادی اور سماجی زخموں پر تیزاب ہے۔لینن نے ریاست اور انقلاب میں لکھا ہے کہ سرمایہ داری میں انتخابات کا مقصد اس سے زیادہ کچھ نہیں ہوتا کہ عوام اپنے اوپر ظلم و استحصال کرنے والوں کا آئندہ پانچ سال کے لیے انتخاب کریں۔

آج کا سب سے بڑا سوال بھی یہی ہے کہ یہ اربوں کے الیکشن کس کے لیے اور کیوں ؟ بازاری معیشت کے نظام میں یہ الیکشن کوئی پہلی بار نہیں ہو رہے اس سے پہلے بھی یہ کئی بار ہو چکے ہیں کیا انہوں نے پاکستان کی عوام کا کوئی ایک بنیادی مسئلہ حل کیا ؟ بلکہ ان کی شرح ، مقدار اور شدت میں مسلسل اضافہ ہی کیا ؟ کیا آئندہ عوام کا کوئی ایک مسئلہ حل ہو گا؟ اگر انتخابات ہی عوامی اور سماجی مسائل کا حل ہوتے تو یہ کب کے حل ہو چکے ہوتے۔لیکن یہ اس کے الٹ معاشی اور معاشرتی مسائل میں اضافے کا ہی باعث بنے اور اب تو یہ عوام کی مالی ہی نہیں بلکہ جانی قیمت پر بھی رچائے جا رہے ہیں اور کئی سو بے گناہ افراد ان نام نہاد

عوامی الیکشن کی بھینٹ چڑھ چکے ہیں۔ان حکمرانوں کے تماشوں سے اب پاکستانی عوام کا اعتماد اور یقین ختم ہو چکا ہے جس کے مقامی اور عالمی سروے اعکاس ہیں۔بڑے بڑے جلسے آج صرف نمائشی اور نیم مردہ ہیں کیو نکہ ان میں اکثر غریب لوگوں کو پیسے دے کر لایا جاتا ہے یا پھر ڈرا ڈھمکا کر اور بہت ہی کم لوگ ہوتے ہیں جو سیاسی مداریوں کی جھوٹی بڑکیں ، سطحی الفاظی اور ، الیف لیلوی کہانیاں سننے آتے ہیں۔عوام تمام روائتی سیاسی پارٹیوں اور انکی قیادتوں سے مکمل مایوس ہیں اس لیے الیکشن میں سیاسی اور نظریاتی رنگ کی بجائے دہشت گردی اور بھنڈوں کی جوگت بازی زیادہ نمایاں ہے۔بے شک موجودہ سیاست اور ان انتخابات کے زریعے چہروں کی تبدیلی سے عوام تنگ ہیں لیکن دولت مند حکمران نہیں ، کیونکہ یہ الیکشن توان کے لیے میوزک چیر کا کھیل اور کاروبار کا زرائع ہیں جو پچھلے 65پنسٹھ سال سے کھیلا اور چلایاجا رہا ہے اور ہر پانچ سال بعد دوبارہ نئے سرے سے شروع ہو جا تا ہے اور اکثرو بیشتر فوجی حکمران بھی سیاسی خلفشار کا فائدہ اٹھا کر اس چیر پر بیٹھ کر لمبا عرصہ اس اقتدار کی کرسی کا مزہ لوٹتے ہیں اورعیاشی کرتے ہیں۔آج کاسوال یہ ہے ؟کیا پاکستان جیسا ترقی پذیر ملک کا قومی خزانہ ان الیکشن جیسی مہنگی عیاشی کا متحمل ہو سکتا ہے ؟ ساحر کے بقول ۔، برتری کے ثبوت کی خاطر۔خون بہنا ہی کیا ضروری ہے۔، گھر کی تاریکیاں مٹانے کو۔گھر جلانا ہی کیا ضروری ہے۔؟ دوسروں کا سرخ چہرہ دیکھ کر اپنا چہرہ تھپڑوں سے سرخ کر لینا کیاعقل مندی ہے۔الیکشن ضرور ہونے چاہیے جو جمہوریت کی روح ہیں لیکن عوام کی روح نکال کر نہیں بلکہ عوام کی مکمل شمولیت سے سرمایہ کی نمودو نمائش اور اس کو پانی کی طرح بہائے بغیر انکا انعقاد ہو نا چاہیے۔

انتخابات کا آغاز اوپر سے نیچے نہیں بلکہ نیچے سے اوپر کی طرف ہونا چاہیے سب سے پہلے

علاقائی سطحوں پر گلیوں اور محلوں میں براہ راست امیدوار چنے جائیں پھر یہ یونٹوں کے منتخب امیدوار اپنے میں سے سٹی اور گاوں کی سطح کے لیے نمائندے منتخب کریں۔اسی طرح شہروں اور گاوں کے منتخب امیداوار اپنے میں سے ضلعوں اور تحصیلوں کے لیے امیدوار چنیں، پھر جن میں سے صوبوں کے امیداوار منتخب ہو ں جو ملکر آخیر میں قومی سطح کی قیادت کو منتخب کریں صرف یہی ایک قومی اور عوامی خزانے کو ضائع کیے بغیر حقیقی عوامی الیکشن کو یقینی بنا سکتا ہیں جس میں تمام عوام براہ راست شامل ہوگئی۔ہر سطح پر الیکشن کی مدت اگر پانچ سال بھی ہو تو اس کا مطلب یہ نہیں ہونا چاہیے کہ ہر منتخب ریاستی اہکار پانچ سال کے لیے پکا ہے بلکہ اسکی اہلیت اور قابلیت پر عوامی اعتماد ختم ہونے پر اسے واپس آنا ہو گا اور اسی بنیاد پر ایک باورچی وزیر اعظم بن سکتا ہے اور ایک وزیر اعظم باروچی سکے گا اور ہر سطح پر قابل اور اہل حقیقی عوامی نمائندوں کو آگے لایا جا سکتا ہے جو واقعی عوام کی خدمت کر سکیں گئے جو عوام میں سے ہوں گئے اور عوام کے لیے کام کریں گئے موجودہ حکمرانوں کی طرح درآمد شدہ یا سامراجی قوتوں کے ایجنٹ نہیں ہوں گئے جو اوپر سے عوام پر کسی عذاب الہی کی طرح مسلط کر دیئے جاتے ہیں۔یہ بداعنوانیوں اور اپنے ناجائز سرمایوں میں اضافے کے لیے نہیں آئیں گئے بلکہ دولت کی مساوی تقسیم اور ہر شہری کی تمام ضروریات کی فراہمی کی ضمانت دیں گئے وگرنہ وہ اپنے عہدے کے قابل نہیں رہ سکیں گئے۔موجودہ مالیاتی الیکشن کی گرم بازاری میں عوام کی آواز اور مسائل کو ابھارنے کی بجائے دبا دیا گیا ہے۔بجلی ، گیس اور پیٹرول کی لوڈ شیڈنگ یا مصنوعی قلت ، مہنگائی ، بے روزگاری ، بیماری اور غربت سے عوام کو مسلسل زندہ دو گور کیا جا رہا ہے۔ماسوائے ذولفقار علی بھٹو کی حکومت کہ جس نے سرمایہ داری کے خلاف عوام کے حق میں پالیسیاں بنائیں تھیں اس کے علاوہ ماضی کی تمام نام نہاد

عوامی اور فوجی حکومتوں نے عوام کی زندگیوں کو صرف تنگ دست ہی کیا۔

سابقہ جمہوری حکومت نے بھی یہی کچھ کیا اور وہی آج نگران حکومت کر رہی ہے اور آئندہ آنے والی حکومت بھی یہی کچھ کریں گئیں۔اگر آپ سنجیدگی سے پاکستان کی تمام65 پنسٹھ سالہ حکومتوں کا تجزیہ کریں تو سب ایک دوسرے کا تسلسل اور کڑیاں ہی نظر آئیں گئیں جنہوں نے عوام کے مسائل میں کمی کی بجائے اضافہ کیا دولت مندوں کو مزید امیر اور غریبوں کو مزید غریب کیا۔65 پنسٹھ سال سے پاکستان پر ایک ہی حکمران طبقہ ہے جو100 سو خاندانوں پر محیط ہے۔اس نجی ملکیتی نظام نے پاکستان میں عوام کی اموات اور بیماریوں کو بڑھایا ہے اور اوسط عمر کو کم کیا۔تمام نام نہاد جمہوری اور غیر جمہوری حکومتوں نے عوام کے نام پر عوام دشمنی کے فرائض بخوبی سر انجام دیئے جس پر آج بہت سے غریب افریقی ممالک بھی پاکستان کے مقابلے میں اپنے آپ پر فخر کرتے ہیں جن میں گانا جیسا غریب ملک بھی شامل ہے۔

الیکشن کا شورو غوغا عوام سے زیادہ میڈیے نے مچا رکھا ہے کیونکہ الیکشن کے اس دھندہ میں آج کل میڈیے کی خوب دیہاڑیاں لگ رہی ہیں اور نوٹوں کی گنگا میں نہایا جا رہا ہے جس سے ہر ٹاک شو برائے فروخت ہوچکاہے۔بی بی سی کے مطابق پاکستان کے الیکشن زرائع ابلاغ میں زیادہ لڑے جا رہے ہیں اور تمام سیاسی پارٹیاں اپنا تمام تر زرو میڈیے میں لگا رہی ہیں جس سے ٹاک شوز مہنگے داموں فروخت ہو رہے ہیں جبکہ عوام کو تو روٹی کے مسائل نے ہی گھیر رکھا ہے۔

پاکستان کے موجودہ نام نہاد جمہوری الیکشن کو آئی ایس آئی اور رجعت پرست ریاستی ادارے

اور حکمران کنٹرول کر رہے ہیں اس لیے صرف وہی سیاسی پارٹیاں جو آئی ایس آئی اور امریکہ کی منظور نظر ہیں الیکشن میں سرگرم ہیں اور بقیہ کو اسکی اجازت نہیں ہے یہ وہی سیاسی پارٹیاں ہیں جنکو ریاستی اور فوجی افسر شاہی نے خود تخلیق کیا جن پر انکو سب سے زیادہ اعتماد ہے کہ وہ انکی کبھی حکم عدولی نہیں کریں گئی بلکہ یہ انہی کا سیاسی ڈھانچہ ہیں۔حالیہ بنیاد پرستی اور ریاستی افسر شاہی کے ابھار کی بنیادی وجہ پچھلے پانچ سال میں برسر اقتدار سیاسی جماعتوں نے وہ تمام عوام دشمن کام کیے جس سے عوام کمزور اور عوام دشمن مضبوط ہوئے۔

پیپلز پارٹی جو عوام کی طاقت تھی اسکو بڑی کم قیمت پر سرمایہ کے بازار میں کسی سستی داشتہ کی طرح فروخت کر دیا گیا۔پیپلز پارٹی جن عوام دشمن قوتوں کے خلاف معرض وجود میں آئی تھی اور جسکی تمام تر جدوجہد سرمایہ داری نظام اور سامراج کے خلاف تھی اسکی مفاد پرستانہ قیادت نے اسے ختم کرکے اپنے مخالفین سے سرخم تسلیم مصالحت کی اور اپنے ہی دشمنوں سے سجدہ ریز ہو کر اتحاد کیے گئے ایم کیو ایم ، مولودی ڈیزل اورجماعت اسلامی کی فسطائیت ہو یا آمریت کی باقیات مسلم لیگ ق، ن غرض حکمرانی کے لالچ میں پی پی قیادت نے ہر عوام دشمن قوت کو پھولوں کا ہار پہنایا اور عوام کو سیاسی ، معاشی اور سماجی زنجیروں میں جکڑ دیا۔پیپلز پارٹی قیادت کی عوام سے مسلسل غداریاں ہی آج عوام کی مایوسی اور مزدور تحریک کا جمود ہے جس نے عوام دشمن قوتوں اور رجعتی ریاستی افسر شاہی کو مضبوط ہونے کا موقع فراہم کیا۔جس سے بدمعاش حکمران ، آمریتوں کی باقیات ، رجعتی جنونی آج کھلے عام اور بے لگام پاکستان میں دندناتے پھیر رہے ہیں جن کو کوئی روکنے اورٹوکنے والا نہیں ہے۔ کیونکہ انکو روکنے والی پی پی کی جاگیر دار ، سرمایہ دار اور سامراج گماشتہ قیادت نے ہی عوام میں اپنی ساکھ کو کمزور کر کے ان رجعتی طاقتوں کو جواز دیا ہے۔آج پاکستان کی تمام سیاسی

پارٹیوں کے منشوروں اور پروگراموں میں کوئی بنیادی فرق نہیں ہے صرف جھوٹے نعرے اور جعلی تسلیاں ہیں جس پرسب کے سب اس الیکشن پر اپنی اپنی لوٹ مار کی دوکانداری کر رہے ہیں۔پاکستان میں سب سے اچھے بغیر گھاٹے کے صرف دو ہی دھندے ہیں ایک مذہب کا اور دوسرا سیاست کا جس میں بغیر محنت کے سب سے زیادہ اور جلد کمائی ہے۔

موجودہ جمہوری الیکشن کے لیے 70ستر ہزار آرمی کو طلب کر لیا گیا ہے جو انتخابات کی نگرانی کرۓ گئی۔کیا فوج کی سرپرستی اور نگرانی میں جمہوری ، آزادانہ ، منصفانہ ، شفاف ، عوامی انتخابات ہو سکتے ہیں ؟جس کا جی ایچ کیو میں سنٹر ہو گا؟ جس الیکشن کی نگرانی عوام نہ کر سکے ،جسکا انعقاد عوام نہ کر اسکے ، جس میں محنت کش عوام حصے نہ لے سکے ، جس میں حکمرانوں کی اپنی چند پارٹیاں بھی حصہ نہ لے سکیں ، الیکشن میں امیروں کے کڑوڑوں روپے غریب عوام کی غربت کا مذاق آڑئیں یہ یقیناًجمہوری اور عوامی الیکشن ہی ہوں گئے۔کیونکہ پاک آرمی کا جمہوریت اور عوام کے لیے مخلصانہ اور غیر جانبدارانہ کردار کسی سے ڈھکا چھپا نہیں ہے اور خاص طور پر پاکستان میں جس کی زیادہ تر تاریخ انہی بھیانک اور خونی فوجی آمریتوں کی تاریخ ہے اس سے اندازہ لگایا جا سکتا ہے کہ یہ کتنے جمہوری اور منصفانہ ہوں گئے۔جس کا دن رات میڈیے پر لاگ الاپا جا رہا ہے۔اوراسی کا عندیہ سرکاری طور پر بداعنوان نگران وزیر اعظم نے بھی دیا ہے۔

الیکشن کے بازار میں عوام کی کھلی سود ابازی کی جارہی ہے ایک طرف آئی ایس آئی کے جنرل پاشا کی تخلیق کردہ پی ٹی آئی ہے تو دوسری طرف پاک آرمی کے جنرل ضیا الحق کی پیدا کردہ مسلم لیگ ن ہے۔یا پھر ضیا آمریت کا مسلسل عذاب جماعت اسلامی اور ایم کیو ایم کی شکل میں موجودہ ہے ، اقتدار کا لالچی اور بدنام زمانہ مولوی ڈیزل ، مشرف آمریت کی

پیداوار مسلم لیگ ق یا مسلم لیگ گجرات ، بائیں بازو کی غدار قیادت اے این پی اور عوام کی امیدوں کی قاتل پی پی پی قیادت ہے۔

حقیقی عوامی قیادت ، انقلابی پارٹی اور محنت کشوں کی تحریک کی عدم موجودگی میں موجودہ الیکشن کے نتائج یقیناً ایک بار پھر جی ایچ کیو اور امریکی سفارت خانے میں تیار ہوں گئے بلکہ تیار ہو چکے ہوں گے جن کا اعلان 11 گیارہ مئی کو کیا جائے گا۔اس بار کے الیکشن میں سلیکشن ریاست پاکستان کے لیے اتنا آسان کام نہیں ہو گا حزب اقتدار کے لیے بھی اور حزب اختلاف کے لیے بھی کیونکہ حزب اقتدار موجودہ مالیاتی نظام میں عوام کی امنگوں اور امیدوں پر پورا نہیں اتر سکے گی جس سے دیر یا بعد دیر عوامی تحریک لازما ابھرے گئی(ہم غلیظ مڈل کلاس اور دو نمبر دانشواروں کی بات نہیں کریں گئے جو عوامی تحریک سے مایوسی کی باتیں کرتے ہیں جبکہ حقیقت میں وہ اپنے آپ سے مایوس ہیں)جبکہ حزب اختلاف اپنی ناکامی کو قبول نہیں کرے گئی کیونکہ الیکشن میں اتنے پیسے خرچ کرنے کے بعد کچھ بھی نہ ملے، یہ تو گھٹے کا سودا ہو ا جو کاروباری لوگوں کو قابل قبول نہیں ہو گا اس لیے امریکہ اور اسپلیمنٹ کے زور پر مک مکا کیجائے گا۔لیکن پھر بھی الیکشن کے بعد سیاسی پارٹیوں میں الیکشن کی دھاندلی پر ایک آپسی جنگ کا سما رہے گا اور عدم استحکام بڑھے گا جبکہ پہلے ہی ریاست کے ستون آپس میں دست و گریباں ہیں اور طاقت آزمائی کررہے ہیں فل حال پارلیمنٹ پر عدالت کا پلہ بھاری ہے کیونکہ اس کے پیچھے آئی ایس آئی اور رجعت پرست کھڑے ہیں۔اس الیکشن کے بعد اگر یہ صلح وسلامتی سے ہو جاتے ہیں تو نئی ریاستی سلیکٹیڈ حکومت (نواز حکومت کے آثار زیادہ ہیں) تاریخ کی سیاسی طور پر کمزور ترین حکومت ہو گئی جو عوام پر معاشی بوجھ کے پہاڑ گرا دے گئی جس کو اپنے پانچ سال پورے کرنے کے لیے پل سراط پر سے گزرنا ہو گا جو

قریبا ناممکن ہے۔اور یہ بھی عین ممکن ہے کہ موجودہ نظام میں یہ پاکستان کی آخیری چند حکومتوں میں سے ایک حکومت ہو گئی۔ تھوڑے کو بہت جانے۔

اس بار پی پی کے بغیر دائیں بازو کی جماعتوں کی عوام دشمن رجعتی مخلوط مرکزی حکومت کے آثار نمایاں ہیں ایک بڑی دھاندلی کے بغیر اگر مخلوط نہ بھی ہو تو معاشی اور سیاسی حوالے سے نئی آنے والی حکومت کمزور اور اپاہج ضرور ہو گی۔ریاست نے پی پی کو اپنے مفادات کے لیے استعمال کر کے کسی ٹوئیلٹ پیپرز کی طرح اب ضائع کرنے کا ارادہ کر لیا ہے لیکن پاکستان کی مزدور اور عوامی تحریک کی بدقسمتی یہ ہے کہ اب تک اسکو ایک انقلابی پارٹی میسر نہیں ہے اس لیے عوام مجبوراپی پی قیادت کی تمام تر غداریوں کے باوجود پی پی کو اپنی ہی پارٹی سمجھتے ہیں اور موجودہ نظام اور اپنے مسائل کے خلاف اسی کو بار بار ہتھیار بناتے رہے ہیں اور آئندہ بھی اگر محنت کشوں کی کوئی تحریک شروع ہو گئی اورپی پی قیادت کوئی انقلابی پروگرام دیتی ہے پھرتو شاید ایسا ایک بار اور ممکن ہو سکے (جو ضروری نہیں ہے) بلکہ جو اب بہت مشکل ہے کہ پاکستان کی کسی ایک انقلابی تحریک کی قیادت کر سکے۔اس کے باوجود کے آج یہ ایک مردہ پارٹی لگ رہی ہے لیکن یہ ابھی مکمل مردہ نہیں ہے اپنی بیمار قیادت کے ہاتھوں مجبور، لاچار اور بے بس ہے اور ویسے بھی پیپلز پارٹی انتخابی پارٹی نہیں ہے بلکہ انقلابی پارٹی تھی جیسے مفاد پرست قیادت نے خسی کر کے انتخابی پارٹی بنا دیا ہے۔جبکہ پی پی پی نے پاکستان کے1968 انیس سو آٹھاسٹھ کے انقلاب سے جنم لیا لیکن بداعنوان اور عوام دشمن مسلط قائدین نے ہر دور میں اس اپنی ہی پارٹی کو تباہ کرنے کی ہر ممکن کوشش کی لیکن یہ عوام کی طاقت ہی ہے کہ پی پی کو نہ ہی اسکی اپنی قیادت اور نہ ہی سرمایہ دار رجعتی پاکستانی ریاست اسے اب تک ختم کر سکی اور نہ ہی شاید آئندہ کر سکے گئی تمام پاکستانی ریاست نے ضیا

آمریت کے زریعے اپنا تمام زور لگا کر دیکھ لیا ہے لیکن وہ پی پی کو ختم کرنے میں کامیاب نہیں ہوئے اسی لیے پاکستان کی ریاست اور حکمران پیپلز پارٹی سے ہمیشہ خوف ہیں پیپلز پارٹی قیادت سے نہیں۔ بلکہ اس کی انقلابی سپورٹ اور بنیاد سے جبکہ پی پی اب تک غریب اور محنت کش عوام کی سیاسی اور معاشی زندگی کا سوال ہے لیکن کب تلک۔

پیپلز پارٹی عوامی اور سوشلسٹ انقلاب کی وہ روح ہے جو اپنی تکمیل کے لیے بھٹک رہی ہے جو آج نہ مردہ ہے نہ زندہ۔ لیکن اس کی کوکھ میں آئی ایم ٹی کی ایک نئی ناقابل مصالحت انقلابی قیادت تعمیر اور تیار ہو رہی ہے اور جلد جب پاکستان میں عوامی اور مزدور تحریک ابھرے گئی تب یہ گمنامیوں میں گم قیادت ایک جھٹکے سے بیرونی سطح پر نمودار ہو کر متبادل بنے گئی جو سب کچھ بدل دے گئی پی پی کی بھٹکتی روح کو تسکین دے گئی اس کا انتم سنسکار کر کے ایک نئے سماج اور نظام کی بنیاد رکھے گئی۔ حکمران اور انکے بے ہودہ دانشوار آج جو پاکستانی عوام کے مقدر کا فیصلہ مکمل تباہ بربادی سے کر چکے ہیں وہ یہاں کی عوام اتنی آسانی سے کبھی قبول نہیں کرئے گئی جتنا کہ حکمران اور انکے اخباری دانشوار سمجھ رہے ہیں۔ کیونکہ آج تک عوام کا فیصلہ حکمران کرتے آئے ہیں لیکن اب اس میں دیر نہیں جب عوام اپنا فیصلہ خود کریں گئے اپنی قیادت اپنی طاقت اپنی پارٹی اور اپنی ریاست کی تعمیر سے کیونکہ پاکستان کے سر پر کھڑا مستقبل صرف ایک ہی تقاضہ کر رہا ہے اشتراکیت یا پھر وحشت ناک بربریت۔

دھاندلی الیکشن ریاستی انتشار اور عدم استحکام کو ٹال نہیں سکتے

مختلف مقامی اور عالمی میڈیے اور تنظیموں کے مطابق پاکستان کے حالیہ عام انتخابات میں کم از کم136 ایک سو چھتیس سے زائد پولنگ اسٹیشنز پر ووٹنگ کا ٹرن آوٹ رجسٹرڈ ووٹوں سے100 سو فیصد زیادہ رہا اور اکثر میں200 دو سو فیصد تک گیا۔یورپی کمیشن کے مطابق دھاندلی10 دس فیصد سے زائد ہوئی یہ وہ چند دھاندلیاں تھیں جو چند بڑے شہروں میں سامنے آئیں جبکہ چھوٹے شہروں اور گاوں میں دھاندلیاں جو یقیناًاس سے بھی کمال کی تھیں لیکن خستہ حال سماجی ڈھانچہ کی وجہ سے سامنے نہ آسکیں۔ان ٹی وی سکرینوں پر چلتی سر عام دھاندلیوں کی فلموں کے خلاف چند شہروں میں مختلف پارٹیوں کے مڈل کلاس کارکنوں کی خود رو احتجاجوں کا آغاز ہوا۔بے شک سماجی طاقت جو محنت کش طبقہ ہو تا ہے یہ احتجاج اس سے محروم ہیں جس کے بغیر یہ کبھی بھی حکمرانوں اور ریاست کے لیے خطرہ نہیں بن سکتے ماسوائے اسے گودگدی کرنے کے۔لیکن پھر بھی یہ بڑھتا کمزور احتجاج میڈیے کی زنیت بن گیا ہے جو ہر شے پر دھندہ کرنا بڑی اچھی طرح جانتا ہے جس سے پارٹی قیادتیں ان مڈل کلاسیوں کی تسلی کے لیے نہ چاہتے ہوئے بھی دھاندلی الیکشن کے خلاف مبہم اور کمزور سی بیان بازی کرنے لگے ہیں لیکن ان دھاندلی الیکشن کے خلاف کوئی منظم بڑی تحریک چلنے سے خوف زدہ ہیں اور شاید یہ اس پوزیشن میں بھی نہیں ہیں کہ کوئی بڑی عوامی تحریک کو متحریک کر سکیں اپنے ماضی کے عوام دشمن کردار کی وجہ سے۔جبکہ دوسری طرف امریکی

اینڈریو وئلڈر نے بھی واشنگٹن میں یہ بیان دیکر کہ ،، پاکستان میں الیکشن منصفانہ ہوئے ہیں اور پاکستانی عوام نے جمہوریت کے حق میں ووٹ دیا ،، پاکستان کی تمام سیاسی پارٹیوں کی قیادت کو ان دھاندلی الیکشن کو قبول کرنے کا حکم صادر کر دیا ہے۔اس لیے الیکشن نتائج کے آتے ہی تمام دنیا سے نواز شریف کو مبارک باد اور تعاون کے پیغامات کا سلسلہ شروع ہو گیا جیسے وہ اسی انتظار میں تھے۔جبکہ مسلم لیگ نون نے تو مکمل سرکاری نتائج آنے سے پہلے ہی اپنے برسر اقتدار آنے کا اعلان کر دیا جیسے اسے پہلے ہی معلوم تھا۔اور چند دن تک ایسا لگ رہا تھا کہ تمام ٹی وی سکرینوں پر کوئی باقاعدہ ڈرامہ چل رہا ہے جس کو کامیاب کرانے میں پاکستانی میڈیے نے دن رات ان تھک محنت کی۔

ان ثابت شدہ دھندلی الیکشن پر امریکہ کی منصفانہ اور شفاف انتخابات کی مہر ثبت کرنا مارکسٹوں کے لیے کوئی عجیب اور حیران کن نہیں ہے کیونکہ مارکسسٹ کبھی واقعات پرست نہیں ہوتے بلکہ واقعات کے جنم سے پہلے ان کی ٹھوس نشان دہی کرتے ہیں اس لیے کہ کوئی بھی واقعہ اپنی ضرورت کے بغیر رونما نہیں ہو تا۔4 چار مئی کو چنگاری ڈاٹ کام پر لکھے گئے میرے ایک مضمون میں واضح طور پر یہ لکھا گیا تھا کہ ،، بھوک، ننگ اور افلاس کے دیش میں الیکشن کبھی بھی منصفانہ اور شفاف نہیں ہوسکتے یہ ایک سماجی سائنس کا اٹل قانون ہے۔ہر بار کی طرح اس بار بھی انتخابات کے نتائج جی ایچ کیو اور امریکی سفارت خانے میں پہلے ہی تیار ہو چکے ہیں جن کا اعلان 11 گیارہ مئی کو کر دیا جائے گا جس میں ریاستی افسر شاہی بنیادی کردار ادا کرے گی۔اور ایسا ہی ہوا۔امریکی ریاست اور پاک فوج کی لیباٹری میں تیار شدہ انتخابی نتائج کے آگے تمام سیاسی پارٹیوں اور ان کے قائدین کو سرخم تسلیم کرنا ہو گا جو انہوں نے فوار پہلے دن ہی کر دیا تھا۔پاکستان پیپلز پارٹی ، پی ٹی آئی ، ایم کیو ایم ، جماعت

اسلامی ،جے یو آئی غرض تمام راوئتی سیاسی پارٹیوں کی قیادتوں نے کھلی آنکھوں سے دیکھتے ہوئے بھی اس تمام دھاندلی الیکشن کو درست قرار دینے میں زرہ بھر بھی دیر نہیں کی یا شاید وہ بھی اس میں مکمل شامل جرم تھے۔جبکہ چند پارٹیوں کے ورکرز اس اندھی دھاندلی کو قبول کرنے کو کسی صورت فل حال تیار نہیں خاص طور پر پی ٹی آئی کے چند امیدوار اور کارکن اس دھاندلی کے خلاف صف آر اہیں۔اور جو سیاسی پارٹیوں کے امیدوارا فسرشاہی کی دھاندلی کا شور مچا رہے ہیں انکی تمام جمع پونجھی اور الیکشن میں لگی بڑی سرمایہ کاری کا سوال ہے۔

موجودہ الیکشن اور اس کے بعد کی ریاستی تضادات حکمرانوں کی آپسی لوٹ مار اور حکمرانی کی لڑائیاں ہیں جس سے عوام کا کوئی سروکار نہیں ہے۔

چند حلقوں میں امید ہے الیکشن کمیشن دوبارہ الیکشن کرا کے عام انتخابات پر منصفانہ الیکشن کا لیبل لگا کر حکمران طبقات کو مطمن کرانے کی کوشیش کرے گا جس سے دھاندلیاں سامنے آئیں گئیں اور مزید کئی حلقوں میں دوبارہ الیکشن یا ووٹنگ کرانے کے مطالبات سامنے آئیں گئے اور اس دھاندلی کو جتنا منصفانہ بنانے کے اقدامات کیے جائیں گئے یہ اتنی ہی زیادہ نمایاں ہو کر سامنے آئے گئی اور ہر صورت میں یہ مزید بڑھے گی کیونکہ یہ انتخابات بھی امیر طبقات کا دھندہ ہے جو پیسوں کی خیرات نہیں کرتے بلکہ صرف لوٹنا جانتے ہیں۔اس الیکشن کے بعد بھی سیاسی اور ریاستی اننتشار پھیلے گا اور بڑھتا رہے گا کیونکہ اب پاکستان میں سیاسی استحکام کا دور ہمیشہ کے لیے ختم چکا ہے جو معاشی استحکام سے مکمل طور پر منسلک ہے۔چند حلقوں میں دوبارہ الیکشن سے دھاندلی الیکشن کے نتائج میں کوئی بنیادی فرق نہیں آئے گا کیونکہ امریکہ اور پاکستانی رجعتی ریاست موجودہ بحرانی کیفیت میں کسی نئ پارٹی یا وزیر اعظم کا

رسک نہیں لے سکتے اسی لیے انہوں نے لیٹرا نواز لیگ جو آزمودہ اور قابل اعتبار حکمران پارٹی اور قیادت ہے کو اقتدار میں لائے ہیں(جس کی تربیت پاکستان کی بھیانک ترین ضیا آمریت کے دور میں ہوئی)عمران خان جیسے کھلاڑی اور اسکی پارٹی پر مقامی اور عالمی حکمران اتنا بڑا رسک نہیں لے سکتے کیونکہ یہ کرکٹ نہیں ہے بلکہ مالیاتی حکمرانی کا کھیل ہے جس فیلڈ میں ابھی یہ نیا ہے۔عوام کو کس طرح بے وقوف اور نان ایشوز کو مکمل ایشوز بنا کر سرمایہ داروں ، جاگیر داروں اور امریکی سامراجی مفادات کا کس طرح مکمل دفاع کیا جاتا ہے اس میں پی ٹی آئی ابھی تجربہ کار نہیں ہے۔اس لیے اسے اپنے مکمل اقتدار کے لیے ابھی انتظار کرنا ہو گا اور عوام دشمن نظام کے تحفظ کا تجربہ مزید حاصل کرنا ہو گا۔

موجودہ انتخابات پاکستانی تاریخ کے مایوس کن اور افسردہ ترین الیکشن تھے جبکہ اس کے نتائج اس سے بھی افسوس ناک ہیں جس کی ہمیں توقع تھی لیکن شاید اتنی زیادہ دھاندلی سے نواز لیگ کی جیت کی امید نہیں تھی۔عام الیکشن کے اس ریاستی ڈرامے میں میڈیے کے شور وغول تلے منظم اعلی دھاندلی ہی نہیں بلکہ جھوٹ اور فراڈ کے ریکارڈ بھی ٹوٹ گئے۔جس کی بنیادی وجہ مزدور تحریک کا جمود اور عام عوام کا الیکشن اور اس کے بعد کسی بھی پارٹی کی بنے والی حکومت سے مایوسی اور عدم اعتماد تھا جس وجہ سے انتخابات میں عوام کی دل چسپی بالکل نہیں رہی اس سے الیکشن میں سنجیدہ سیاسی رنگ کم اور مولاجٹ کی بڑھک بازی زیادہ نظر آئیں جو مستقبل میں بے نقاب ہوں گئیں۔محنت کش عوام کی سیاست میں عدم شرکت کو میڈیے اور ریاست نے ہاتھوں ہاتھ لیا اور انکو یہ موقع ملا کہ اپنی مرضی کے مطابق الیکشن کا انعقاد کرا سکیں اور اپنی مرضی کے نتائج بنا سکیں۔انہوں نے ووٹنگ میں عوامی شرکت کو اس لیے بڑھا چڑھا کر بیاں کیا تاکہ عوام بھی ان امریکی اور جی ایچ کیو کے طے شدہ نتائج کو خاموشی

سے مان لیں۔اس بار جو ووٹوں کا ٹرن آوٹ 60ساٹھ فیصد یا اس سے زیادہ بتایا جا رہا ہے بالکل درست نہیں ہے۔ہاں درست اس حوالے سے ضرور ہے کہ اس بار زیادہ لوگوں کے ووٹ کاسٹ ہوئے یہ الگ بات ہے کہ زیادہ لوگوں نے یہ ووٹ ہی نہیں ڈالے۔کس نے ڈالے؟ یہ بتانے کی ضرورت نہیں ہے کیونکہ ہم سب نے ٹی وی اسکرین پر کافی کچھ دیکھ لیا ہے ، پڑھ اور سن بھی لیاہے۔جو یہ کہنے کے لیے کافی ہے کہ یہ الیکشن پاکستانی عوام کی کسی طورپر بھی نمائندگی نہیں کرتے۔

سامراجی امدادی ٹیکوں پرزندہ پاکستانی ریاست اپنی تباہی کے خوف سے لرز رہی ہے کیونکہ اس کا قومی قرضہ آج پندرہ ارب سے تجاوز کر چکا ہے اس قرضے کے سود کی ادائیگی پر کم ازکم بجٹ کا ساٹھ فیصد ادا کرنا ہو گا جس سے بجٹ خسارہ ساتوں آسمان سے باتیں کرنے لگے گا جیسے پورا کرنے کے لیے آئی ایم ایف اور ولڈ بینک کے آگے بڑی عاجزی سے کوئی بڑا ترین کشکول اسکے قدموں میں رکھنا ہو گاجو خود آج کل یورپی اور عالمی مالیاتی بحران سے پریشان ہے اور اگر وہ پانچ ارب ڈالر یا پانچ سو ارب روپے کا قرضہ دے بھی دیتا ہے یہ اونٹ کے منہ میں رائی کے برابر ہو گا۔(جس سے ایک بار پھر عوام ہی کی ٹیکسوں میں میں اضافے سے اشیا صرف کی قیمتوں میں اضافہ سے شامت آئے گی اور حکمران عیاشی کریں گے اور نجکاری کا عمل بھی تیز ہو گا یعنی گھر کے برتن تک سیل کیے جائیں گئے)پاکستان میں سرمایہ داری کے تمام رکھولوں کو بھی اس مالی بحران نے ریاستی خلفشار اور ٹوٹ کے خوف و ہراس میں مبتلا کر دیا ہے۔پاکستان میں سیاسی استحکام کے لیے(جو اب ممکن نہیں)موجودہ سیاسی قائدین پر امریکی اور فوجی دباو اتنا زیادہ ہے کہ وہ سامنے نظر آنے والی دھاندلی کے خلاف کھل کر بولنے کی جرات بھی نہیں کر سکتے۔پی ٹی آئی کے لیڈر عمران خان کو بھی کل ہسپتال

میں فون کر کے چیف آف دی آرمی سٹاف کیانی نے بتا دیا ہے کہ اس الیکشن کے نتائج کو عاجزی سے تسلیم کر لو اور اپنے ورکروں کو بھی ایسا کرنے پر مجبور کرو وگرنہ انجام اچھا نہیں ہو گا اس لیے عمران خان نے بھی فیلحال وقت سے مصالحت کرتے ہوئے سر خم کر لیا ہے

پی ٹی آئی کے امیدوار حامد خان جو خواجہ سعد رفیق سے ہار گئے ہیں اور اس حلقے میں پی ٹی آئی کے کارکنوں خواجہ سعد رفیق کی دھاندلی کے خلاف احتجاج کر رہے ہیں جس پر حامد خان نے تو یہاں تک کہ دیا ہے کہ دھاندلی کے خلاف دھرنا لوگوں نے اپنی مرضی سے دیا ہے میں نے انکو نہیں کہا اور نہ ہی میں اسکو سپورٹ کرتا ہوں میں تو قانونی طریقے سے انصاف چاہتا ہوں حالانکہ حامد خان خود وکیل ہیں انکو یہ معلوم ہے کہ آج کل انصاف ایسا ہی ہوتا ہے جو حقائق اور انصاف کے تقاضوں پر مبنی نہیں بلکہ ضرورت کے مطابق ہوتا ہے۔موجودہ استحصالی نظام کے تمام نگہبانوں کو معلوم ہے کہ کسی کمزور سی عوامی تحریک سے بھی پاکستانی بورژوا ریاست کو اپنی سلامتی کا خطرہ لاحق ہو سکتا ہے اس لیے تمام بداعنوان اور لمپین ترین سیاست دان پاکستان کی سلامتی جس کو انہوں نے چور بازاری ، لوٹ مار اور بدمعاشی کا زریع بنا رکھاہے کے نام پر مفاہمت کی تبلیغ کر رہے ہیں جو عوام کے مسائل و مفادات اور انکی زندگیوں پر سوداابازی ہے۔بد قسمتی سے پاکستان میں انقلابی متبادل نہ ہونے کی وجہ سے پیپلز پارٹی کو پاکستان کے محنت کش عوام آج بھی اپنی پارٹی بڑی بے دلی سے تصور کرتے ہیں۔

بے شک پی پی پی آج ایک تاریخی بحران کا شدید شکار ہو چکی ہے پاکستان پیپلز پارٹی قیادت کاانقلابی کارکنوں اور عوام سے مسلسل غداریوں کا نتیجہ ہی آج پارٹی کی تباہی اور بربادی بنی۔ جو پارٹی پاکستان کے عوام کے اتحاد کی واحد ضمانت تھی اس کو فیصلی بڑوں نے اجاڑ دیا کیونکہ جب بھی پی پی پی کے کارکنوں کی جدوجہد اور قربانیوں کے بعد اقتدار کی فصل تیار ہو

جاتی ہے تو یہ فیصلی بٹرے اسے کھانے اور نوچنے آجاتے ہیں اور جوں ہی یہ اقتدار کسی اور کو منتقل ہو تا ہے یہ اسکی جھولی میں جا گرتے ہیں۔حالیہ جن چند لیٹروں نے پیپلز پارٹی کی موجودہ علاقائی اور قومی سطح پر اپنے عہدوں سے استفے دیئے ہیں اس کی وجہ یہ نہیں کہ وہ شرمندہ ہیں بلکہ وہ پی پی کے جیالے کارکنوں کا مقابلہ کرنے کی صلاحیت نہیں رکھتے جو ان پر تپے ہوئے ہیں انہوں نے ان فیصلی بیٹروں کی جسمانی طور پر بھی پھنٹی لگنی تھی جو اب برسراقتدار پارٹی کی جولی میں گرنے کی تیاری کر رہے ہیں اس لیے انکا کوئی دین ایمان اورضمیر نہیں ہے انکا سب کچھ مال و دولت اور لوٹ کا دھن ہے۔یہ تمام صرف اچھے وقت کے وقتی دوست اور ساتھی اور عوام کے حقوق اور مفادات کے مستقل دشمن ہیں۔

پیپلزپارٹی کی سابقہ حکومت اور موجودہ قیادت اپنی عوام دشمن پالیسیوں اور نظریات کی وجہ سے عوام میں اپنی حمائت نہایت کمزور ضرور کر چکی ہے لیکن ابھی مکمل ختم نہیں ہوئی۔پیپلز پارٹی کے کارکنوں شایدا سکو ایک بار پھر متحرک کرنے کی کوشش کریں گئے اگر قیادت نے انکا ساتھ دیا جو مشکل ہے ، اور خاص طور پر جب موجودہ نواز حکومت اپنی لوٹ مار اور عوام دشمنی میں ماضی کے تمام ریکارڈ توڑ دے گئی اور ایک نئے پاکستان کے خواب کو ایک بھیانک اور اذیتی خواب میں تبدیل کر دے گئی کیونکہ سرمایہ داری عوام کو اس کے علاوہ اب کچھ دینے کے قابل ہی نہیں رہی۔آج کا وقت پی پی پی کے انقلابی جیولوں اور سوشلسٹوں کے لیے مضبوط اور منظم کام کرنے کا تقاضہ کر رہا کہ کیونکہ آنے والا وقت پاکستان میں ایک اشتراکی انقلاب کے لیے عمل کا وقت ہو گا جیسے ہمیں اس کی حقیقی منزل تک لے جانا ہو گا

سولہ مئی دوہزار تیرہ

بلوچستان کے خون آشام اعدو شمار بولتے ہیں جواب کون دے گا؟

بلوچستان علاقے کے لحاظ سے پاکستان کاسب سے بڑا صوبہ ہے۔اس کا کل رقبہ 350000ساڑھے تین لاکھ مربع کلومیٹر ہے جو سارے پاکستان کے رقبے کا 46 فیصد ہے۔ بلوچستان کی آبادی تقریباً 80 لاکھ نفوس پر مشتمل ہے جس میں تقریباً 5 لاکھ ہزارہ اور باقی بروہی، پشتون اور بلوچ قبائل سے ہیں۔پاکستان کے ساحلِ سمندر کی کل لمبائی 1100 کلومیٹر ہے جس میں سے 711 کلومیٹر ساحل بلوچستان صوبے میں ہے۔بلوچستان کے 88 فیصد لوگ خطِ غربت سے بھی نیچے زندگیاں بسر کر رہے ہیں جبکہ پنجاب میں یہ شرح29 ، خیبر پختون خواہ میں 51اور سندھ میں 50 فیصد ہے۔بلوچستان کے مردوں کا تعلیمی ریٹ 23 اور خواتین کا صرف 7فیصد ہے جبکہ پنجاب کا لٹریسی ریٹ 50 فیصد ہے جو بڑی تیزی سے گر رہا ہے۔

سوئی کے مقام پر گیس کا انکشاف 1954ءمیں ہوا لیکن بلوچستان میں گیس 32 سال کے بعد 1986 ءمیں پہنچی لیکن 78 فیصد بلوچی آبادی آج بھی گیس سے محروم ہے۔بلوچی عوام کی محرومیاں ختم کرنے کیلئے 2005ءمیں ایک پارلیمانی کمیٹی بنائی گئی جس نے 35 سفارشات بھی تیار کیں لیکن ان میں کسی پر بھی عمل نہ کیا گیا۔پھر خورشید شاہ کی قیادت میں ایک اور کمیٹی بنائی گئی جس کی کارکردگی بھی کاغذی جمع تفریق تک محدود رہی۔

اب صورتحال یہ ہے کہ 65 صوبائی اسمبلی کے ممبران میں سے 58 وزیر یا مشیر ہیں ہر رکن

صوبائی اسمبلی کو ہر سال علاقے کی فلاح کیلئے کروڑوں روپیہ دیا جاتا رہا ہے لیکن زمینی حقائق بتاتے ہیں کہ آج بھی74 فیصد سکول بند پڑے ہیں اور60 فیصد آبادی کیلئے صاف پینے کا پانی بھی میسر نہیں۔ ہر 4198 لوگوں کیلئے صرف ایک ڈاکٹر میسر ہے۔

گورنر اور وزیراعلیٰ دونوں نواب ہیں جن کو گورنس کے اے بی سی کا بھی پتہ نہیں اور نہ ہی غربت و افلاس کی چکی میں پسے ہوئے محرومیوں کا شکار بلوچیوں کی چیخ و پکار موجودہ عیاش حکمرانوں کے کانوں تک پہنچتی ہے۔ اندرونی سنگین خطرات اور بیرونی بدترین مداخلت اس بات کے متقاضی ہیں کہ ہر حالت میں بہترین بلوچی قائدین اور بلوچی دھرتی کے قابلِ فخر سپوتوں کو صوبائی مفادات کے تحفظ کیلئے ایوان اقتدار میں بٹھایا جائے لیکن بدقسمتی سے مرکزی حکومت نے اپنے اقتدار کی طوالت کیلئے بلوچستان میں ایسا ٹلی چیف ایگزیکٹو لگایا ہوا ہے جو کئی دفعہ تقریبات میں بھی بے ہوش ہو کر گر پڑا۔ پچھلے چار سال میں صوبائی اسمبلی کے131 اجلاس ہوئے جن میں اوسطاً71 فیصد ارکان غیر حاضر رہے اور 76 فیصد اجلاسوں میں وزیراعلیٰ شریک نہ ہو سکے۔

پیپلزپارٹی کے ایک صوبائی وزیر نے بتایا کہ پچھلے چھ ماہ میں وزیراعلیٰ صرف سات دِن کیلئے اسلام آباد سے کوئٹہ گئے۔ بلوچستان اسمبلی کے بعض اجلاس ایسے بھی تھے جن میں صرف تین سے نو ارکان حاضر تھے۔ بلوچستان میں صرف 2011ء میں 1476 دہشت گردی کے حملے ہوئے، گیس کی تنصیبات کو 134دفعہ اڑایا گیا، صرف ایک سال میں 291 لوگ اغوا ہوئے اور 1000 بلوچی اور غیر بلوچی قتل ہوئے۔ کیا ان تمام مخدوش حالات کی ذمہ داری مرکزی یا صوبائی حکومت افواجِ پاکستان یا ایف سی پر ڈال رہی ہے جبکہ یہ تمام مشترکہ طور پر بلوچستان کے خون ریز مسائل کے ذمہ دار ہیں اور مجودہ نظام اور حکمرانوں کے تحت پورے

پاکستان کا ہر مسئلہ ہر روز پہلے سے زیادہ بھیانک اور خون آشام ہو تا جا رہا ہے۔ایک اندازے کے مطابق صوبے میں 19 ٹریلین کیوبک فیٹ گیس اور 6ٹریلین بیرل تیل کے ذخائر موجود ہیں۔اسکے علاوہ سونے، تانبے اور خام لوہے کے ذخائر ہیں اور 771 کلومیٹر لمبے ساحلِ سمندر کے ساتھ 200 کلومیٹر گہری سمندری پٹی میں تو بے پناہ سمندری خوراک تیل اور گیس کے خزانے بھی پنہاں ہیں جن کے متعلق ہمارے حاکموں نے شائد کبھی سوچا بھی نہیں۔

ماضی میں فوج اور انٹیلی جنس ایجنسیوں کی غلطیوں کی پردہ پوشی بہت بڑی بددیانتی ہے۔یہ غلطیاں شاید بد قسمتی سے آج بھی ہو رہی ہونگی لیکن سوچنا یہ چاہیے تھا کہ بلوچستان کے36 اضلاع میں سے خضدار، قلات، پنجگور، تربت، آواران اور گوادر میں دہشت گردی، اغوا اور قتل و غارت حد سے زیادہ ہے۔پاکستان بننے سے آج تک پاکستانی ریاست نے بلوچستان میں اعلانیہ یا غیر اعلانیہ فوجی آپریشن ہمیشہ جاری رکھا جس کی بنیادہ وجہ بھی بلوچستان کے سلگتے سماجی اور معاشی مسائل ہیں جن کا موجودہ نظام میں کوئی حل نہیں ہے اور ریاست کے پاس پھر ایک ہی حل رہ جاتا ہے کہ ظلم وجبر کے پہاڑ گرا دیئے جائیں اور ہر سرکشی کو طاقت سے کچل دیا جائے۔جو پاکستانی ریاست اب تک کرتی آئی ہے جس کے خلاف بلوچ عوام ہمیشہ سے زبردست مذاحمت کر رہے ہیں جو انکا حق ہے۔لیکن ایک حقیقی انقلابی پارٹی اور ٹھوس اشتراکی نظریات پر درست لائحہ عمل کے فقدان بلوچ تحریک کے آڑے آیا۔

ہم نہیں بلکہ آپ خود فیصلہ کریں کیا موجودہ نظام میں اس کا کوئی حل موجود ہے اور کیا اگر کوئی حل ہو تا تو اب تک بلوچستان کا مسئلہ حل ہو چکا ہوتا لیکن یہ خون خوار قومی ، علاقائی ، معاشی اور سماجی مسائل آج پاکستان کے وجود کو چیلنج کر رہے ہیں جس کا جواب اور حل

ماسوائے سوشلزم کے کسی کے پاس نہیں ہے جس میں شرح منافع اور سرمایہ انسانوں کا فیصلہ

نہیں کرتا بلکہ انسان ہر فیصلے پر برتری رکھتا ہے معاشرے کا مقصد چند لوگوں کی دولت اور

عیاشیوں میں اضافہ نہیں بلکہ تمام لوگوں کی اجتماعی ترقی اور معاشرتی تعمیر ہوتی ہے

دو ہزار بارہ

بلوچستان۔ریاستی قتل نے سلگتا قومی مسئلہ پھر بھڑکا دیا

پاکستان کی سامراجی ریاست کے استحصالی شکنجے میں جکڑے بلوچستان کا سلگتا قومی مسئلہ آج پھر بلوچ رہنماؤں کے بے رحمانہ ریاستی قتل کے بعد بھڑک اٹھا ہے۔اس قتل کے بعد تمام بلوچستان میں ایک بار پھر بے چینی اور عوامی عدم تحفظ کی لہر دوڑ گئی ہے۔جس کے خلاف عوامی احتجاج ، مظاہرے، ہڑتالیں اور مذاحمت کا ہونا ایک لازمی امر ہے۔

بلوچ رہمناؤں اور عام بلوچوں کے قتل اور ان سے زیادتی کے خلاف ، ہر باشعور شخص اور حقیقی عوامی رہنما سخت مذمت ہی نہیں کرتا بلکہ اس کے خلاف پورے پاکستان کی عوامی تحریک کو منظم کرکے مظلوم یا استحصال زدہ قوموں کے مفادات کے تحفظ کے لیے لڑنے کو ترجیح دیتا ہے۔بلوچستان بھی سندھ اور پختون خواہ کی طرح پاکستان کی نام نہاد آزادی سے ہی پاکستانی جاگیر دار، سرمایہ دار اور فوجی حکمرانوں (جنکی کوئی قومیت کوئی دین کوئی زبان ، کوئی ریت ورواج نہیں ماسوائے لوٹ گھسوٹ اور مالی جبر کے)کی زبردست استحصالی گرفت میں ہے جس طرح یہ پنجاب کے محنت کش طبقے کا خون نچوڑ رہے ہیں اسی طرح یہ تمام مظلوم قوموں کی حق تلفی کر رہے ہیں تاکہ پاکستانی حکمران اور ان کے امریکی سامراجی آقا اپنے مالیاتی مفادات کی بھر پور بازیابی کر سکیں۔

پاکستانی ریاست اور اسکے حکمرانوں نے جہاں طبقاتی استحصال کی انتہا کر دی ہے وہاں علاقائی یا

قومی استحصال کو بھی نہایت خون آلود بنا دیا ہے جس سے قومی محرومی نے نہ صرف جنم لیا بلکہ اس میں انتہائی اضافہ بھی ہو چکا ہے۔اور ایک انقلابی پارٹی یا قیادت کی عدم موجودگی نے، اس قومی استحصال کی تحریک کو قوموں کے حق خودارادیت کو تسلیم کرتے ہوئے ، پاکستان کی نہیں بلکہ پورے ساوتھ ایشیا کی اشتراکی فیڈریشن کے پروگرام پر منظم کرکے ، طبقاتی تحریک سے منسلک کرتے ہوئے ، سوشلسٹ انقلاب برپا کرنے میں ناکامی نے ، ان قومی آزدای کی تحریکوں کو ان کے وسیع تر طبقاتی مفاد سے کاٹ کر قومی تعصب کی تباہ کن کھائی میں دھکیل کر انکو حکمرانوں سے بھی زیادہ خونی اور بھیانک بنا دیا جس میں مقامی مال دار سرداروں کا بھی مرکزی کردار ہے جن کے اپنے طبقاتی مفادات پاکستانی ریاست اور اس کے حکمرانوں سے وابسطہ ہیں انہوں نے مقامی آبادی کے معاشی اور سماجی مسائل حل کرنے کی بجائے انکو اپنے معاشی ، سیاسی ، سرداری حکمرانی اور طبقاتی مفادات کے لیے استعمال کیا انہوں نے قومی محرومی کو ہوا دے کر پاکستانی ریاست اور حکمرانوں کو بلیک میک کر کے ذاتی مفادات حاصل کیے۔جس سے یہاں کی عوام کی لمبی لازول جرات مند عوامی تحریکوں کے باوجود انکی حقیقی فتح مخدوش ہوگئی۔

بلوچستان میں موجودہ بحران خود حکمرانوں کا پیدا کردہ ہے۔یہ ریاست کے ٹکراو اور اسکے اپنے داخلی تضادات کا بیرونی اظہار ہے۔یہ غلط نہیں ہے کہ ان بلوچ رہمناوں کا قتل آئی ایس آئی اور پاکستان کی رجعتی قوتوں نے کیا یا کروایا ہے جس میں امریکن سی آئی اے کی شمولیت کو خارج امکان قرار نہیں دیا جاسکتا۔آج وقت کا دھارا آئی ایس آئی یا مذہبی انتہا پسندوں کے خلاف ہے۔انکی ماضی کی عیاشیاں اور مراعات متاثر ہو چکی ہیں جن کو حاصل کرنے کے لیے یہ کشت وخون پر اتر چکے ہیں۔یہ ایک ریاستی طاقت کے باوجود حکمرانی سے بظاہر بے داخل

کر دیئے گئے ہیں اور انکی یہ آج کی لڑائی حکمرانی پر بے رحمانہ قبضے کی جنگ ہے جس میں وہ ہر بے رحیمانہ ترین طریقہ اور ہتھکنڈہ اپنا رہے ہیں۔انہوں نے پورے پاکستان کو انتشار اور خونی تعصب کی جنگ میں دھکیل دیا ہے انکا اصول ہے نہ کھیلیں گئے اور نہ کھیلنے دیں گئے۔ انہوں نے اپنے ذاتی مفادات کے لیے جس پر یہ قومی یا اسلامی لیبل لگاتے ہیں پاکستان کے مستقبل سے بڑی لا پرائی سے خونی کھیل ، کھیل رہے ہیں۔یہ اقتدار پر اپنے رجعتی قبضے کے لیے عوام کی زندگیوں کو جہنم بنا رہے ہیں۔

امریکہ بھی اب براہ راست اس ملائیت اور قومی شاونزم کی لڑائی سے فائدہ اٹھانے کاسوچ چکا ہے۔اور اسکا یہ بیان کہ پاکستان کی ٹوٹ پر اس کو نامناسب جو امریکی سامراجی مفادات کے لیے بہت ہی مناسب ہیں اقدام اٹھانے ہوں گے اور اس کے علاوہ اقوام متحدہ کا بیان بھی امریکی سامراج کے بھیانک عزائم کی اعکاسی کر رہا ہے کیونکہ بلوچستان کے وسائل کی لوٹ پر اور گوادر کی بندرگاہ پر چین کے قبضے سے امریکہ اور چین کے سامراجی مفادات کے تضادات شدید ہو رہے ہیں جس سے آنے والے دنوں میں بلوچستان میں سامراجی پراکسی لڑائیوں میں اضافہ ہو گا جو بلوچستا ن کو مزید خون ریز کرئے گا۔

تمام دنیا کے عوام کو معلوم ہے کہ امریکہ کس سے کتنا وفادار اور ہمدرد ہے۔اسے صرف اپنے سامراجی استحصال کے مفادات ہمیشہ عزیز ہوتے ہیں یہ امریکہ کی داشتہ اقوام متحدہ یا امریکہ کی عیاری جو اخباری بیان بازی میں لپٹی ہوئی ہے جلتی پر تیل کا کام کر رہے ہیں۔قومی محرومی جو اصل میں طبقاتی محرومی کی ہی ایک شکل ہے کی تحریک کو قومی تعصب کی آگ میں دھکیلنے کی کوشیش کرر ہے ہیں۔تاکہ پاکستان کی کوئی اجتماعی طبقاتی تحریک نہ ابھر سکے جس سے امریکی سامراجی مفادات کو کوئی ٹھنس نہ پہنچے۔امریکہ نے پاکستان کو تقسیم کرنے کا

پلان تیار کرلیا ہے۔یعنی پاکستانی عوام کی طاقت کو توڑنے کا منصوبہ بنا رہے ہیں جس کا ٹھوس فیصلہ امریکی یا مقامی حکمران نہیں بلکہ عوامی تحریک ہی کرے گئی۔

بلوچستان جو قدرتی معدنیات سے مالا مار امیر ترین علاقہ ہے جس کی اہمیت اب گوادر کی بندر گاہ کے حوالے سے مزید بڑھ گئی اور عالمی نوعیت کی ہوگئی ہے۔مستقبل میں امریکہ اور یورپ مال برداری کے لیے سمندری راستے کے لیے دوبئی سے زیادہ گوادر کی بندر گاہ کو فائدے مند سمجھتے ہیں کیونکہ یہ نہایت سستی اور فاصلے کو کم کردے گئی۔اس کے علاوہ یورپ کو آج صرف روس گیس سپلائی کر رہا ہے اور اسکی قدرتی گیس پر اجارہ داری ہے اسی حوالے سے روسی اجارہ داریاں یورپ کو بلیک میک کرتی ہیں اور منہ مانگی قیمت وصول کرتا ہے۔جس کا یورپ کو بڑا دکھ ہے اور اس سے یورپی حکمران بہت بے چین ہیں وہ روس کی اس اجارہ داری سے ہر صورت نجات پانا چاہتے ہیں۔پچھلے دنوں روس نے اپنی گیس کی قیمتوں میں اضافے کی خاطر یورپ کی گیس بھی بند کردی تھی۔

افغانستان کی جنگ میں بھی یورپ بڑھ چڑھ کر امریکہ کے ساتھ اسی لیے حصہ لے رہا کہ وہ وسطی مشرقی ایشیائی ریاستیں جو روس سے الگ ہوئی ہیں یہ بھی قدرتی وسائل سے مالا مار ہیں ان ممالک کی قدرتی گیس کو اپنے استعمال میں لانا چاہتا ہے تاکہ روس کی محتاجی ختم کی جاسکے ۔ان سابقہ روس کی مشرقی ریاستوں سے گیس کی پائپ لائن افغانستان کے راستے لانے کا سامراجی پلان ہے جو ابھی تک کامیاب نہیں ہو رہا جس کی کامیابی بڑی مخدوش ہے۔افغانستان کی اس سامراج کی مفاداتی جنگ پر لیبل بنیاد پرستی کے خاتمے کا ہے جبکہ اس کے پیچھے عالمی اجارداریوں کے لوٹ گھسوٹ کے پلان بڑے واضح اور نمایاں ہیں۔اور اب بلوچستان کو بھی پاکستان سے اسی حوالے سے الگ کر کے خود کنٹرول کر کے لوٹنے کا مارشل پلان بنایا جا رہا

ہے۔اور آج جب امریکہ شدید ترین عالمی مالیاتی بحران کی زد میں ہے بلوچستان پر قبضہ بڑا فائدہ مند ہو گا جہاں گیس ، تیل ، کوئلے ، سونے اور بے شمار معدنیات کا ذخیرہ ہے۔

لیکن ہم جہاں پاکستانی ریاست کا بلوچستان پر سامراجی کردار کی مذمت اور مذاحمت کرتے وہاں ہم امریکہ، اقوم متحدہ ، یورپ اور چین کی بلوچستان پر سامراجی عزائم کی بھی زبردست مذمت اور مذاحمت کریں گئے۔کیونکہ اگر بلوچستان پاکستان کی بجائے کسی سامراجی ملک کے پاس جاتا ہے تو اس کا مطلب چھوٹے لیٹرے کے پاس سے بڑے لیٹرے کی زد میں جانا ہے جس سے بلوچ عوام کی حالت زار میں کوئی تبدیلی نہیں ہوگئی بلکہ پہلے سے زیادہ بدحال ہوجائے گئی۔اور ہمیں یہ سمجھنا چاہیے کہ آج کی عالمی سرمایے کی منڈی میں چھوٹی اور کمزور منڈیاں زیادہ استحصال اور ظلم وجبر کا شکار ہیں۔اور اس طرح ان پر سامراجی آقاوں کی سخت اور ہولناک جکڑ یہاں کے عوام پر مزید بڑھ جاتی ہے۔اس لیے اگر بلوچستان پاکستان سے الگ ہوتا ہے تو اس کی حالت آج سے بھی زیادہ بدتر ہو جائے گئی۔بنگلا دیش کی مثال ہمارے سامنے ہے۔یا پھر یورپ میں کوسواہ۔موجودہ نظام کے تحت علیحدگی کوئی حل نہیں بلکہ مزید ذلت اور رسوائی کا سبب بنا ہے۔ہمیں اس کے مقابلے میں ان سب جاگیردار ، سرمایہ دار، فوجی افسروں ، سردار، اور سامراجی حکمران لیٹروں کے خلاف بلوچستان ، سندھ ، پختون خواہ اور پنجاب کے محنت کش عوام کے طبقاتی اتحاد کو مزید مضبوط کر کے موجودہ سرمایہ داری نظام کے خاتمے کی جدوجہد کو تیز کرنا چاہیے ایک سوشلسٹ انقلاب کے لیے جس میں کسی قوم کو کسی دوسری قوم پر استحصال کا کوئی حق اور اختیار حاصل نہ ہو تمام قوموں ایک رضا کارانہ فیڈریشن میں منظم ہوں اور اگر کوئی قوم الگ ہونا چاہے تو اسکو اسکا مکمل اختیار ہو ۔سماج کا مقصد صرف اور صرف عوام کا معیار زندگی بلند کرنا ، سماج کی اجتماعی ترقی، جس قدر

ممکن ہو کرنا ، انسانی مانگ کا خاتمہ ، اور انسان کا عظیم مقصد تسخیر کائنات ہو۔

ہمیں پاکستانی ریاست کی ٹوٹ کا کوئی دکھ نہیں ، جو ہے ہی حکمران کی لوٹ مار کا ایک منظم ادارہ۔لیکن پاکستانی محنت کش طبقے کی ٹوٹ کے خلاف ہم مذاحمت ضرور کریں گئے اور بھر پور کریں گئے ہم پاکستانی محنت کش طبقے کی اجتماعی طاقت کو کمزور ہوتے تماشائیوں کی طرح نہیں دیکھیں گئے۔نہ صرف پاکستانی محنت کش طبقے کی رجعتی ٹوٹ کے خلاف بلکہ تمام ایشیا اور پھر تمام دنیامیں مزدور طبقے کی ٹوٹ کے خلاف انکے عالمی مضبوط اتحاد کے لیے جدوجہد کریں گئے۔جو مارکس ازم ، سوشلزم ، کا بنیادی نعرہ ہے،، دنیا بھر کے محنت کشو ایک ہو جاو،،۔

آج ہمیں بلوچستان سمیت پاکستان کی تمام محروم قومیتوں جن میں بلوچستان ، سندھ ، پختون خواہ، کشمیر شامل ہیں کے حق خود ارادیت کی مکمل حمائت کرنی چاہیے ہم ہر قسم کے استحصال کے خلاف مذمت اور مذاحمت کرتے ہیں وہ علاقائی ہو قومی ، مذہبی، لسانی ، جنسی یا پھر کوئی بھی ہو ہم اس کے خلاف ناقابل مصالحت لڑائی کرتے ہیں طبقاتی بنیادوں پر سوشلسٹ انقلاب کے لیے۔

اس کے علاوہ بلوچستان کا قومی مسئلہ آج اتنا آسان اور سادہ بھی نہیں ہے بلکہ مشکل ترین اور نہایت پیچیدہ ہے کیونکہ آج بلوچستان کے تمام شہروں میں غیر بلوچوں آباد کار بھی بڑی اقلتوں میں بسے ہوئے ہیں اور اگر بلوچستان میں علیحدگی کی تحریک شروع ہوتی ہے تو یہاں ایک بڑی خون ریزی کا خطرہ موجود ہے بلوچستان کی علیحدگی کی تحریک شہروں سے دور تو چلائی جا سکتی ہے لیکن شہروں میں جو کسی بھی تحریک میں فیصلہ کن کرادر دار کرتے ہیں اور یہاں غیر بلوچ بھی ایک بڑی مقدار اور تعداد میں موجود ہیں اگر یہ علیحدگی کی تحریک یہاں

آئی تو بلوچوں اور غیر بلوچوں میں ایک بڑی خون ریز لڑائی ہوگئی جس کو پاکستانی ریاست اور اسکے حکمران بھر پور طریقے سے اپنی جابرانہ حاکمیت قائم رکھنے کے لیے استعمال کریں گئے اور یہاں سفاک جارحیت کی انتہا کر دیں گئے۔

اس طرح بلوچستان میں مقامی اور غیر مقامی محنت کش طبقہ آپس میں الجھ جائے گا جس کا تمام فائدہ استحصالی حکمران طبقات اٹھائیں گئے اور محنت کش طبقے میں ٹکراو حکمرانوں کو مضبوط اور عوام کو کمزور کرئے گا۔ایسا ہرگزیز نہیں ہونا چاہیے۔جو بلوچستان کے مستقبل اور یہاں کے عوام کی زندگیوں کو مزید عذاب میں دھکیل دے گا۔لینن نے ایک بار کہا تھا کہ قومی مسئلہ اصل میں روٹی کا ہی مسئلہ ہے۔جو موجودہ سرمایہ دارانہ نظام انسانوں کو دینے سے مکمل قاصر ہے۔

معاشی اور سماجی آزادی کے بغیر ہر آزادی چھوٹی اور جعلی ہے۔پیپلز پارٹی کی حکومت بھی موجودہ نظام کے تحت ملک میں قومی مسئلہ کے حل میں مکمل بے بس ہے اس کا حل براہ راست سماجی ترقی اور عوام کے بلند معیار زندگی میں ہے جبکہ پاکستانی عوام کا معیار زندگی روزبا روز گرتا ہی جا رہا ہے۔بلوچستان میں تو آٹا تک میسر نہیں ہے اگر ہے تو اس کو کوئی عام آدمی فورڈ نہیں کر سکتا یہی سرمایہ داری کے تحت سماجی اور معاشی مسائل کا اژدھا ہے جو عوام کو نگلتا جا رہا ہے۔یہی پسماندہ اور خستہ حال تمام معاشی اور سماجی مسائل ہیں جنہوں نے پاکستانی سماج کو برباد کر کے تباہی کی چوکھٹ پر لا کھڑا کیا ہے۔

سیاست معیشت کا عکس ہے جس کی تبدیلی کے بغیر مسائل بڑھتے اور سنگین ہوتے جائیں گئے وہ قومی مسئلہ ہی کیوں نہ ہو جو ہر دن خون میں ڈبوتا ہی جائے گا۔آو طبقاتی اتحاد کی طرف

طبقاتی جنگ کے لیے سرمایہ داری ،جاگیر داری، حاکم سرداری، سامراجیت کے خاتمے اور

پرولتاریہ انقلاب کے لیے جو نجات کا واحد راستہ ہے۔

تیرہ اپریل دو ہزار نو

کشمیر کی تحریک آزادی سے یکجہتی کا دن

دنیا میں فلسطین سے بھی شاید زیادہ نہیں تو کم بھی نہیں دردناک اور خون میں ڈوبی کشمیر کے عوام کی تحریک آزادی ہے جنہوں نے پچھلے ماہ جموں کشمیر میں انڈیا کے یوم جمہوریت پر یوم سیاہ منایا اور پاکستان میں کشمیری عوام یوم یک جہتی کشمیر منا رہے ہیں۔ہر بار کی طرح آج بھی پاکستانی حکمران بڑا منافقانہ پراپیگنڈہ کرتے ہیں کہ بھارت میں کشمیر کے عوام پاکستان سے الحاق چاہتے ہیں یعنی بڑی جیل سے چھوٹی جیل میں آنا چاہتے ہیں یہ تحریک کشمیر جو انڈیا میں مسلسل جاری ہے یہ وہاں کے سماج اور نظام کے خلاف آزادی کی تحریک ہے۔کشمیری عوام پر انڈین اور پاکستانی ریاست کے ظلم وجبر کی تاریخ اتنی ہی پرانی ہے جتنی پرانی تاریخ ان دو ملکوں کی نام نہاد آزادی کی ہے اور اس کے خلاف اتنی ہی پرانی اور ناقابل تسخیر کشمیر کی آزادی کی لازوال جدوجہد ہے۔جس کو پاکستانی اور انڈین سامراج نے ہر دور میں بڑی بے رحیمی سے کچلا لیکن یہ جدوجہد آج بھی ان کے لیے ایک بڑا چیلنج ہے۔

بھارت نے کشمیر میں آزادی کی جدوجہد کرنے والوں کا بڑی بے دردی سے خون بہایا جو آج بھی جاری ہے بن بیاہی لڑکیوں کو ماں بنایا۔دنیا کی اس جنت کو اجڑ کر دوزخ کا نمونہ بنا دیا۔ کشمیر کے برباد سماج کو دیکھ کر انڈین حکمرانوں کی ترقی اور خوشحالی کے تمام دعوے بے بنیاد اور جھوٹے ثابت ہوجاتے ہیں جو کشمیر اور تمام انڈیا کو مساوی ترقی دینے سے مکمل قاصر ہیں

-

بر صغیر پاک وہند کی برطانوی سامراج کے خلاف جو یہاں کی مزدور تحریک تھی ایک سوشلسٹ انقلاب کے لیے شروع ہوئی تھی بائیں بازو کی کمزریوں کی وجہ سے یہ انقلابی تحریک ردانقلاب کی جھولی میں گر کر خونی تقسیم بن گئی ۔ پاک وہند کے عوام کی حقیقی آزادی کی اس جدوجہد کو برطانوی سامراج اور مقامی سرمایہ داروں ، جاگیر داروں ، نوابوں، اور سرداروں نے اپنے سرمایے کے مفادات اور عوام پر استحصال کو قائم رکھنے کے لیے اس پورے ہندوستان کے عوام کی مشترک طبقاتی جدوجہد کو فرقہ واریت کی بھیانک تلوار سے کاٹ کر سامراجی استحصال کو نئی شکل میں مقامی حکمرانوں کے زریعے عوام پر پھر سے مسلط کر دیا۔اس انقلابی تحریک کوانقلاب برپا نہ کرنے کی سزا ایک در انقلابی خونی تقسیم میں ملی۔دو ملکوں کی ٹوٹ جو اصل میں ایک زندہ جسم کو کاٹ کر تڑپتے کئی ٹکرے کرنے کے مترادف تھا اس جعلی تقسیم کو ایک بڑی عوامی خون ریزی اور رجعتی یلغار سے قائم کیا گیا۔جس نے یہاں کی عوام کی زندگیوں کو پہلے سے بھی اجیران بنا دیا۔

اس سامراجی تقسیم نے جہاں انڈیا اور پاکستان کی عوام کی بڑی قتل وغارت سے ماضی کی غلامی کو نئی شکل میں قائم رکھا وہاں مظلوم قومیتوں کے عوام کی زندگیوں کا گھیرا پہلے سے بھی تنگ کر دیا گیا۔انھی ملکوں کے حکمران اب مظلوم قوموں کے سامراج بن گئے اور آج جموں کشمیر پر جس طرح انڈیا سامراج بن کر جس درندگی سے استحصال کر رہا ہے اسی طرح پاکستانی ریاست بھی آزاد کشمیر جو حقیقت میں غلام کشمیر ہے پر اپنے سامراجی عزائم رکھتا ہے یعنی کشمیر دو سامراجوں کے درمیان خون اور استحصال میں لت پت سماج ہے۔

کشمیر ہمیشہ سے ایک آزاد اور خود مختیار ریاست تھی اور کشمیری ایک قوم ہے، جنکی اپنی زبان ثقافت اور شناخت تھی جس کو برطانیہ، پاکستان اور بھارت نے اس سے یہ حق زبردستی فوج کشی سے چھین لیا۔ جس کے خلاف کشمیری قوم سراپا احتجاج بن گئی اور یہ مذاحمت آج بھی جاری ہے۔ کشمیر کی تحریک آزادی ایک جرات مند، دلرانہ اور قابل تعریف امر ہے۔ کشمیری عوام کو اپنی پہچان واپس لینے اور حق خود ارادیت کا پورا حق ہے جو رعائت نہیں ہے۔ جس کی تمام دنیا کی عوام کو حمائت کرنی چاہیے۔ آج جس طرح کشمیر پر انڈیا کے مظالم قابل مذمت اور قابل مذاحمت ہیں اسی طرح پاکستان کے سامراجی ہتھکنڈے بھی قابل نفرت ہیں۔ کیونکہ یہ دونوں ملک کشمیری عوام اور انکی سر زمین کو اپنے سرمایہ دارانہ استحصالی مفادات کے لیے بے رحمانہ استعمال کرتے ہیں۔ جموں کشمیر آج انڈین کے لیے پانی، پھلوں، خشک پھل، قالینوں سیاحت کی آمدن کو (جو اب بد امنی کی وجہ سے کم ہوگئی ہے) وغیرہ کا بڑا زریع ہے اور اسی طرح آزاد کشمیر پاکستانی حکمرانوں کی لوٹ مار کا زریع ہے یہ دونوں ممالک کی سنہری منڈیاں ہیں جس سے ریاست اور انکے حکمرانوں کبھی آسانی سے دستبردار نہیں ہوں گئے۔ جبکہ دوسری طرف یہاں کی آمدن میں عوام کا کوئی حصہ نہیں ہے یہ اپنے وسائل کو نہ تو استعمال کر سکتے ہیں اور نہ ہی ان پر انکا کوئی حق ہے اور اس طرح یہ کشمیری عوام قدرتی دولت سے مالا مال علاقے کے باوجود غربت کی موت میں زندہ درگور ہیں۔

انڈیا اور پاکستانی حکمران کشمیر کی اس مال ودولت کو لوٹنے کے علاوہ اس مسئلہ کشمیر کو پاکستانی اور انڈین عوام میں اپنی اپنی علاقائی منڈیوں کے دفاع میں اس جعلی تقسیم کو قائم رکھنے کے لیے نفرت کے طور پر استعمال کرتے ہیں تاکہ انڈین اور پاکستانی عوام جنکی زبان ثقافت رسم ورواج، ہزاروں سالہ مشترکہ پیار محبت اور بھائی چارے سے زندگی گزارنے کی بڑی مضبوط

تاریخ رہی ہے جو آج بھی انکی وراثت ہے۔اس کو تباہ کرنا چاہتے ہیں۔کیونکہ برصغیر پاک وہند کی عوام کی1946 انیس سو چھیالیس کے طبقاتی اتحاد اور مشترک مزدور جدجہد کی اقدار اور تجربات آج بھی قائم اور زندہ ہیں۔اس طاقت ور عوامی تحریک نے دنیا کے بڑے ترین برطانیہ سامراج کے پرخچے اڑا دیے تھے اور اسکے لیے ہندوستان کی سر زمین اتنی تنگ کردی تھی کہ اس سونے کی چڑیا کو نا چاہتے ہوئے بھی برطانیہ کو مجبوا ہندوستان چھوڑ کر بھاگنا پڑالیکن اس نے جانے سے پہلے اپنے مقامی ایجنٹوں سے اس کوذبح کر دیااور اس بٹوارے کے زخموں سے آج بھی خون رس رہا ہے جو آج ایک ناسور بن چکا ہے اور اسے جاری رکھنے کے لیے مسئلہ کشمیر کو نہایت رجائیت سے استعمال کیا جاتا ہے اور اسی کے پس منظر میں انڈو پاک جنگیں بھی ہو چکی ہیں۔

کشمیر کی بھلائی اور آزادی نہ انڈیا چاہتا ہے اور نہ ہی پاکستانی ریاست یہ دونوں اسکی لوٹ اور استحصال چاہتے ہیں۔اس کشمیری آزادی کی تحریک سے یہ دونوں ریاستیں اندو پاک، خوف زدہ ہیں جس سے انہوں نے کشمیر ی عوام پر خوفناک ریاستی دہشت گردی کا بازار گرم کر رکھا ہے ۔اور یہی ریاستی جبر اب جنوبی ایشا میں مظلوم قومیتوں میں قومیتی استحصال کے خلاف مذاحمتی تحریکوں کو ابھار رہا ہے جس کے خلاف حکمران مظلوم قومیتوں پر ریاستی بربریت مسلسل بڑھا رہے ہیں اور اسی ضمن میں بھارت اور پاکستانی حکمرانوں کا اپنی محروم قومیتوں پر بد ترین ظلم اور استحصال اپنی انتہائیوں پر پہنچ چکا ہے جو آنے والے دنوں میں مزید شدید ہو گا۔

پاکستانی حکمران اکثر جموں کشمیر میں ظلم پر مگرمچھ کے آنسو بھی بہاتے ہیں اگر حقائق کا جائز لیا تو معلوم ہوتا ہے کہ آج نہ صرف انڈیا میں کشمیر ی عوام کا جینا محال ہو چکا ہے بلکہ آزاد

کشمیر میں بھی حالات اس سے مختلف نہیں ہیں۔جب آزاد کشمیر میں تاریخ کا بھیانک ترین زلزلہ آیا تو ریاست اور حکمرانوں نے کیا کیا؟ انہوں نے کشمیری عوام کی بے گھری، بے بسی ، اور ذلت پر مقامی اور عالمی مالی امدادیں کمانے، سیاسی دوکانیں چمکانے اور کفن چوری کے دھندے کیے۔ یہاں تک کے فوجیوں نے بھی کراچی اور دوسرے شہروں میں بے کفن لاشوں کے لیے مدد میں ملنے والے کفن تک بازاروں میں فروخت کیئے۔امداد کے نام پر جوان اور کنواری لڑکیوں کو اٹھایا گیااور ان سے نہ صرف زبردستی المناک زادتیاں کیں گئیں بلکہ جسم فروشی کے کاروبار بھی ان معصوم لڑکیوں سے کرائے گئے۔یہ کوئی اور نہیں تھے وہی ہیں جو آج بھی حکومت میں براہ راست یا بل واسطہ حکمران ہیں اور کشمیر کے دکھ میں منافقت کے آنسو بہتے ہیں۔ آج بھی اربوں کی مالی امداد کشمیریوں کو چھت، روٹی، کپڑے نہ دے سکی بلکہ صرف حکومتی ٹٹوؤں کے بھرنے والے پیٹوں میں غائب ہوگئی۔پریس کے مطابق اتنی بڑی امداد پورے کشمیر میں صرف گنتی کے دو یا تین خاندانوں کو جو حکومتی اقربا پرور تھے، انکو چھوٹے چھوٹے کواٹر دیے گئے جس کا پراپیگنڈہ آسمان سے باتیں کررہا ہے۔

اس کے علاوہ آزاد کشمیر کی پاکستان میں بڑی بلند بانگ لیکن بڑی ہی نام نہاد سیاسی اہمیت اور حثیت ہے۔پوری کشمیری عوام کی منتخب پارلیمنٹ کو صرف حکومت پاکستان کا نامزد کردہ سیکرٹری اموار کشمیر جب چاہے ختم کر دے یہ فرد واحد پوری کشمیری قوم پر تنہا ڈکٹیٹر ہے۔ یہ آزاد کشمیر نہیں بلکہ قید کشمیر ہے۔اور ریاست پاکستان جموں کشمیر کو بھی اس قید خانے میں ڈالنا چاہتا ہے جو صرف اسکا خواب ہی رہے گا کیونکہ پاکستان اپنے سے طاقت ور انڈیا سے کبھی بھی جموں کشمیر چھین نہ سکے گا۔

انڈیا بھی پاکستان کے آزاد کشمیر کو حاصل کرنا نہیں چاہتا کیونکہ ان دونوں کشمیر کا اتحاد

کشمیر کی علیحدگی اور خود مختیاری کی تحریک آزادی کو مضبوط کرکے گا جو وہ کبھی نہیں چاہتا۔ کشمیر کا مسئلہ نہ پاکستان نہ انڈیا اور نہ ہی سامراجی حکمران اور انکی داشتہ اقوام متحدہ حل کراسکتے ہیں اور نہ ہی کرانا چاہتے ہیں۔کیونکہ یہ تو مسئلہ کشمیر پر کمائی کر رہے ہیں۔جس کی بنیادی وجہ عالمی مالیاتی نظام کی کسی ایک بھی علاقائی اور قومی مسئلہ کو حل کرنے میں نااہلیت ہے۔

پاکستان اور انڈیا کی سرمایہ داری سامراج گماشتہ کمزور سرمایہ داری ہے جس میں اتنی صلاحیت اور سکت نہیں ہے کہ اپنے ملکوں یا کشمیر کا ایک بھی مسئلہ حل کرسکیں یا قومی جمہوری انقلاب کی تکمیل کرسکے اگر یہ60 ساٹھ سال سے زیادہ عرصے میں ماسوائے عوام کو دکھوں اور تکلیفوں کے کچھ نہیں دے سکے تو آئندہ بھی کچھ نہیں دے سکیں گئے بلکہ آنے والے بحران اس میں شدید اضافہ ہی کریں گئے۔جس سے کشمیر مزید جلے اور تڑپے گا۔بڑھتا طبقاتی تضاد اور سماجی ناہمواری ہی اصل میں ان دوملکوں کی تباہی کی مرکزی وجہ ہے جس میں بے روزگاری، غربت، بھوک، اور عوام کی بنیادی ضروریات سے محرومی ہے جبکہ حکمرانوں کے سرمایوں میں انتہائی اضافہ ہے۔منڈیوں کے کمزور ہونے اور منافعوں میں کمی کے رجحان نے طبقاتی استحصال کے ساتھ ساتھ قومی، لسانی،علاقائی، جنسی اور ہر طرح کے استحصال کو شدید بھیانک کر دیا ہے۔کشمیر کا قومی استحصال بھی طبقاتی استحصال کی ہی ایک کرب ناک اذیت ہے۔

کشمیری عوام کو اپنے حق خودارادیت کے لیے ان تمام مظلوم قومیتوں کے عوام سے ملکر طبقاتی لڑائی کرنا ہوگئ کیونکہ طبقاتی آزادی کے بغیر قومی آزادی ادھوری اور نامکمل ہے جو نئے دکھوں اور اذیتوں کے دروازے کھل دیتی ہے اس لیے اس قومی جدوجہد کو طبقاتی

جدوجہد کا اٹوٹ حصہ بناکر دونوں ممالک کے عوام جو آج پاکستان اور انڈین سرمایہ دارانہ ریاستوں کے ظلم واستحصال کا شکار ہیں کا ناگزیر حصہ بنے۔اور اس جدوجہد کو پورے انڈوپاک اور ایشیا کی مزدور تحریک سے منسلک کرکے ایک سوشلسٹ انقلاب کی جنگ لڑنا ہے جو پورے برصغر پاک وہند کو ایک رضا کارنہ سوشلسٹ فیڈریشن میں پیرو دے۔جس کے علاوہ اورکوئی حل اور راستہ موجود نہیں ہے۔ماسوئے بربادی اور ذلت کے۔

آج تک کشمیر کی آزادی میں جہاں پاکستان اور انڈیا کے حکمران ایک بڑی روکاوٹ ہیں وہاں کشمیر کی بنیاد پرست ، مفاد پرست، پاکستان یا انڈیا کی گماشتہ اورفرقہ وارانہ قیادتیں بھی شریک جرم ہیں جن سے مکمل چھٹکارہ حاصل کئے بغیر بھی کشمیر کی آزادی ممکن نہیں ہے۔آج کشمیر کی عوام کو اپنی قیادت خود کرنا ہوگئی اپنی انقلابی پارٹی بنا نا ہوگئی اپنی زندگی کے لیے خود لڑنا ہوگا عالمی دنیا کی عوام کے ساتھ ملکر آگے بڑھو کہ تاکہ جیت تمھارے قدموں میں ہو۔

پانچ فروری دو ہزار آٹھ

بلوچستان میں زلزلہ، آفت زدہ عوام اور بے کار حکمران

کشمیر کے بھیانک زلزلے کے بعد آج بلوچستان کے شمالی علاقہ جات کی عوام اس عذاب کی زد میں ہیں۔کوئٹہ میں چالیس منٹ کے وقفے سے دو جھٹکے آئے ۔پہلا جھٹکا ساڑھے چار بجے اور دوسرا جھٹکا سوا پانچ بجے آیا جسکی شدت ریکٹر سکیل پر چھ اعشاریہ دو تھی۔مئی1935 انیس سو پینتیس میں بھی کوئٹہ میں بہت تباہ کن زلرلہ آیا تھا جس میں ہزار افراد ہلاک ہوئے اور سینکڑوں عمارتیں زمیں بوس ہو گئی تھیں۔لیکن آج کے زلزلے میں سرکار کے مطابق160 ایک سو ساٹھ سے زائد افراد ہلاک ہو چکے ہیں اور سینکڑوں زخمی ہوئے ہیں لیکن اصل تعداد اس سے کہیں زیادہ ہوگئی جو بعد میں منظر عام پر آئے گئی۔زیارت کے تین سے زائد دیہات جن میں ورچوم، کواس اور کانڑ بھی شامل ہیں میں بے شمار گھر منہدم ہو چکے ہیں اور یہاں عوام بے گھر اور بے آسرا ہیں۔مقامی سرکار نے بڑی سنگ دلی کا مظاہر ہ کرتے ہوئے یہ اعلان کیا ہے کہا اپنی مدد آپ کے تحت لوگ یہاں کام کریں اور دوسرے قریبی لوگ انکی مدد کو آئیں دیکھاوئے کے لیے حکومت نے کچھ طبی عملے کو وہاں بھج دیا ہے۔،، شرم مگر تم کو نہیں آتی،،

بلوچستان کی عوام جو پہلے ہی پاکستانی ریاست کے شد ید ترین جبر اور استحصال کے شکار کی وجہ سے جانوروں سے بدتر زندگی گزارنے پر مجبور ہیں۔جن کے پاس رہنے کو گھر نہیں، پہنے

کو کپڑا نہیں اور اب کھانے کو آٹا اور رات کو روشی نہیں۔یہاں کے عوام تو پہلے ہی سرداروں کی اذیت اور ریاست کی بربریت میں زندگی گزار رہے ہیں۔وہ بھلا اپنی مدد آپ کے تحت کیا کریں گئے۔کم بخت سردی کا موسم بھی آچکا ہے ، ویسے تو غریب کے لیے ہر موسم ہی کسی عذاب سے کم نہیں ہوتا کیونکہ گرمیوں میں انکا جسم جھلتا ہے یا پھر پسینے سے شرابور ہوتا ہے توسردیوں میں ٹھنڈ سے ٹھٹھر تا ہے۔برستات انکے کچے گھروں کو بہا کرلے جاتی ہے اور موسم بہار ان کے سماجی مسائل کے زخموں پر نمک چھڑتا ہے،، کوئٹہ میں بھی اب زلزلے سے بچ جانے والے بے گھر لوگوں کی یہ سردی کشمیری عوام کی طرح جان لیوا ثابت ہوگئی۔اس بار تو شاید ہمارے حکمرانوں کے پاس اس ٹھٹھرتی، مرتی اور سکستی عوام کا تماشا دیکھنے کا وقت بھی نہیں ہے کیونکہ وہ آج کل بیرونی دوروں کے دورے میں مبتلا ہیں۔ کہیں کسی ایک ملک کا دور اقتدار کی عیاشی میں مس نہ ہو جائے۔ویسے بھی یہ بلوچستان کا چھوٹا سا زلزلہ شاید ان کی دلچسبی کا باعث بھی نہیں ہے کیونکہ اس زلزلے میں مرنے والے افراد کم ہیں۔اور ان کم لاشوں پر حکمران کوئی خاص دھندہ بھی نہیں کرسکتے جس طرح کشمیر کے زلزلے پر انہوں نے لاکھوں اور اربوں روپے مقامی اور عالمی برادری سے ہتھیائے تھے۔اور خوب عیاشی کی تھی۔اصل مسئلہ یہ ہے کہ سرمایہ داروں ، جاگیرداروں، وڈیروں، سرداروں، فوجی جرنیلوں کی حکمرانی قائم ہے اور انکی کمائیوں اور عیاشیوں میں اضافہ ہو رہا ہے اور انکی لوٹ کے کاروبار جاری ہیں اور یہ جاری رہیں ان سب کو صرف اس سے دلچسبی ہے اور بس۔

کشمیر آج بھی اس زلزلے کی تباہی اور حکمرانوں کی بے حسی کی اذیت ناک تصور بنا ہوا ہے۔ جب حکمرانوں نے کشمیر کا نام لے کر بے انتہا دولت حاصل کر کے وہاں کچھ نہیں کیا تو

بلوچستان کے اس زلزلے کی کیا سنوائی ہوگئی۔جبکہ ہم مطالبہ کرتے ہیں کہ اس زلزلے سے تمام متاثرہونے والے خاندانوں کے تمام گھر نئے تعمیر کے حکومت انکو فراہم کرئے۔اس کے علاوہ انکو زندگی شروع کرنے کے لیے کم از کم ایک ایک لاکھ روپے دیئے جائیں اور اس علاقے اور اسکے سماجی ڈھانچے کو از سر نو تعمیر کیا جائے۔لیکن سونے پر سہوگہ کہ ملا بھی آج دولت مندوں کی سستی لونڈی بنے ہیں۔ وہ ان تمام آفات کو خدا کی رضا کہہ کر مسئلہ سے دامن چھوڑنے کی کوشیش کرتے ہیں تاکہ حکمران عوام کی نفرت سے بچ جائیں۔مخالفین ملا اس زلزلے کو خدا کا قہر گردانتے ہیں یعنی ہر تنظیم اور فرقہ اس کو اپنے اپنے مفادات کے لیے بھر پور استعمال کرتا ہے۔لیکن مسئلہ یہ ہے کہ خدا کا ہر قہر اور عذاب صرف غریبوں کا ہی مقدر کیوں ہے ؟۔وہ تو پہلے ہی مسائل کے جہنم میں زندگی گراز رہے ہیں۔عوام کی یہ زندگی آج خود کسی عذاب سے کم نہیں۔۔۔۔

ہم اس تمام جھوٹے ، مفادپرست، اور عوام دشمن پراپیگنڈے کو مکمل مسترد کرتے ہیں۔ کیونکہ ان قدرتی آفات سے آج بڑی حد تک نجات پائی جا سکتی ہے۔دنیا میں ایسے جدید آلات ایجاد ہو چکے ہیں کہ جن کی مدد سے اب با آسانی معلوم کیا جاسکتا ہے کہ آئندہ60 ساٹھ گھنٹوں میں کہاں زلزلہ آئے گا اور اسکی شدت کیا ہوگئی۔اس کے استعمال سے آج زلزلوں کی بہت سے تباہ کاریوں سے بچا جاسکتا ہے۔یا کم از کم انسانی زندگیوں کو تو بچایا ہی جا سکتا ہے۔اس کے علاوہ آج ایک قومی پارلیمنٹ پر عوام کا آٹھ سو کڑور روپے کا کل خرچ آتا ہے یہ کس کام کا ہے؟ کیا یہ صرف حرام خوروں کی پیٹ پوجھا کے لیے ہے۔اس بجٹ کو کم کر کے عوامی مسائل کے حل میں استعمال کیا جا سکتا ہے۔پاکستان کے امیروں کے ملکی اور عالمی بینکوں میں اربوں روپے ہیں جو انہوں نے عوام کو لوٹ کر جمع کیے ہیں ان پر قبضہ

کر کے عوام کی بھلائی کے لیے اگر خرچ کیا جائے تو پاکستانی عوام بھی زندگی کو محسوس کرنے کے قابل ہو سکے گئی۔ہم قدرتی آفات پر ملا کا تمام حکمران گماشتہ جھوٹا پراپیگنڈہ رد کرتے ہیں۔ہمیں عوام کے خلاف ملا اور حکمران کے ہر حملے کا طبقاتی بنیادوں پر جرات سے مقابلہ کرنا ہو گا تاکہ قدرتی آفات سے زیادہ حکمرانوں کی اپنی پیدا کردہ آفات جن کو یہ قدرتی آفات سے منسلک کر دیتے ہیں ان قدرتی آفات کے ساتھ ساتھ بھوک ننگ، اور افلاس کی کرب ناک موت سے ہمشہ ہمشہ کے لیے نجات حاصل کر سکے۔۔۔

انا تیس اکتوبر2008

طلبہ یونینوں پر پابندی کے 24سال

پاکستان میں طلبہ یونینوں پر پابندی کے 24چوبیس سال مکمل ہو چکے ہیں اور اگر آئندہ سال بھی یہ پابندی عائد رہی تو پاکستان میں سٹوڈینس یونینز پر پابندی کی سلور جوبلی جمہوریت کے دور میں ہی مکمل ہو گئی۔

جنرل ضیا الحق نے9 نو فروری 1984 انیس سو چوراسی میں مارشل لاءضابطہ60 ساٹھ جاری کرکے طلبہ یونینوں پر پابندی عائد کی تھی۔ تاہم جنرل ضیا الحق کے نام نہاد مارشل ءکے خاتمے کے بعد محمد خان جونیجو پاکستان کے وزیراعظم بنے لیکن انکی حکومت میں بھی یہ طلبہ پر پابند ی جاری رہی اس کے بعد نواز شریف اور بے نظیر یہ دونوں دو مرتبہ وزیر اعظم بنے لیکن یہ پابندی مستقل عائد رہی۔ محترمہ بے نظیر بھٹو جب پہلی مرتبہ وزیزاعظم بنی تو انہوں نے بطور وزیر اعظم1989 انیس سو انانویں میں طلبہ یونینوں پرعائد پابندی اٹھانے کا اعلان کردیا مگر اس پر عمل نہ ہوا لیکن نواز شریف نے بحثیت وزیر اعلی پنجاب میں اپنے مقامی اور صوبائی مفادات کے لیے مسلم سٹوڈینس فیڈریشن کے طلبہ کو اسلحے سے مسلح کر کے اپنے سیاسی مفادات کے لیے اپنا دہشت گرد ونگ بنا یا اور پھر اپنے مخالفین کو ایم ایس ایف کے ذریعے سیاسی سماجی اور جسمانی طور پر کچلنے کے لیے استعمال کیا۔ جرائم پیشہ مفاد ات نکل جانے کے بعد مسلم سٹوڈینس فیڈریشن کے عہدے داران جو نواز شریف کی مراعات اور ناجائز حمائت

سے پنجاب کے بڑے بدمعاش اور غنڈے بن چکے تھے خود نواز شریف نے پولیس مقابلوں میں انہیں مروادیا گیا۔جس میں ارشد امین چوہدری ، عابد چوہدری ،جواد اور بہت سے دوسرے ایم ایس الف کے عہدے دار شامل ہیں جس کے بعد نواز شریف نے کبھی بھی طلبہ تنظیموں کی آزادی کا نام تک نہیں لیااس سیاسی مفاد پرستی کے لیے نواز حکومت نے پنجاب میں توایک بار طلبہ یونینوں کے انتخابات کرادیے تھے۔لیکن اسی دور میں ہی بلوچستان کے علاوہ جہاں سرحد اور سندھ میں پیپلزپارٹی کی حکومت تھی یہ طلبہ الیکشن نہیں ہوئے۔

اس کے بعد جب نواز شریف دو مرتبہ وزیزاعظم بنا، تو نہ ہی اس نے طلبہ یونینوں پر پابندی اٹھانے اور نہ ہی انکے الیکشن کا ذکر تک کیا۔نواز شریف حکومت کا مشرف کی فوجی بغاوت نے خاتمہ کردیا اور نواز شریف پر بداعنوانی اور ملکی مفادات کے خلاف اقدامات کرنے کا الزام لگایا اور نواز شریف نے سزا سے بچنے کے لیے مشرف آمریت سے ایک تحریری معاہدہ کیا اور ملک سے بھاگ گیا جس سے اس پر لگائے الزامات سچ ثابت ہونے لگے اور چند مفاد پرستوں نے اسی زمرے میں مشرف آمریت کی حمائت بھی کی۔پھر مشرف آمریت نے آزادی، جمہوریت اور امن قائم کرنے کا واویلاشروع کردیا۔اس نے بھی عوام اور مزدوروں کے خلاف حسب روایت ملائیت اور ایم کیو ایم کی فاشیشٹ تنظیموں کو اپنے ساتھ ملایااور پاکستان کے چھٹے بدمعاشوں اور جہلوں کے ٹولے سے کنگ پارٹی بناکر پاکستان میں جمہوریت کا ایک اور بابا آدم بن گیا جس پر مشرف نے اپنی آمریت کی عمارت تعمیر کی اور امریکہ کی سر پرستی میں استحصالی نظام کو قائم رکھا۔

جمہوریت اور اعتدال پسند کے بلند بانگ دعوائے کئے لیکن اس آمریت کے نئے بابائے آدم نے بھی شعوری طور پر نوجوانوں کے باشعور حصے طلبہ کو مکمل نظر انداز کیااور طلبہ حقوق پر

پابندی عائد رہی۔ مشرف نے اپنی آمریت کو جمہوری جواز دینے کے لیے نام نہاد جعلی قومی اور صوبائی الیکشن کرائے جس میں اس نے وفاقی حکومت کے ساتھ ساتھ سندھ بلوچستان میں اپنی بغل بچہ کنگ پارٹی ق لیگ کی حکومتیں بنائیں۔ جبکہ سندھ میں اپنی آمریت کی شریک جرم ایم ایم اے کو حکومت بنانے کی دعوت دی لیکن پانچ سال تک جمہوریت کے نام پر حکومت کرنے کے باوجود کسی نے بھی کہیں بھی طلبہ کے جمہوری حقوق بحال نہیں کیے۔ اس کی بنیادی وجہ یہ ہے کہ پاکستان میں خستہ حال سامراجی ایجنٹ سرمایہ داری اور جاگیر داری میں آج بھی کوئی ایک ریاستی ادارہ ماسوائے فوج کے آزاد اور خود مختار نہیں ہے اس لیے پاکستان میں کوئی سیاسی ادارہ یا پارٹی نہ تو تعمیر ہوسکا اور نہ ہی اسکی تربیت اور نشو نما ہوئی اور60 ساٹھ سال گزر جانے کے باوجود بھی اس تمام عرصہ میں پاکستان یا تو براہ راست آمریت یا بل واسطہ نیم آمریت کے شکنجوں میں جکڑا رہا۔ ہر حکومت نے شعوری طور پر نوجوانوں اور طلبہ کے حقوق پر پابندی اس لیے عائد رکھی کہ یہ وہ واحد عوامی طاقت ہے جو سماج کے اندر ہونے استحصال کا سب سے پہلے اظہار کرتا ہے گرم خون اور جرات کا مالک ہوتا ہے اور ہر ظلم کے خلاف لڑنے کی طاقت اور عزم رکھتا ہے اور یہی نوجوان بے خوف سب سے پہلے میدان عمل میں اترتا ہے جس سے سماج کا ظلم ننگا ہوکر سر بازار آجاتا ہے ظلم کے خلاف عوامی نفرت دلوں سے نکل کر زدزبان ہو جاتی ہے جو عوامی جسموں کی بکھر ہوئی طاقت کو اکھٹا کرتی ہے طبقاتی جڑت اور اتحاد کو جنم دیتی ہے جو سوشلسٹ انقلاب کی بنیاد اور استحصال کا خاتمہ ہے جو حکمرانوں انکی ریاست اور نظام کے انت کا نام ہے اور یہ بھلا ایسا کب چاہیں گئے۔ اس لیے انہوں نے ہر دور میں سب سے زیادہ نوجوانوں پر ظلم رہ رکھے بے روزگاری سے، طبقاتی نظام تعلیم سے، چائلڈ لیبر سے ، ہر روز بڑھتے تعلیمی اخراجات سے،

تعلیم کے بعد بے روزگاری یا پھر اسکے خوف سے ، غربت سے، تفریح اور کھیلوں کے مواقع ختم کرنے سے، انکی سہولتوں میں کٹوتیوں سے، لڑکی اور لڑکے کے درمیان جعلی مقدس جنسی تضاد سے، ملائیت کے جنون سے، اور سرمایے کے غلبے سے جس کے بوجھ تلے آج پاکستان کا نوجوان تباہ حال مر رہا ہے۔

لینن نے کہا تھا کہ جس کے پاس نوجوان ہیں مستقبل اسکا ہے۔ٹراٹسکی نے مزید کہا تھا کہ نوجوان کسی بھی معاشرے میں درختوں پر لگے وہ بلند ترین پتے ہیں جو آندھیوں اور طوفانوں کے آنے سے پہلے انکا پتہ دیتے ہیں اور ان میں سب سے پہلے ارتعاش پیدا ہوتا ہے اور اسی انقلاب کے ارتعاش کو رکنے کے لیے پاکستان کے سرمایہ دار جاگیر دار اور فوجی حکمرانوں نے سب سے زیادہ ظلم محنت کش طبقے کے نوجوانوں پر روا رکھا لیکن اس تمام جبر کے باوجود نوجوان ہی ہر قوم کی امید اور مستقبل ہوتے ہیں اسی طرح پاکستان کے نوجوان بھی عوام پر ہونے والے طبقاتی استحصال کی ایک روشن امید ہیں۔ آج پھر جب پاکستان کا مستقبل ان کے حکمرانوں نے اندھیر کھائیوں میں دفن کر دیا تو نوجوان اپنی طاقت کو سمٹ رہے ہیں اور اسکا اظہار کرنے لگے ہیں انہوں نے پہلے بے روزگار نوجوان تحریک یعنی بی این ٹی بنائی اور اب پروگریسو سٹوڈنیس ایکشن کمٹی کی بنیاد رکھی ہے یہ نوجوانوں کی طبقاتی تحریک چاروں صوبے کے علاوہ کشمیر تک میں پھیل چکی ہے اور مضبوط ہو رہی ہے۔اور حال ہی میں آزاد کشمیر میں ایک بڑی اور کامیاب ترین یوتھ کانفرنس بھی منقعد ہوئی۔جنکا پہلا اور بنیادی نعرہ ہے روزگار دو یا چار ہزار دو۔ طلبہ یونینوں پر پابندی فوری ختم کرو۔جو نوجوانوں کی سیاسی اور سماجی تربیت کا پہلا اورابتدئی ادرہ ہے۔اور انکے اتحاد اور حقوق کے دفاع کی جدوجہد کا ذریع، طبقاتی نظام تعلیم کا مکمل اور فوری خاتمہ، تعلیم کے بعد روزگار کی مکمل ضمانت، تنخواہ کم از کم

ایک تولہ سونے کے برابر کی جائے اور اس معیار کو قائم رکھا جائے، چائلڈ لیبر کا مکمل اور فوری خاتمہ، تعلیم ہر ایک کے لیے تمام سطحوں تک مفت اور عام کی جائے اور تعلیمی نظام کو جدید اصولوں پر استوار کیا جائے، عوام کی بنیادی ضرورتیں جس میں صحت، لوکل ٹرانسپورٹ، پانی ہے مفت مہیا کیا جائے اس کے علاوہ روٹی کپڑااور مکان ہر ایک کو دینا حکومت کی مکمل ذمہ داری ہو، ووٹر کی عمر سولہ سال مقرر کی جائے، یہ وہ انقلابی پروگرام ہیں جن کی جدوجہد کے لیے یہ بائیں بازو کے سوشلسٹ نوجوان منظم ہوکر تحریک چلارہے ہیں جس کے لیے وہ جلسے جلوس۔ دستخطوں کی مہم۔ مختلف علاقوں اور کالجوں ویونیورسٹیوں کے باہر کیمپ لگاتے ہیں۔ پوسٹر، لیف لیٹ، اور تحریک کا مواد شائع کرکے نوجوانوں کے ساتھ ساتھ مزدوروں کو بھی اپنی حمائت میں متحریک کررہے ہیں ۔کیونکہ یہ سمجھتے ہیں کہ پاکستان کے محنت کشوں اور نوجوانوں کے مسائل الگ نہیں ہیں بلکہ یہ طبقاتی مسائل ہیں جو انقلابی جدوجہد سے ہی حل ہوسکتے ہیں جو عالمی مزدور تحریک میں پیوست ہوں۔یہ نوجوانوں کی تحریک بے شک ابھی اپنے ابتدائی مراحل میں ہے لیکن یہی آنے والے وقتوں میں پاکستانی نوجوان کا ایک بڑا سونامی بنے گئی۔جو موجودہ نظام اور اسکے ہر ظلم و استحصال کو بہالے جائے گئی۔اور ایک سرخ سویرے کی بنیاد رکھے گئی۔سچے جذبوں کی قسم آخیری جیت عوام ہے۔

آٹھائیس فروری دو ہزار آٹھ

بلوچستان، وحشی سرداروں نے لڑکیوں کو زندہ درگور کردیا

بلوچستان کے شہر نصیر آباد میں پانچ لڑکیوں کو صرف اس بنیاد پر زندہ دفن کر دیا گیا ہے کہ انہوں نے اپنی شادی کی خواہش بڑی دیانتداری سے ظاہر کی تھی جس پر ان کے والد نے کہا کہ وہ یہ علاقہ چھوڑ کر کہیں اور بھاگ جائیں کیونکہ اب انکو مار دیا جائے گا لیکن سردار وڈیروں نے انکوبھاگنے بھی نہیں دیا اور اس انسانی فطری جذبے کے اظہار کی ایسی عبرت ناک سزا دی کہ جس سے تمام انسانیت لرز اٹھی ہے۔اس واقعہ سے بقیہ تمام بلوچ لڑکیوں اور عورتوں کے ذہنوں اور دلوں میں خوف وہراس اور ودہشت بیٹھائی گئی ہے انکو اس زندہ درگوی سے یہ باور کرایا گیا ہے کہ تم انسان نہیں بلکہ حیوان ہو تمھارے فیصلہ تمھیں نہیں بلکہ صرف اور صرف ہم سرداروں اور مردوں کو ہر فیصلہ کرنے کا ابدی حق ہے۔

اب جب یہ درندگی سر بازار آگئی ہے تو اس پر پردہ ڈالنے اور چھپانے کی مکمل کوشش کی جارہی ہے جس میں بلوچ پولیس ، ریاست اور حکمران مشترکہ طور پر شامل ہیں اور اب یہ کہا جانے لگا ہے کہ ان لڑکیوں کو زندہ دفن نہیں کیا گیا بلکہ ان کو گولی سے مار کر پھر دفن کیا گیا ہے۔لیکن یہ حقیقت نہیں اور اگر اس کو بھی حقیقت مان لیا جائے تو یہ پھر بھی درندگی ہی رہے گئی۔اس سے ثابت ہوتا ہے کہ آج اکیسویں صدی کے جدید ترین دور میں بھی پاکستانی عورت کو اکیس سو سال کے قبل کے دوربربریت میں زندہ رہنے پر موجودہ نظام اور

اس کے حکمرانوں نے مجبور کر رکھا ہے۔جب عورت کو زندہ جلا دیا جاتا تھا یا پھر زندہ در گو کر دیا جاتا تھا۔دور بربریت میں تو یہ جہالت اور پسماندگی کی وحشت تھی لیکن آج اس وحشت کی بھیانک درندگی کو امریکہ اور انگلستان کے اعلی تعلیم یافتہ پاکستان کے سردار، جاگیر دار، وڈیرے ، سرمایہ دار اور فوجی جرنیل ہیں جو اپنی حکمرانی اور مالی مفادات کے لیے اپنے اپنے علاقوں میں اس ہولناک بربریت کو قائم رکھے ہوئے ہیں۔پاکستانی ریاست کے مقتدراعلی ادارے سنیٹ، بلوچستان کے ممبر سنیٹر اسرار اللہ زہری نے نصیر آباد بلوچستان میں اس انسانیت سوز واقعہ کو بلوچستان کے قبائل کی روایات قرار دے کر اس حیوانیت کو جائز قرا دیا ۔اور ان معصوم پانچ لڑکیوں سے جانوارانہ سلوک کو قبائل کا اپنے اقدار کی پاسداری گردانا ہے یہ ایک ظلم اور قتل کے بعد اس کا بڑی بے حسی سے گھٹیا دفاع ہے جس کی آج کسی بھی مہذیب معاشرے میں کسی بھی طرح سے معافی نہیں ہے اور کسی بھی ظلم اور زیادتی کے لیے کوئی بھی جواز اور دلیل قابل قبول نہیں ہے۔

اگر یہ قبائل کی روایات ہیں تو یہ غلط اور ظلمانہ ہیں ان کو مکمل طور پر مسترد کرنا ہے اس میں ملوث تمام افراد کو قرار واقعی کی سزا دینا ہوگئ جو کم از کم عمر قید کی ہو پھر تمام ملک میں ایسی رسموں وراجوں کے خلاف جارحانہ ایکشن کرکے ان کو فوار ختم کرنا ہو گا کیونکہ صر ف ایک یہی نہیں بلکہ کاروکاری ، جائیدا کے تحفظ کے لیے جوان لڑکیوں کی قران سے شادی کرنا جس طرح پارلیمنٹری قائد مخدوم امین فہیم نے بھی اپنی بہنوں کی شادیاں قرآن سے کر رکھی ہیں کی مکمل ممانعت ہونی چاہیے اور حدود آرڈینس اور قصاص ودیت کے کالے قوانین بھی آج عورتوں کے سروں پر لٹکتی ننگی تلوار ہے۔انکا بھی جلد از جلد مکمل خاتمہ ہونا ضروری ہے۔پاکستان کے موجودہ وزیر اعظم یوسف رضا گیلانی اور پیپلزپارٹی کے شریک

چیرمین آصف زداری نے بھی بلوچستان کے سرداروں کی اس کھلی درندگی پر زبان کو تالہ لگا رکھا ہے اور اس کی کوئی مذمت اور اس کے خلاف کوئی سخت ایکش لینے کی بات تک نہیں کی جس سے ثابت ہوتا ہے کہ یہ بھی اس جرم میں برابر کے شریک ہیں۔ملا اور اسلامی جماعتیں جو زیادہ حرامی جماعتیں ہیں اس ظلم پر خاموش تماشائی ہیں۔اس واقعہ پر انکی خاموشی سے انکا مذہب پر دھندہ اور مذہبی منافقت اور سفاکیت واضح ہوجاتی ہے۔

پاکستان کا نام اسلامی جمہوریہ پاکستان ہے لیکن اس کی روایات ، اقدار ، قانون سب ہی غیر اسلامی ہیں جو سرداری ازم ، وڈیرازم،سرمایہ دارانہ اور جاگیردانہ ظلم وجبر اور استحصال پر قائم ہیں۔عورتوں کو زندہ جلانے یا دفن کرنے کی روایات تو حضرت عیسا سے بھی پہلے کی ہیں جب یورپ میں عورتوں کو زندہ جلایا جاتا تھا حضرت عیسا بھی ان غیر انسانی روایات سے لڑے تھے اور حضرت محمد نے بھی ایسی ہی عرب روایات کے خلاف علم بغاوت بلند کیا تھا جس کے تحت عرب لڑکیوں کو پیدا ہوتے ہی مار ڈالتے تھے۔اور اسلام میں اس کی کسی حوالے سے بھی اجازت نہیں ہے بلکہ اس کے خلاف لڑنے کی ضرورت پر زور دیا گیا ہے۔پاکستان جبکہ دنیا میں وہ واحد مملکت خداداد ہے جو اسلام کے نام پر آزاد ہوا اور دوسرا ملک اسرائیل ہے جس کو امریکہ اور یورپ نے یہودیوں کے لیے بنایا ہے۔اور تیسرا سعودی عرب ہے۔دنیا میں یہ تین واحد بنیاد پرست ریارستیں ہیں جن کا وجود مذہب کی بنیاد پرسامراج نے خود ترتیب دیا۔لیکن وہ تمام اسلام کے دعوے دار اور ٹھیکے دار کہاں ہیں جن کو بلوچستان میں پانچ عورتوں کی زندہ درگوری نظر نہیں آئی ان سب کو آج سانپ کیوں سونگ گیا ہے؟ یہ نہ تو مسلمان ہیں اور نہ ہی انکا مذہب اسلام ہے اور نہ ہی یہ انسان ہیں۔یہ تو بیوپاری ہیں سوداگر ہیں جو صرف دھندہ کرنا جانتے ہیں اسلام کا ہو یا کسی بھی مذہب کا ہو یا پھر عورتوں

کی عزت کا ہوں یا انسانوں کے خون کا ہو انکو صرف اور صرف مطلب ہے اپنے سرمایہ سے اپنے منافعوں سے اپنی استحصالی حکمرانی ، نجی ملکیتوں اور اپنی عیاشیوں سے یہی انکا مذہب ہے اور یہی انکا دھرم ہے۔

اسی کے مد نظر تو ساحر لودھیانوی نے بہت پہلے ہی لکھ دیا تھا کہ ،

ثنا خواہ تقدیس مشرق کہاں ہیں۔ بلاو خدایان دین کو بلاو۔ یہ کوچے یہ گلیاں یہ منظر دیکھاو۔

موجودہ نظام اور انکے حکمرانوں اور ملا کا جولی دامن کا ساتھ ہے کیونکہ یہ تمام ایک دوسرے کے جرائم کو تحفظ دیتے اور دفاع کرتے ہیں اور یہی ایک دوسرے کے جرائم کا جواز بھی ہیں ۔کیونکہ آج کے ترقی یافتہ دور میں جب مریخ پر زندگی کے آثار نمایاں ہو رہے ہیں۔ جب آج دنیا کی ہر جنگ کو میڈیا کسی ایک ہولی وڈ کی فلم کی طرح براست پیش کررہا ہوتا ہے۔ انٹرنیٹ اور کمپیوٹر کا دور دوراہ ہے جس نے آج دنیا میں ایک الیکٹرونکس کا انقلاب برپا کردیا ہے اور تمام دنیا کو ایک نہ ٹوٹنے والی لڑی میں مضبوطی سے پرو دیا ہے جس کے بغیر آج کی جدید دنیا کا تصور بھی ممکن نہیں رہا۔ موبائل فون ، ایس ایم ایس اور ای میل نے آج جب انسانوں میں دورریوں کو حیرت انگز طور پر ختم کردیا ہے۔ اس عالمی صورتحال میں پاکستان اور غریب ممالک میں پسماندگی جہالت کو صرف اور صرف ظلم اور خون پر ہی قائم رکھا جاسکتا ہے اور رکھا جارہا ہے اور ایسے واقعات اس کی جیتی جاگتی تصویر ہیں جس وجہ سے آج بھی پاکستان اور اس کے بے شمار علاقے تاریخ کے پسماندہ تریں وحشی اور درندگی کے دور میں زندہ ہیں۔ اس لیے کہ باغی اور بغاوت کرنے والوں کو طاقت سے کچل دیا جاتا ہے علاقائی حکمران ہوں یا ریاستی حکمران یا پھر تمام ریاست ہو یہ ایک ہی نظام کو قائم رکھے ہوئے ہیں

اور اسی کے نگہبان اور محافظ ہیں۔جس میں عورت ہونا ایک جرم ہے ایک اذیت اور ایک دکھ بن گیا ہے۔نہ صرف عورت ہونا بلکہ غریب ہونا بھی محنت کش ہونا بھی اور عوام ہونا بھی۔کیونکہ عوام کو، امیر، کارخانے دار، سردار، جاگیر دار، اور حکمران بے زبان کام کرنے والے غلاموں سے زیادہ کوئی اہمیت نہیں دیتے۔آج عورت کی آزدی اور اس کا برباد حال عزت کا ذمہ دار موجودہ نظام ہے۔اس لیے آج عورتوں کے حقوق کی جنگ بھی طبقاتی لڑائی کا اٹوٹ حصہ ہے اور موجودہ سرمایہ داری کی ایک عوامی راج میں تبدیلی کے بغیر عورتوں، مظلوم قوموں اور محروم طبقات کی کوئی نجات ممکن نہیں ہے۔

چاراگست دو ہزار آٹھ

سوات ، کم سن لڑکی کو کوڑے۔بنیاد پرستی کی درندگی

سوات میں حالیہ بنیاد پرستوں کا ایک نابالغ معصوم بچی کو سر عام بڑی بے دردی اور سنگدلی سے20 بیس کوڑے مارنے کو کسی بھی انسانی حوالے سے دفاع نہیں کیا جاسکتا جس کی جماعت اسلامی سمیت تمام ملا کسی نہ کسی انداز میں اور ڈھکی چھپی حمائت کر رہے ہیں۔اس سوات کے دردناک واقع کو کسی بھی حوالے سے صحیح کہنا یا اس کے حق میں کوئی ایک جواز بھی قابل قبول نہیں ہے۔یہ ایک قابل نفرت ، غیر انسانی اور وحشت ناک امر ہے جو یقینا دور بربریت کی درندگی کی یاد تازہ کرتی ہے جب عورتوں کو زندہ در گو کیا جاتا تھا یا پھر ہندو ازم میں ستی کی رسم و رواج بھی اسی کی ایک بھیانک شکل ہے۔یہ مردانہ حاکمیت کے سماج کو آج کے ترقی یافتہ دور میں خوفناک ظلم وجبر سے قائم رکھنے کی گھناونی کوشیش ہیں۔

عورت کی چادر ، چار دیواری کی سوچ صرف مرد کی عیاشی یا پھر خاندان کی بلا معاوضہ نوکرانی کے کردار تک محدود و محصور کرنے اور مرد کی کم تر غلام رکھنے کی جہد ہے۔یہ عورتوں کو انسان کے درجے سے گھٹا کر اسے جانوروں کی صف میں شامل کرنا ہے عورت کی تمام اعلی اور بلند انسانی صفات اور تخلیقی صلاحیتوں سے انکاری اور معاشرے میں ایک تعمیری اور مثبت کردار کو ختم کر کے دور جہالت میں زندہ رکھنے کی سازش ہے۔جس کے خلاف صرف اور صرف جنگ ہونی چاہیے کیونکہ یہ جاہل ملائیت سخت سے سخت سزا کے مستحق ہیں

اور کسی بھی طرح معافی کے لائق نہیں ہیں۔ایسے افراد چاہے وہ کسی بھی مذہب یا کسی بھی فرقے سے ہوں ان کے لیے معافی کی کوئی گنجائش نہیں ہونی ہے۔ یہ انسان اور سماج دشمن ہیں۔یہ بے حس بنیاد پرست انسانی شکل میں جنگلی بھیڑے اور درندے ہیں جو ہر انسانی قدر اور احساس سے بالا اور نا واقف ہیں یہ موت اور وحشت کے بیوپاری ہیں۔جو کسی اندھی جنت کے خواب میں اس انسانی دنیا کو جہنم بنا رہے ہیں۔اور جب سے انہوں نے وادی سوات پر قبضے کے بعد بنیاد پرستی کو رائج کیا تب سے نہ صرف وہاں کی پرامن پر سکون عوام کی زندگیاں تکلیف دہ ہوگئی ہیں بلکہ مقامی اور عالمی سطح پر ملائیت کی بھیانک وحشت بھی زیادہ انسانیت سوز ہو کر سامنے آئی ہے۔

وادی سوات جو کبھی ایک خوبصورت جنت ہوا کرتی تھی یہ ملاں اس کو اجاڑ کر جہنم میں تبدیل کر رہے ہیں۔ یہ مرنے کے بعد کس جنت کی بات کرتے ہیں جو اس اس زمین پر انسانی زندگی کی نعمت کو برباد کرکے جہنم بنا رہے ہیں۔ یہ جنتوں پر نہیں بلکہ جہنموں پر یقین رکھنے والے جہنمی پاپی ہیں۔یہ اپنے سیاہ اور اندھیر مقدروں کے ساتھ تمام عوام کو سیاہ اور اندھی کھائیوں میں دھکیل رہے ہیں۔ یہ اسلام کی خدمت نہیں بلکہ اس کی ذلت اور رسوائی کا باعث ہیں مقامی اور عالمی سطح پر۔

غیر مسلم جو شاید پہلے اسلام اور مسلمانوں کے ساتھ ہمدردی اور محبت کا جذبے رکھتے تھے وہ بھی اب اس ملاوں کے اسلام کے خلاف ہو رہے ہیں۔ان ملاوں نے ہی اسلام اور مسلموں کو غیر تہذیب یافتہ، پسماندہ، وحشی ، اور درندہ صفت بنا کر عالمی عوام کے سامنے پیش کیا ہے اس کے باوجود کے مسلموں کی اکثریتی آبادی نہ ایسی ہے اور نہ ہی ایسا چاہتی ہے بلکہ وہ تو خود اس ملائیت سے تنگ ہیں۔

یہ بنیاد پرستی امریکی سامراج کی عوام دشمن پالیسیوں کی تکمیل کر رہے ہیں اس کے تہذیبوں کے تصادم کے خونی خنجر سے محنت کش عوام کی طبقاتی جدوجہد کو کاٹ رہے ہیں جس سے ظلم مضبوط ہو کر بڑھ رہا ہے جبکہ انصاف اور عدل نا پید ہو گیا ہے۔ یہ بلا واسطہ یا بل واسطہ استحصالی حکمرانوں کے ساتھ ہیں اور انکی حکمرانی کو استحکام دے رہے ہیں۔ جبکہ کہ دوسری طرف پاکستان کے موجودہ حکمران اپنی حکمرانی کے نشے میں بدمست لوٹ مار کر رہے ہیں انہیں عوام اور انکے مسائل سے کوئی دلچسپی نہیں ہے اس غیر انسانی واقعہ پر بھی عوامی دباو کی تحت ان کی اخباری بیان بازی اپنے عمل اور در عمل سے عاری ہے۔ان کو صرف اپنی حکمرانی اور لوٹ گھسوٹ سے مطلب ہے۔اسی لیے تو انہوں نے ان بنیاد پرستوں سے جھوٹا اور جعل ساز معاہدہ کیا ہے جس کا نام انہوں نے امن معاہدہ رکھا ہوا ہے یہ امن معاہدہ نہیں بلکہ بدامن معاہدہ ہے جس سے ملا اپنی ان غیر انسانی کرتوں کی وجہ سے عوام کی توجہ اپنی طرف لگائیں رکھیں اور عوام اپنے اصل معاشی اور سماجی مسائل کی طرف توجہ نہ کریں اور ان مسائل کی اذیت کو برداشت کرتے رہیں تاکہ حکمرانوں کی عیاشیاں قائم و دائم رہیں۔

لیکن اب بنیاد پرستوں کی اس درندگی کے خلاف پاکستانی عوام کے احتجاج اور مذاحمت کے بعد ملائیت کو خطرہ محسوس ہونے لگا ہے جس وجہ سے انہوں نے اس واقعہ اور اسکی ویڈیو کو جھوٹا قرار دے دیا ہے۔اور حکومت نے بڑی آسانی سے اس پر مہر ثبت کر دی ہے۔اس لڑکی کو دہشت زدہ اور ڈرایا دھمکایا گیا ہے جس سے اس نے عدالت میں حاضر ہونے سے انکار بھی کر دیا ہے۔ جس سے صاف نظر آتا ہے کہ ملا اور حکومت کس طرح آپس میں ملے ہوئے ہیں اور انکے مشترک مفادات ہیں۔

اگر کوئی شخص گھر میں کسی قسم کا بجلی، پانی گیس یا کوئی اور کام کرنے آتا ہے تو اس میں

گھریوں خواتین کا کیا جرم ہے اور اس میں کیا حرج ہے۔پاکستان میں آج جو خواتین اکیلی رہ رہی ہیں ان کے شوہر وفات پا گئے ہیں کیا ان خواتین کو ازندہ رہنے کا کوئی حق نہیں اور اگر سوات میں اس لڑکی کے گھر کوئی کام کرنے والا آگیا اور کام کر کے چلا گیا تو اس کا کیا یہ مطلب ہے کہ یہ لڑکی سے کوئی ناجائز تعلقات رکھتا ہے(اور ویسے بھی یہ جاہل ملا کون ہوتا ہے کسی تعلق کو جائز یا ناجائز کہنے اور بنائے والا)، پھراس قیاس پر اس لڑکی کو بیس کوڑے مارے جائیں اور پھر ان دونوں کی زبردستی شادی کی جائے اور اکھٹے نہ رہنے پر موت کی دھمکی دی جائے۔یہ خوف وہراس پھیلانے اورنوجوانوں کو خوف زدہ کر کے پسماندہ رکھنے کا حربہ ہے یہ جنسات کو خدا بنانے یا اسے بھڑکتا ہے۔اس طرح سے جنسیات کے متعلق خوف پیدا کیا جاتا ہے جس سے غلط کاریاں اور جنسی بیماریاں پیدا ہوتی اور بڑھتی ہیں اور تمام معاشرے بیمار ہو تا چلا جاتا ہے جسمانی اور ذہنی طور پر مفلوج ہو کر رہ جاتا ہے۔

جنسات کو جرم قرار دینا یا ایسی باتیں کرنا یا اس کے خلاف اصول بنانا جنسیات یا اسکی ہوس میں اضافہ کرتے ہیں۔جنسیات کی انتہائی محرومی غیر انسانی جذبات بڑھاتے ہیں جس سے عام انسانوں میں بھی اس جنسی خواہشن کی تسکین کے لیے حیوانی صفات بیدار ہوتی ہیں۔جو انسانی قدرتی اور فطرتی اظہار کو مار دیتے ہیں۔اس لیے پسماندہ ممالک میں مرد عورتوں کے رشتے ناطے اور تعلقات زیادہ تر انسانیت سوز ہیں جن کا عام اظہار روز مرہ نہایت نازیبا اور جنسی لچر زبان استعمال کرنے سے ہوتا ہے۔جماعت اسلامی اور دوسری مذہبی جماعتوں کے امیروں یا لیڈروں کی اولادیں جن میں لڑکیاں بھی ہیں امریکہ اور یورپ میں زیر تعلیم ہیں۔وہ یہاں نیم برہنا لباس پہنتے ہیں یا پھر کیا کچھ نہیں کرتے یا کرتیں ہیں یہ سب کو معلوم ہے ہم اس پر بحث نہیں کرنا چاہتے کیونکہ یہ کسی کا ذاتی معمالہ ہے جس میں ہر ایک کو مکمل آزادی

ہونی چاہیے اور یہی اصول سب پر بھی عائد ہو نا چاہیے۔

لیکن سوات کے ملاوں نے یہاں لڑکیوں کی تعلیم اور انکے شناختی کارڈ بنانے پر پابندی عائد کردی ہے ہر عورت اور بچی کے لیے پردہ لازمی قراد دے دیا ہے۔عورت کو آج یہاں آدھا تصور کیا جاتا ہے اس کو انسان ہونے کا کوئی حق حاصل نہیں ہے مرد ہی انکے سب کچھ ہیں ۔یہاں تک کہ خدا ہیں جنکی مرضی کے بغیر یہ کچھ نہیں کر سکتیں اور اگر کریں گئیں تو سنگسار یا کوڑوں کی سخت ترین سزائیں ہیں۔جماعت اسلامی سمیت تمام ملا اور آئی ایس آئی بھی اس کی پشت پناہی کرتے ہیں۔جبکہ انہوں نے کبھی اپنے گریبانوں میں جھانکنے کی تکلیف گواہ نہیں کی جہاں جرم اور گناہوں کی آماجگاہیں ہیں۔انکے قول وفعل میں کتنا بڑا تضاد ہے۔ انکی اور انکے بچوں کی پر عیاش زندگیاں جن کا کوئی ذکر تک نہیں کرتا۔انکا اسلام صرف اور صرف غریب عوام کے لیے ہی ہے اور انہی پر چلتا ہے۔جنکی زندگیاں پہلے ہی موجودہ نظام میں کسی اذیتی عذاب سے کم نہیں ہیں اور پھر اسلام کی تمام سختیاں بھی انہی کے لیے ہیں اور آخیر میں یہی دوزخ کے مستحق بھی ہیں۔یہ ہے ملائیت اور انکا اسلام۔

بھوکے پیٹ کوئی عبادت نہیں ہوتی یہ بھی اسلام میں ہی ہے۔علم حاصل کرو چاہیے چین جانا پڑے۔خدانے انسان کو اس لیے بنایا کہ وہ کائنات کو تسخیر کرے۔انسان کو شعور سے نواز تاکہ وہ اچھے اور برئے کی تمیز کوسکے یہ سب اسلام میں ہے لیکن کوئی ملا اسکی بات نہیں کرتا کیونکہ اس سے اسکی دوکان اور مفادات کو خطرہ ہے۔بنیاد پرستی اور ملائیت کے لیے کسی بھی ملک میں جہالت، پسماندگی، ظلم وجبر ، غربت افلاس ، استحصال، محرومی، وسیع طبقاتی خلیج، سماجی ناہمواری، کھنڈرات اور اجاڑ اہونا ضروری اور لازمی ہے جس کے بغیر بنیاد پرستی کا وجود ممکن نہیں ہے اس لیے کہ آج کے جدید یا تہذیب یافتہ دور میں بنیاد پرستی

زندہ نہیں رہ سکتی ہے جسے وجہ سے یہ آج جبر اور بربادی سے قائم ہے۔

قبائل میں سرمایہ داری کے تحت بالکل ترقی نہیں ہوئی اور نہ مستقبل میں کوئی ترقی ہوگئی بلکہ موجودہ بحران اس میں مزید پسماندگی اور تباہی مچا رہے ہیں جس سے بنیاد پرستی کو یہاں مضبوط ہونے کا موقع میسر آیا اور اب وہ سرمایہ داری نظام کے تحت ترقی نہ کرنے کی صلاحیت سے فائدہ اٹھا کر مزید مضبوط ہو کر اپنے بھیانک خونی پنجے ہر طرف گڑھ رہی ہے اور موجودہ عالمی مالیاتی نظام جوں جوں پاکستان اور دوسرے ممالک میں تباہی اور بربادی پھیلائے گا توں توں انقلابی قوتوں کی عدم موجودگی میں تاریخ کی مسترد شدہ رد انقلابی قوتیں آگے بڑھیں گئ جو پاکستان اور دنیا کو مزید برباد کر دیں گئیں۔

بنیاد پرستی اور ملائیت کی درندگی کے خلاف جنگ کے لیے لازمی ہے کہ پاکستان اور عالمی دنیا میں انقلابی قوتوں کو مضبوط کیا جائے۔تاکہ ایک مزدور انقلاب سے سرمایہ داری کو مکمل طور پر اکھاڑ پھینکا جائے جو بنیاد پرستی کی وحشت کے لیے راہ ہموار کر رہا ہے۔۔

پاکستان کے آج یہ معروف نعرے ہیں۔

آو بنیاد پرستی کے خلاف، فرقہ واریت، ہر نفرت ، ہر تعصب ، سامراج، سرمایہ داری، جاگیرداری، فوجی شاہی اور مالیاتی ظلم وجبر کے خلاف متحدہ ہو جائیں۔

نہ تیری جنگ نہ میری جنگ ہم سب کی جنگ طبقاتی جنگ۔

چھ اپریل دوہزار نو

پاکستان انقلاب کی تلاش میں

پاکستان کی موجودہ رد انقلابی اور رجعتی لہر نے بہت سارے روائتی دانشوروں اور مڈل کلاس کے ترقی پسندوں میں انقلاب کے متعلق مایوسی اور نا امیدی پیدا کی ہے جس سے عالمی دنیا کی طرح پاکستان میں بھی بہت سے دانشور اور اچھے خاصے سمجھدار لوگ بھی آج یہ کہتے نظر آتے ہیں کہ پاکستان میں انقلاب نہیں آسکتا اور اسی کے ساتھ ہی یہ بھی کہتے ہیں کہ انقلاب کے بغیر کوئی ایک مسئلہ حل بھی نہیں ہو سکتا۔یعنی یہ انقلاب کی ضرورت کا اقرار تو کرتے ہیں لیکن اس کے برپا ہونے پر مایوس اور ناامید ہیں۔جس سے یہ اپنی کم علمی، خسی پن، تنگ نظری، تذبذب اور ناتوانی کو ظاہر کرتے ہیں۔جبکہ انقلابی سائنس کا ہر طالب علم یہ بخوبی جانتا ہے کہ انقلاب ہمیشہ اپنی ضرورت کے تحت ہی جنم پذیر ہوتے ہیں لیکن انقلابات اور رد انقلابات ہمیشہ ساتھ ساتھ چلتے ہیں اور عوامی تحریکوں کی عدم موجودگی میں رد انقلابی قوتیں منظر عام پر آ جاتیں ہیں جو سماجی خلا کو پر کرتیں ہیں کیونکہ قدرت کا یہ اٹل قانون ہے کہ نیچر اپنے اندر خلا نہیں رکھتی جس وجہ سے اسے کسی نہ کسی نے تو پر کرنا ہی ہوتا ہے۔اس کے باوجود کے یہ رجعتی قوتیں اپنی کوئی خالص سماجی بنیادیں نہیں رکھتیں بلکہ نہایت مصنوعی طریقے سے یہ اپنے آپ کو ابھارتی ہیں یا پھر حکمرانوں کے کچھ حصے اپنے مفادات کے لیے انہیں استعمال کرتے ہیں اور جب عوامی تحریکوں کے طوفان اٹھتے ہیں تو یہ کسی سوکھے کھاس پھوس کی طرح اڑ جاتیں ہیں اس کو ہم نہیں بلکہ تاریخ ثابت کرتی ہے جس طرح

1968اور 1969 میں ثابت ہوا تھا۔اور اب وہ وقت دور نہیں جب عوام اسے پاکستان میں ایک بار پھر دوھرائیں گئے۔جب عوام اور محنت کشوں کی تحریکوں کا میدان لگے گا تب اصل فیصلہ ہو گا کہ اصل طاقت کس کے پاس ہے اور آخیری فتح کس کی ہے اشتراکی انقلاب کی یا پھربربریت کی۔اور ویسے بھی موجودہ سرمایہ درانہ ریاست اور حکمران کبھی بھی اپنی طبقاتی دشمن قوتوں کو نمایاں نہیں کریں گئے اور نہ ہی انہیں آخیری دم تک تسلیم کریں گئے۔ان کے حق میں ہے کہ یہ انقلابی قوتوں کو دبا کر رد انقلابی طاقتوں کو ابھاریں جو ان کا ہر حال میں تحفظ اور دفاع کرتیں ہیں۔حالانکہ آج پاکستان میں بائیں بازو کی تحریک پہلے سے کہیں زیادہ مضبوط ، واضح اور طاقت ور ہو رہی ہے ، مزدروں ، نوجوانوں ،عورتوں ، کسانوں اور سیاسی میدان میں موجودہ نظام کے خلاف صف آرا ہیں۔

عوامی انقلاب کی بڑھتی اہمیت اور افادیت کے تحت ہی آج تمام پاکستانی قدامت پرست اور رجعتی میڈیا بھی سیاسی اور سماجی مسائل پر بائیں بازو کی نقطہ نظرکو کسی حد تک پیش کرنے پر مجبور ہے۔انسانی اور سماجی تاریخ میں جب بھی کوئی نظام ناکارہ اور فرسودہ ہو جاتا ہے تو انقلاب ایک ٹھوس سچ اور لازم بن جاتا ہے۔جس کے بغیر جمود شدہ سماج کو کبھی بھی ارتقائی عمل میں داخل نہیں کیا جاسکتا اور نہ ہی اس کی حالت زار کو موجودہ نظام میں رہتے ہوئے تبدیل کیا جا سکتا ہے ۔اب اس میں ہر قسم کی اصلا حات کرنے کے باوجود بھی کوئی بنیادی تبدیلی نہیں آتی۔بلکہ اس کی حقیقی تبدیلی میں دیری سے یہ ہر روز پہلے سے زیادہ بھیانک اور بے رحم ہوتا چلا جاتا ہے۔یعنی اس کی بہتری کے لیے کیا جانے والا ہر اقدام اس میں انتشار اور پہلے سے زیادہ بحران کا باعث بنتا ہے سماجی سائنس کے مطابق اب دلیل اپنی عدم دلیل میں تبدیل ہو چکی ہے اور انقلاب ناگزیز ہے۔جو اصلا حات کبھی نظام میں ترقی کا باعث

تھیں اب اس کے زوال کا سبب ہیں اس لیے کہ یہ نظام اپنے اندر معاشرتی ترقی کی تمام صلاحیتیں استعمال کر چکا ہے جس سے یہ اب مزید سماجی بہتری کے قابل نہیں رہا اس کی تبدیلی لازمی امر بن چکی ہے۔

پاکستان میں آج ہر شخص یہ سمجھتا اور یقین رکھتا ہے کہ موجودہ نظام کو جیسے بھی چلا لیا جائے اور اس میں جتنی مرضی اصلاحات کر لی جائیں حالات بد سے بد تر ہی ہوں گئے اور اچھائی کی تمام امیدوں دم توڑ گئی ہیں۔آج تمام پاکستان میں ہر انسان اپنے اور وطن عزیز کے مستقبل سے مکمل مایوس اور نا امید ہے جس سے ملک میں بے چینی ، خلفشار ، بے اطمنانی ، جرائم اور تباہ و بربادی بڑھتی ہی جا رہی ہے۔پاکستان کے عوام کو شعوری طور پر معلوم ہے کہ ان کو موجودہ نظام نہیں چاہیے جس نے ہر انسان کا جینا محال کر دیا ہے یعنی وہ شعوری طور پر تبدیلی یا انقلاب چاہتے ہیں لیکن کون سا انقلاب یا تبدیلی یہ ابھی ان کے شعور کا واضح حصہ نہیں بنا۔لیکن انہیں یہ اچھی طرح معلوم ہے کہ وہ ایسا انقلاب چاہتے ہیں جس میں وہ تمام کچھ نہ ہو جو آج ہے۔دولت کی غیر مساوی تقسیم اور محروم زندگی ، یعنی عوام لاشعوری طور پر سوشلزم چاہتے ہیں۔انقلابی پارٹی اور مارکسٹوں کا یہی فریضہ ہے کہ وہ سوشلسٹ انقلاب کو عوام کی شعوری سطح پر لائیں اور انکی تحریک کا حصہ بنائیں جس کے بغیر ملک وقوم کی خستہ حالت کبھی تبدیل نہیں ہوگئی۔انقلاب کے ذریعے محنت کش عوام اپنے مالک خود بن کر اپنی نجات خود کریں۔آسمانوں سے کوئی فرشتہ یا خدا اتر کر انکی مدد نہیں کرے گا انکو اپنی مدد خود کرنی ہوگئی جو انکی آزادی اور خود مختاری کا واحد راستہ ہے۔

اشتراکیوں کو یہ معلوم ہے کہ انقلاب کو صرف اور صرف مارکسی سائنس کے تحت ہی سمجھا، دیکھا، پرکھا اور برپا کیا جا سکتا ہے کیونکہ انقلاب نہ تو کوضے میں بند جن ہے اور نہ

ہی پٹاری میں پڑا سانپ جس کو بہت سے غیر مارکسی اور غیر حقیقت پسند بیان کرتے ہیں۔
سماج کی جدلیاتی سائنس یہ کہتی کہ انقلابات تاریخ کے غیر معمولی واقعات ہوتے ہیں جو سماج کو ترقی اور ارتقا کی نئی اور جدید ترین منازل سے ہم کنار کرتے ہوئے سماجی ارتقا کے دھارے کو آگے بڑھتے ہیں اور یہ سماجی ترقی کے لیے ناگزیر ہوتے ہیں۔اسی لیے انقلابات آج تک کی انسانی تاریخ میں لازمی رہے ہیں اور انہیں تاریخ کے انجن بھی کہا جاتا ہے۔

تمام انسانی تاریخ جہاں طبقاتی جدجہد کی تاریخ ہے وہاں وہ انقلابات کی بھی تاریخ ہے جو یہ ثابت کرتی ہے کہ انقلابات کبھی خود باخود نہیں آتے بلکہ انکو عوامی طاقت سے برپا کیا جاتا ہے کیونکہ حکمران طبقہ سماج ، ملک و قوم کو تباہ و برباد تو کر دے گا لیکن کبھی بھی تاریخ میں اس حکمران طبقات نے اپنی مراعات اور عیاشیوں سے رضاکارانہ دست برادری اختیار نہیں کی اور نہ ہی آئندہ کبھی کریں گئے۔

عوامی تحریکوں کے بارے میں یہ ایک بڑا سچ ہے کہ انقلابی تحریک اس پانی کی ماند ہے جو سماجی مسائل کی آگ پر پڑا گرم ہو رہا ہے۔مسائل کی شدت اس پانی کے مالیکول کی حرکت کو مسلسل تیز کر رہی ہے اور مسائل کی شدت سے ہونے والا اس عوامی تحریک میں جاری عمل یا آگ کی حررارت سے پانی میں عمل بظاہر عام حالات میں زیادہ واضح اور نمایاں نہیں ہوتا۔لیکن جون ہی اس درجہ حرارت کا نقطہ سو پر آتا ہے تو پانی بھاپ بن جاتا ہے اس میں جاری مقداری تبدیلی قدری یا معیاری تبدیلی بن جاتی ہے جب سویا ہوا سمندر ایک دم ٹھاٹھیں مارتا نظر آتا ہے۔عرب انقلاب کا آغاز ہو جاتا ہے۔جب ذلتوں کے مارے لوگ بغاوت پر اتر آتے ہیں۔جب غلام اپنے مالکوں کا گریبان پکڑ لیتے ہیں۔انقلاب فرانس رونما ہوتا ہے۔روس کی دھرتی سرخ ہو جاتی ہے۔جب مردے زندہ ہو جاتے ہیں۔یہی تاریخ میں

غیر معمولی واقعات ہوتے ہیں جب راولپنڈی کے ایک طالب علم کی موت انقلابی تحریک کے درجہ حرارت کو سویں نقطے تک لے جاتی ہے اور عوام اپنے تمام دائرے ، حدیں، قانون اور ہر ضابط توڑ دیتے ہے جب انہوں نے ہر ریت اور رواج سے بغاوت کی ، اور پاکستان میں1968 انیس سو آٹھاسٹھ اور انہتر1969 کا انقلاب پھٹ پڑتا ہے انیس سو تراسی1983 کی ایم آرڈی تحریک بھی اسی کا اظہار تھی۔

عوام کو مسلسل بے حس اور مردہ کہنے والے اچانک بے نظیر کے قتل پر ایک بار پھر اپنے دانتوں میں انگلیاں لے لیتے ہیں۔انقلاب کو غلط اور ناممکن کہنے والے اس عوامی طاقت کے خوف سے اپنے بلوں میں چھپ جاتے ہیں جب عوام بینکوں ، مالیاتی کمپنیوں اور سرکاری ادارے جو انکی محرومی اور ذلت کی وجہ ہیں کو نطر آتش کر رہے تھے۔طاقت سڑکوں اور بازروں میں بکھری پڑی تھی جس کو کوئی انقلابی پارٹی سمٹ کر انقلاب برپا کرنے کے قابل نہیں تھی۔

انقلاب آج بھی اتناہی سچا اور ضروری ہے جتنا سرمایہ داری نظام جاگیرداری نظام سے آگے ارتقا کے لیے ضروری اور لازمی تھا اگر ہم پاکستان کے حالات کو سوشلسٹ انقلاب کے ترازو میں تولتیں تو۔پاکستانی حکمرانوں کی بداعنوانیوں اور جرائم کی لسٹ این آر او سپریم کورٹ کے ہاتھوں خوار ہو چکی ہے بے شک یہ لسٹ بہت معمولی اور چھوٹی تھی کیونکہ جو لسٹ عوام کے پاس ہے وہ بہت بڑی اور خطرناک ہے اس میں صرف چند افراد ہی نہیں بلکہ بطور حکمرانوں کا پورا طبقہ ہے جس میں آج 22 بائیس خاندانوں نہیں بلکہ کئی اور شامل ہو چکے ہیں۔

آج سپریم کورٹ کے اس این آر او کے فیصلے سے سرمایہ داری کی مقدس گائے ،، پارلیمنٹ کے تقدس کو کوئی اور نہیں بلکہ اس کے اپنے نگہبان ادارے خود پامال کر رہے ہیں پہلے اسی پارلیمنٹ نے جو مشرف کی تھی نے عدالتوں کی عزت واحترام کی خوب دھجیاں بکھرئیں۔اور پھر عدالت کے حکمرانوں کوسیاسی حکمرانوں کی کمزوری سے(جو انکی عوام میں اپنی طاقت کے کھو جانے اور ریاستی ٹوٹ پھوٹ سے پیدا ہوئی ہے) جو موقعہ ملا ہے وہ بھی یقیناً اس سے بھر پور فائدہ آٹھائیں گئے اور اپنی پارلیمنٹ کے ہاتھوں بے عزتی کابدلہ لینے اور اپنی کھوئی ہوئی عزت بحال کرنے کی بھر پور کوشیش کریں گئے۔اس تمام سرکس میں فوج جو ریاست کا تیسرا بڑا ترین ادارہ ہے اس لیے اب تک باہر ہے کہ مشرف دور حکومت میں جو اس کی عوام میں رسوائی ہو چکی ہے وہ بہت گہری اور سنجیدہ ہے جو ابھی تک بحال نہیں ہوسکی۔بے شک پاکستان کی تمام تاریخ میں فوج کا بڑا خونی اور سفاکانہ کردار رہاہے۔اس کے علاوہ معاشی بر بادی اور ریاستی اد اروں کے جارحارانہ تصادم اور امرایکی سامراج کی نامکمل حمائت اس بداعنوان ترین اور بے رحمانہ فوج کو شدید چاہتے ہوئے بھی اپنے مالی ہوس آلود جذبات کی باز آوری کے لیے حکمرانی کی کرسی سے دور کیے ہوئے ہے۔یہ ایک الگ سوال ہے کب تک؟

اگر ہم حالات کا سنجیدگی سے جائزہ لیں تو معلوم ہو گا جو نظر بھی آرہا ہے کہ نہ صرف عدالتوں اور پارلیمنٹ میں تصادم ہے بلکہ تمام حکمران آپس میں اخباری بھائی چارئے اور صلح و صفائی کی منافقت کے باوجود بھی اپنے تضادات میں ننگے ہو رہے ہیں۔ اور دوسری طرف پاکستانی ریاست کے تمام ادارے بھی آپس میں دست و گریبان ہیں اس لیے اب این آر او کی زد میں آنے والے قرضے معاف کرانے والوں ، فیکٹریوں اور اپنے بیوپاروں کے ٹیکس نہ

ادا کرنے والوں کی لسٹ چھاپ رہے ہیں جو پہلے بھی کئی بار ہو چکا ہے اور آئندہ بھی ہوتا رہے گا حاصل وصول ہمیشہ کی طرح موجودہ نظام میں صفر ہی ہو گا۔پاک فوج اسلامی بنیاد پرستوں کے خلاف جنگ کر رہی ہے جبکہ اس کا اعلی اور اہم ترین ادارہ آئی ایس آئی ان دہشت گردوں کی سرپرستی اور رہنمائی کر رہا ہے یعنی آج فوج بھی اندرونی طور پر شدید بحران اور ٹوٹ پھوٹ کا شکار ہے۔جو ابھی سیاسی حکمرانی کے اہل نہیں ہے۔

موجودہ حکومت اور اپوزیشن یا موجودہ نظام اور ریاست سے وابسطہ مالیاتی مفادات کے حامل تمام افراد ، پارٹیاں اور انکی قیادتوں سمیت میڈیے کے پراپیگنڈے کے باوجود یہ پاک فوج کے انتشار کو چھپا نہیں سک رہے۔اپنے ہی ملک میں جنگ جو سوات کے بعد اب فاٹا اور قبائل میں جاری ہے انہیں ریاستی اور فوجی تضادات کو پھٹنے سے روکنے کے لیے ہے جو کل کا ایک جزو ہے۔اور یہ آپریشن کوئی نیا نہیں ہے اور نہ ہی آخیری ہو گا جو موجودہ نظام کے بحرانوں کی پیداوار ہیں اور اس کے ساتھ ہی ختم ہوں گئے۔لیکن اس جنگ سے موجودہ تضادات مزید گہرئے اور بھیانک ہو رہے ہیں جن پر قابو پانے کے لیے فوجی افسران کی مراعات میں مسلسل اضافہ کیا جا رہا ہے اور پاکستان کے ریاستی تصادم کو کم کرنے کے لیے امریکہ اور یورپ پاکستان کو امداد پر امداد دے رہے ہیں جو مستقبل میں عالمی بحرانوں کی وجہ سے یقینا کم ہو گئی(جس سے ملک میں نجی کاری کی ایک یلغار شروع ہوگئی جو ماسوائے مزدوروں اور عوام پر کسی بھیانک عذاب سے کم نہیں ہوگئی) ۔موجودہ جنگ یا آپریشن سے فوجیوں میں بڑھتی مایوسی اور نفرت کو کم کرنے کے لیے انکی تنخواہوں میں بھی اضافہ کیا گیا ہے۔

آج پارلیمنٹ اور اور عدالتوں کا تماشا بھی سر بازار سجا ہوا ہے۔جس میں تمام روائتی سیاسی

پارٹیاں اور انکی قیادتیں فوج سمیت تمام ریاستی اداروں کے افسران اس بداعنوانی کی لسٹ میں سر فہرست ہیں جو ابھی نامکمل اور ناکافی ہے۔پاکستان کے منظر نامے سے یہ ثابت ہو چکا ہے کہ سرمایہ دارنہ ریاست کے محافظ اب خود اس کی پیٹھ میں خنجر چلا رہے ہیں کیونکہ آج یہ ریاست انکےمالیاتی مفادات کو پورا کرنے کے قابل نہیں رہی اور ریاست کی کمزوری ہی اس کی تباہی بن چکی ہے جس کو اب حکمران نوچ نوچ کر کھا رہے ہیں۔خداداد مملکت کی معاشی بربادی نے ریاست اور اسکی سیاست کو تباہ کر دیا ہے۔ریاست اپنے حکمران طبقات اوراپنے اداروں کو مضبوط اور منظم رکھنے میں ناکام و نامراد ہے اور آج کا پاکستان اسی کی تصویر ہے۔یہ تمام حالات ایک حقیقی تبدیلی کا پیش منظر ہیں۔

ولادی میر ایلچ الیاوف المعروف لینن نے انقلاب کی پیش بندی کے کے لیے چار سنہرے اصول واضح کئے تھے معروضی حالات میں۔پہلا ، حکمران طبقات اور ریاست کی ٹوٹ پھوٹ اور تضادات کھول کر منظر عام پر آجاتے ہیں۔

دوسرا ، محنت کش طبقہ اپنے تجربات سے یہ جان لیتا ہے کہ موجودہ حالات میں اس کے لیے کوئی بہتری ممکن نہیں رہی اور اس کے خلاف مسلسل مذاحمتوں سے اسکو اپنی طاقت کا احساس ہو چکا ہو تا ہے۔

تیسرا ، پیٹی بوژوا یا درمیانہ طبقہ بھی جو ہمیشہ بوژوا طبقے کی صف میں شامل ہونے کی کو شیش کر تا رہتا ہے وہ بھی مایوس ہو کر بوژوا کے خلاف صف آرا آجاتا ہے۔

چھوتھا عنصر جس کا تعلق داخلی عنصر سے ہے وہ ہے اس سماج میں عوام کی با اعتماد مارکسی انقلابی پارٹی کا وجود جس کے بغیر کوئی حقیقی انقلاب ممکن نہیں ہے۔لینن نے لکھا ہے کہ

جب یہ چارروں عناصر کسی سماج میں متحد ہو جائیں تو انقلاب کے آثار روش ہو جاتے ہیں اور اس سماج میں سوشلسٹ انقلاب کا راستہ کوئی نہیں روک سکتا۔

اگر ہم ان چار عناصر کے حوالے سے پاکستان کا تجزیہ کریں تو معلوم ہو گا کہ اس بار پاکستان میں کسی بھی انقلابی تحریک کے ابھرنے سے سوشلسٹ انقلاب بہت یقینی ہے۔پہلا پاکستان کے حکمران طبقات کی لڑائی اور ریاستی اداروں کے تصادم کسی سے ڈھکے چھوپے نہیں ہیں۔ صدر پاکستان، وزیر اعظم پاکستان اور موجودہ تمام کابینہ کا بار بار اس کا ود کرنا کہ ریاست میں تصادم نہیں ہے اس چیز کا ثبوت ہے کہ کچھ تو ہے جس کی پردہ داری ہے۔پاکستان کے محنت طبقے اور عوام نے کئی بار اپنی طاقت کا لوہا منوایا ہے۔1968 انیس سو آٹھاسٹھ اور انہتر 1969 کی تحریک کے بعد80 اسی کی دہائی ، 1986انیس سو چھیاسی میں، اور حالیہ تاریخ میں بے نظر کے قتل کے بعد جب تمام عوام سڑکوں اور باز اروں میں آگئے تھے جس کے پیچھے انکے سلگتے معاشی اور سماجی مسائل کی جھنم تھی تب تمام ریاست اور اس کے ادارے انکو کنڑول کرنے میں ناکام اور بے بس تھے ریاست کی تمام طاقت ہوا میں معلق ہو چکی تھی اور تمام طاقت عوام اور محنت کش طبقے کے پاس تھی جو حکمرانوں کے ایوانوں سے نکل کر سڑکوں بازاروں میں اپنی طاقت کا نقلابی اظہار کر رہی تھی۔حکمران طبقات اور ریاست کے تمام اداروں سے نفرت ایک دم عود آئی تھی۔بینک۔سرکاری دفاتر اور پارلیمنٹیں عوام کے غیص و غصے کا شکار تھیں۔اور عوام نے یہ ثابت کیا تھا کہ اصل طاقت ان کے پاس ہے جب سوشلزم سر چڑھا بول رہا تھا لیکن پاکستان پیپلز پارٹی کی قیادت نے ایک بار پھر عوام کو دھوکہ دیا اور ان کی جدوجہد سے غداری کی۔اس تبدیلی کے لیے تحریک کو سوگواری اور پھر الیکشن میں تحلیل کر کے سرمایہ دارانہ استحصالی جبر کو جاری رکھا اور اس میں حصہ دار بن گئے

حکومت نے جب شروع میں بجلی کے بلوں میں اضافہ کیا تو عوام نے ایک بار پھر بجلی کے بل سڑکوں اور شاہراوں پر مظاہرے کرتے ہوئے پھاڑ دیئے اور انکی ادائیگی سے انکار کر دیا یہ بجلی کے بلوں کے بائیکاٹ کی تحریک جو سول نافرمانی کی تحریک تھی جس نے اپنے اپنے علاقوں میں ڈنڈہ فورس بھی بنائی جو دن رات پہرہ دتیں تھیں تاکہ کوئی آکر ان کے بجلی کنکشن کاٹ نہ دے جس سے حکومت کو مجبورا بجلی کے بلوں میں اضافہ واپس لینا پڑا۔

یہ عوام میں اپنی طاقت پر اعتماد کا ہی اظہار تھا لیکن قیادت کی عدم موجودگی میں یہ خود کار تحریکیں کچھ عرصے کے لیے پیچھے چلی گئیں اس کے علاوہ وہ کر بھی کیا سکتی تھی یہ فطری عمل ہے لیکن یہ ختم نہیں ہوئیں اور نہ ہو سکتی ہیں کیونکہ نہ صرف مسائل قائم ہیں بلکہ مزید بڑھ رہے ہیں۔جو آنے والی تحریکوں کا بارود ہیں۔موجودہ نظام میں مستقبل سے مایوسی نہ صرف محنت کش طبقے میں مضبوط ہو چکی ہے بلکہ مڈل کلاس میں بھی عود آئی ہے۔جس کا اظہار یہ سول سوسائٹی کے نام سے کر رہے ہیں میڈیا، صحافی ، دانشور موجودہ نظام میں کسی قسم کی کوئی ایک بہتری کی بھی امید نہیں رکھتے۔اب وہ بھی اس کی تبدیلی کے خواہیں ہیں۔ آج یہ انقلاب کے تین معروضی حالات پاکستان کے افق پر نمایاں اور واضح ہیں۔اور چوتھا جو داخلی عنصر کی بھی ایک مضبوط بنیاد پڑ چکی ہے جو آئی ایم ٹی کے نام سے مزدور تحریک اور نوجوانوں میں متحرک ہے۔آج یہ پاکستان اور پوری دنیا میں اتنی طاقت بن چکے ہیں کہ پاکستان کے مقدر کا فیصلہ ان کے بغیر اب ممکن نہیں رہا۔اور اگر ہم مزید کچھ عرصے میں اپنی انقلابی قوتوں میں مزید اضافہ کر لیں تو پھر اس دھرتی پر ایک سرخ سویرے کو ہونے سے کوئی نہیں روک سکتا۔

دنیا کی آٹھویں ایٹمی طاقت کے پاس روٹی ،پانی ، بجلی اور گیس نہیں

حکمرانوں کے بلند بانگ دعووں کے باوجود پچھلے سال سے شروع ہونے والا آٹے کا بحران تھمنے یا کم ہونے کے بجائے بڑھتا ہی جا رہا ہے اور آج یہ عالم ہے کہ یوٹیلٹی سٹوروں پر بھی آٹا ختم ہو چکا ہے اور یہ کوئی نہیں ہے اور نہ ہی آخیر ی ہو گا۔

آٹے کا شدید تر بحران اپنی انتہاوں پر بلوچستان میں نظر آتا ہے جہاں آٹا قریبا نایاب ہی ہوچکا ہے کراچی کے عوام میں بھی اس کے خلاف سخت پریشانی اور غصہ پایا جاتا ہے پاکستانی عوام کے پاس جو اب تک شاید صاف روٹی ہی باقی بچی تھی وہ بھی اب ان سے چھینی جا رہی ہے یہ ایک زرعی ملک کا حال ہے جس کی آبادی کا80فیصد حصہ زراعت سے منسلک ہے اور یہ دنیا میں آٹھویں ایٹمی طاقت کا دعوا ے دار ملک ہے جس کی عوام پہلے بقول منو بھائی، غریب اور ان پڑھ تو تھی ہی اب یہ بھوکی بھی ہوگئی ہے یہ بحران اس کے باوجود ہے کہ بقول حکومت کہ اس سال گندم کی ملکی ضرورت سے بہت زیادہ پیدار ہوئی ہے لیکن ان سے پوچھا جائے کہ وہ کہاں ہوئی ہے۔

ہاں پیدا تو ضرور ہوئی ہے مگر زیادہ منافع کی خاطر بڑے بیوپاریوں نے حکومتی ملی بھگت سے تمام گندم برآمد کردی کیونکہ پاکستانی غریب عوام کے پاس اتنا پیسہ نہیں ہے کہ اس گندم یا آٹے کو مہنگے داموں یا بلند قیمت پر خرید سکے جبکہ یہ دوسرے ممالک کو فروخت کر کے زیادہ

پیسہ کماتے ہیں اس لیے یہ گندم کے بیوپاری ملکی ضرورت اور عوام کی اس بنیادی ضرورت کو نظر انداز کر کے اس کی برامد سے خوب روپیہ کماتے ہیں یہ اپنے سرمایے سے اپنے پیٹ تو بھر لیتے ہیں لیکن عوام کے پیٹ خالی کر دیتے ہیں۔

یہ اب کوئی نئ بات نہیں ہے اس سال گرمیوں میں بھی آم کی پیداوار پاکستان میں کم اور دوسرے غیر ممالک میں زیادہ فروخت ہوئی جس وجہ سے پاکستان میں اس سال بہت کم عرصہ آم رہے اس طرح سیب کا بھی یہی حال ہے۔جو عوام کی قوت استطاعت سے باہر ہے۔آج پھل عوام کے لیے سونا بن چکا ہے اور اسکی بھی پیداوار کو زیادہ تر برامد کیا جاتا ہے غربت کی وجہ سے پاکستان میں پیدا ہونے والی اجناس پر پاکستانی عوام کا کوئی حق بھی نہیں رہا ۔اس لیے تمام پاکستانی اشیا کو پہلے غیر ممالک میں مہنگے داموں فروخت کیا جا تا ہے اور جو برآمد سے بچ جا تا ہے رسد میں کمی یا شدید قلت کی وجہ سے انتہائی بلند قیمتوں پر پاکستان میں سیل ہوتا ہے جس سے بیوپاری کڑوڑوں روپے ہر بار کماتے ہیں جس سے غریب عوام مر رہی ہے اور پاکستان میں آئے دن قلت اور بحران کی صورتحال رہتی ہے۔

حکمران اس پر خاموش تماشائی ہیں کیونکہ یا تو وہ خود اس میں شامل ہیں یا بھی سرمایہ داری کے یہی تقاضے ہیں۔ایک اندازے کے مطابق پاکستان کی نوے فیصد سے زیادہ عوام میں متوازن خوراک کی شدید کمی ہے جس سے یہاں کی اکثر عوام مختلف غذائی کمی کی وجہ سے شدید بیماریوں کا شکار ہے مہنگائی اور غربت سے ذہنی اور جسمانی بیماریوں میں بھی بہت اضافہ ہورہا ہے علاج ومعالج کی سہولتوں کی کمی کی وجہ سے پاکستان میں شرح اموات میں کئی سالوں سے مسلسل اضافہ ہوگیا ہے اور اوسط عمر جو45سال تھی اب کم ہوچکی ہے یہ ترقی نہیں بلکہ دور وحشت میں واپسی ہے افریقہ کے جنگلوں میں رہنے والے ان آدم خور انسانوں کی اوسط

عمر چالیس سال ہے جہاں ان لوگوں کو صحت کی کوئی سہولت میسر نہیں ہے اور نہ ہی خوراک یہ آج بھی نیچر کے تحت زندگی گزارتے ہیں اور ہر قسم کی سماجی ترقی اور تہذیب سے بے بہرہ ہیں(جرمن ٹی وی کی رپورٹ) اور یہ کتنی شرم کی بات ہے کہ پاکستان دنیا کی آٹھویں اٹیمی قوت ہے جہاں بسنے والے لوگوں کی اوسط عمر آدم خور انسانوں کے مساوی ہوتی جا رہی ہے جس سے اندازہ ہوتا ہے کہ پاکستان کتنی ترقی کررہا ہے یا پستگی کی انتہاوں کو چھو رہا ہے جو پاکستان کی معاشی سیاسی سماجی تباہی بن چکا ہے آٹے کے ساتھ ہی بجلی اور گیس کا بحران بھی اپنے عروج پر ہے جو کسی بھی معاشرے کی ترقی کی بنیادی اکائی ہے پاکستان میں اس وقت بجلی تین ہزار میگاوٹ یومیہ سے زائد کی کمی ہے جو ہر سال بڑھ جاتی اور اور موجودہ نظام میں بڑھتی ہی رہے گئی۔

کراچی جو پاکستان کا سب سے زیادہ صنعتی اور روشنیوں کا شہر تھا اندھیروں کی نظر ہوچکا ہے اور پریس کے مطابق یہاں اور پورے پاکستان میں فکٹریاں کارخانے بند پڑے ہیں۔پیداوار کی سخت کمی ہے اور جس سے کاوبار میں سخت مندا ہے گھریلو صارفین کے لیے بھی بجلی نہیں ہے دتہادتوں میں تو بجلی گدھے کے سنگ کی طرح غائب ہے جبکہ شہروں میں بھی بجلی سولہ سولہ گھنٹے بند رہتی ہے اور ماہرین کے مطابق کہ آئندہ سال شاید پاکستان کے شہروں کو صرف چند گھنٹے ہی بجلی کی سپلائی کی جاسکے گئی اور شاید صرف پانچ گھنٹے کی۔گیس کی صورت حال اس سے قطعی مختلف نہیں ہے اس سے پاکستان کے ہر شعبہ میں بحران تیز ہورہا ہے اور مزید تیز ہوگاجو پاکستان کے حکمرانوں کی لوٹ مار کا نتیجہ اور موجودہ مارکیٹ اکانومی کے نظام کی برکات ہیں الیکشن اس کا کوئی حل نہیں جب تک یہ نظام قائم ہے ذلت بڑھتی رہے گئی اب عوام کے پاس صرف ایک حل ہی باقی بچا ہے کہ اس کے خلاف مذاحمت کریں یا پھر موجودہ نظام

میں اپنی اذیتی موت کا انتخاب کریں۔جو ہمارہ مقدر نہیں ہے بلکہ حکمرانوں نے اسے ہمارہ مقدر بنا دیا ہے اور ہمیں اس بھیانک حکمرنوں کے عوام کے لیے لکھے گئے مقدر کے خلاف لڑنا ہے اور جیتنا ہے جو صرف عالمی سوشلزم اور عالمی مزدور تحریک کے جھنڈے تلے ممکن ہے۔

سولہ اگست دو ہزار آٹھ

اسلام مخالف فلم کے پیچھے فلمیں

آج پاکستان اور عالمی حالات کے سیاسی افق پر بہت سی فلمیں چل رہی ہیں۔اور فلموں کی اتنی بھر مار ہے کہ ابھی ایک فلم کا دی اینڈ نہیں ہوتا کہ نئی فلم چل جاتی ہے۔اور دن بدن اس کیفیت میں اضافہ ہوتا جا رہا ہے۔حکمرانوں سیاسی اور سماجی نان ایشوز کی فرسودگی اور پسماندگی میں اس حد تک گرگئے ہیں کہ انہوں نے لوگوں کے عقائد پر فلمیں بنا کر انکے جذبات سے کھیلنا شروع کر دیا ہے۔جو ہر طرح سے قابل مذمت ہیں۔

آج جب پاکستان میں عشق رسول کا دن منایا جا رہے تو فرانس میں ایک بار پھر اسلام مخالف خاکے بنا کر ایک چھوٹا سا علاقائی اخبار عالمی شہرت کا حامل اخبار بن گیا ہے جس کی مارکیٹ میں آتے ہی تمام کاپیاں فروخت ہو گئیں۔جس طرح پہلے ڈنمارک کا ایک علاقائی چھوٹا سا چیتھڑا اخبار اسلام مخالف کارٹون چھاپ کر آج دنیا کا عالمی اخبار یا خبروں کی بڑی دوکان بن چکا ہے اور خوب کمائی کر رہا ہے۔اس سے پہلے گمنامیوں میں دفن سلمان رشدی بھی شیطانی آیات کا ایک ناول لکھ کر دنیا کا امیر اور مشہور ترین شخص بن گیا ہے۔یعنی آج اسلام کے خلاف کوئی بھی عمل کرنے سے جلد عالمی شہرت اور زیادہ پیسہ کمایا جا سکتا ہے۔یعنی کسی بھی شخص کے لیے مشہور ہونا اور امیر ہونا اب بظاہر زیادہ مشکل نہیں لگتا ؟۔اس میں بے وقوف کون ہے اس کا فیصلہ آپ خود کریں۔

کوئٹہ اور گلگت میں شعیہ سنی قتل گری ابھی تھمی نہیں تھی کہ اسلام مخالف فلم کی اشتعال انگیزی کا تمام دنیا میں انتشار پھیلا دیا گیا۔اس فلم کے پیچھے جو بہت سی حقیقی فلمیں چلانا مقصود تھا وہ بظاہر وقتی طور پر میڈیے پر ہاوس فل چلتی نظر آ رہی ہیں اصل میں ان تعصبی ، سازشی اور حکمرانوں کی ناکام فلموں کو مقامی اور عالمی میڈیا کامیاب بنانے کے لیے ایڑی چوٹی کا زور لگا رہا ہے اس کے باوجود کہ میڈیے کی یہ فلم زیادہ دیر نہیں چلے گئ اور بہت جلد فلاپ ہو جائے گئ۔میڈیا ہر سنجیدہ اور غیر سنجیدہ خبر کو اس کے منفی اثرات سے بالا ایک بڑا ایشو بناکر اپنے مالی مفاد کے لیے اچھالتا ہے کیونکہ آج کل رٹینگ کا دور ہے اس لیے جس کی رٹینگ زیادہ ہوتی ہے وہی میڈیا اور اس سے منسلک صحافی حکمران ہوتے ہیں۔انہیں زیادہ اشتہارات اور مہنگے اشتہارات ملتے ہیں اور خوب دولت کمائی جاتی ہے۔پہلے اسلام مخالف فلم کی تشہیر اور اب اس فلم کے خلاف مظاہروں کو بڑھا چڑھا کر بیان کرنے سے رٹینگ کو بڑھانے کے لیے میڈیے میں ایک جنگ چھڑی ہے۔اور جو میڈیا اس اسلام مخالف فلم کو ہٹ کرے گا اور پھر اسکے خلاف مظاہروں کو دیو ہیکل بناکر پیش کرئے گا وہی ہٹ ہو گا اور زیادہ بزنس بھی کرئے گا۔اس لیے تو 20 ستمبر کو اسلام آباد میں اسلام مخالف فلم کے خلاف مظاہرے کو صلیبی جنگ بناکر پیش کیا گیا۔عوام ریڈ زون میں چلی گئ ، فوج طلب کر لی گئ وغیرہ وغیرہ سارا دن میڈے کی سکرین پر آگ اور دھوں رہا جیسے تمام ملک آگ اور دھوں میں ڈوب گیا ہے لیکن شام کو پتہ چلا کے بیس کڑوڑ آبادی کے ملک میں سے پانچ ہزار لوگوں کا جمع غفیر سارا دن ایک چھوٹی سی سڑک پر ٹھاٹھیں مارتا رہا۔اس سے یقیناًرٹینگ کچھ تو بڑھی ہی ہو گئ ۔ فلم کے خلاف عشق روسول کا دن منانے کا حکومتی اعلان اور پھر اس دن عام سرکاری تعطیل اسلام مخالف فلم کے پیچھے کی اصل فلم تھی تاکہ جو عوام ،استحصالی ریاست اور

بداعنوان حکمرانوں سے تنگ آچکے ہیں اور معاشی اور سماجی مسائل کے خلاف مذاحمت کر رہے ہیں انکا غصہ عشق رسول کے جنون سے زائل کیا جائے۔اس لیے عشق رسول کے مذہبی جنون کو ہر بار کی طرح اس بار بھی سرکاری سرپرستی حاصل تھی اور پھر اسکو بیان بازیوں سے میڈیے پر بڑھایا بھی گیا۔سوچنے کی بات ہے کہ عشق رسول کو کس بھیانک ، جہالانہ ، غیر مہذب اور جانوارانہ انداز میں منایا گیا۔آگ و خون, چوری چکاری۔لوٹ مار اور تباہی کی ھولی کھیلی گئی جس میں 15 ہلاکتیں اور300 زخمی ہو گئے۔ان مظاہروں میں لاکھوں افراد تو نہیں تھے لیکن لاکھوں اور اربوں کا نقصان ضرور کیا گیا۔ٹی وی سکرین پر ایسے نظر آرہا تھا جیسے ماضی میں وحشی قبیلے مخالفین پر فتح حاصل کرنے کے بعد انہیں اجاڑ دیتے تھے ۔اور اگر یہ عشق رسول تھا تو پھر یقیناًاہل مغرب غلط نہیں کہتے۔۔۔۔۔

یہ عشق رسول نہیں بلکہ نام رسول پر وحشت ، بربریت ، دھبہ اور دھندہ ہے جو پاکستان کے حکمران اور ملائیت مشترکہ طور پر کر رہے ہیں۔مذہنی جنونیت کو سرکاری طور پر ہوا دے کر تعطیل کا اعلان کرنے کا مقصد بھی یہی تھا کہ انارکی کا بازار گرم کیا جائے اور جو لوگ کام کاج کی وجہ سے اس خون ریزی اور بربادی میں شامل نہیں ہو سکتے وہ بھی سرکاری چھٹی سے فائدہ اٹھا کر ان عوام دشمن مظاہروں میں بھرپور شامل ہو جائیں۔تاکہ بعد میں اس پر سیاست چمکائی جا سکے سیلاب زدگان ، بلوچ خون ریزی ،مہنگائی ، بے روزگاری ، غربت، ڈینگی اور دوسرے اذیتی عوامی مسائل سے توجہ ہٹائی جا سکے۔یہ عشق رسول کا دن نہیں منایا گیا بلکہ سرکاری طاقت کا شو تھا جو بری طرح فلاپ ہو گیا۔اس سرکاری مذہبی انارکی میں جتنا نقصان ہو ا اسکی تمام تر ذمہ داری حکمرانوں اور ملاوں پر عائد ہوتی ہے جن کو سزائیں دی جا نی چاہیے۔اور خاص بات ان مظاہروں میں یہ تھی کہ ریاستی سرپرستی اور بڑی سرمایہ کاری

کے باوجود بھی عام عوام ان مظاہروں میں شریک نہیں ہوئے بلکہ ان میں زیادہ تر وہ افراد شامل ہوئے جو نکمے اور نکھٹو تھے جو مسجدوں اور مدرسوں کے چندوں پر پلتے ہیں جو تہذیب وتمدن سے عاری آج کے جدید دور میں بھی زمانہ جہالت میں زندہ ہیں اور اس کی تبلیغ کرتے ہیں اور یہی لوٹ مار اور تباہی پھیلا رہے تھے اور ناجانے کن اسلام دشمنوں سے اسلامی جمہوریہ پاکستان کی سڑکوں پر جہاد کر رہے تھے۔کیونکہ اگر کسی امریکی تعصب پرست نے انفرادی طور پر کوئی بے وقوفی کی(جو یقینا شعوری تھی) تو اسکا یہ مطلب یہ نہیں کہ ہم اس سے بڑے اجتماعی بے وقوف اور جاہل بن کر دیکھائیں اور عقل و شعور کا دامن ہاتھ سے چھوڑ دیں دنیا کا کوئی مذہب بھی اسکی اجازت نہیں دیتا۔تمام مغربی عوام نے بھی اس فلم کی بھرپور مذمت کی اور انہوں نے بھی اس اسلام مخالف فلم کے خلاف اس کو غیر اہم اور نظر انداز کرکے بھرپور احتجاج کیا ہے۔جبکہ مغربی سامراجی حکمرانوں کا یہ مقصد تھا کہ فلم کو بطور ایک اشتعال انگیزی استعمال کیا جائے۔اور تمام دنیا میں مذہنی منافرت کو اتنا زیادہ بڑھکایا جائے کہ حقیقی عوامی مسائل اس میں کچھ عرصے کے لیے دب جائیں اور وہ مزید مالیاتی جبر مسلط کر سکیں۔

آج 2008 سے شروع ہونے والا عالمی سرمایہ داری کا بحران گہرے سے گہرا ہوتا جا رہا ہے ۔غریب ممالک اور انکی معیشتیں ہی زوال پذیر نہیں ہیں بلکہ ترقی یافتہ ممالک کی بڑی بڑی فرمیں اور ملک دوالیہ ہو رہے ہیں۔آئرلینڈ ، یونان، سپین ، پرتگال کے دوالیے نے پورے یورپ کے استحکام اور معیشت کو خطرے میں ڈال دیا ہے جس سے یورپی شکن کا مستقبل مخدوش ہوتا جا رہا ہے۔موجودہ نظام کے خلاف یورپ بھر میں عوامی مذاحمت تیز سے تیز تر ہوتی جا رہی ہے۔یونان کی ریاست اور حکمران مسلسل عوامی گھیراو جلاو کے احتجاجوں اور

مزدوروں کی ہڑتالوں کی گرفت میں ہیں۔17 ستمبر کو پرتگال کے تمام بڑے شہروں میں لاکھوں افراد نے ریاستی کٹوتیوں کے خلاف مظاہرے کیے جرمنی کی تاریخ میں پہلی بار قومی ائرلائن لفتھانزہ کے پائلٹوں کی کامیاب ہڑتالیں ہوئیں۔فرانس ، اٹلی غرض تمام یورپ مالیاتی استحصال کے خلاف سراپا احتجاج ہے لیکن میڈیے نے اسے خاص اہمیت نہیں دی کیونکہ میڈیا اسلام مخالف فلم پر پروپیگنڈے سے ان حقیقی عوامی تحریکوں کو دبانے اور مذہبی جنون کو پھیلانے میں مصروف تھا۔

لاطینی امریکہ میں چلنے والی انقلابی سرخ آندھی اور مڈل ایسٹ میں دہائیوں سے مسلط مغربی حکمرانوں کی گماشتہ آمرتیں عوامی تحریکوں سے دھڑام تختہ ہو رہی ہیں اسرائیلی عوام بھی انکی حمائت کر رہی ہے اور یہاں بھی محنت کشوں کی حکمرانوں کے خلاف تحریکیں ابھر رہی ہیں۔ امریکہ کی سستی تحائف سعودی حکومت بھی اس عرب انقلاب سے تھرتھر کانپ رہی ہے جس کے اثرات سعودی عوام میں سرائیت کر چکے ہیں اور کئی آئل ریفنریوں میں ہڑتالیں شروع ہیں جو آنے والے وقتوں میں مزید بڑھیں گئیں۔ان حالات کی ناگزیر ضرورت تھی کہ ایسے ایشو کو ابھارا جائے جس کی لپیٹ میں تمام دنیا آ جائے جس سے حکمرانوں کے خلاف عوامی مذاحمتوں کا راستہ روکا جا سکے اور ان عوامی تحریکوں کو کسی دوسرے راستے پر ڈال دیا جائے اس لیے مشرق و مغرب اور عرب حکمرانوں کی کاوشوں سے اس اسلام دشمن فلم کو بڑی محنت کے بعد مارکیٹ کی زینت بنایا گیا۔اور فی حال میڈیے کے حوالے سے حکمران طبقات کچھ کامیاب بھی نظر آتے ہیں لیکن حقیقت میں ایسا نہیں ہے۔رائی کا پہاڑ بنانے کے باوجود کوئی بڑی تحریک اس اشتعال انگیز فلم کے خلاف اب تک سامنے نہیں آئی اور نہ ہی آئی گئی یہ چند دنوں کی ڈرامے بازی حقیقی معاشی اور سماجی مسائل کو زیادہ عرصہ دبا نہیں سکے

گئی۔اور انقلابی ایجنڈا ایک بار پھر عوام کی متحدہ صفوں میں ابھرے گا۔

اسلام مخالف فلم کا عالمی منڈی میں لانا اور پھر اس پر شور مچانا یہ سب حکمرانوں کی ایک شعوری سوچی سمجھی سازش ہے یہ امریکی ریاست کے نام نہاد تہذیبوں کے تصادم کے سرکاری نظریہ کا تسلسل ہے جس میں عوامی تحریکوں کو منتشر کرنے اور محنت کش عوام کی متحدہ قوت کو تقسیم کرکے کمزور بنانے کی سامراجی پالیسی،، تقسیم کرو اور حکمرانی کرو،، کا اٹوٹ حصہ ہے۔جسے عوام جلد اپنے طبقاتی اتحاد سے مات دیں گئے۔

مغربی ممالک میں قائم پاکستان کی مذہبی اسلامی تنظیمیں یا اقلیتی مذہبی تنظیمیں اس اسلام مخالف فلم پر اپنی فلم چلا رہی ہیں جو منافقت اور ریاکاری کی فلمیں ہیں۔یہ مغربی حکمرانوں کو بھی خوش کر رہی ہیں اور اسلام پسندوں کے حق میں بھی ہیں جس سے انکی دکانداری متاثر ہونے کی بجائے مزید چمک رہی ہے۔ایک اقلیتی مذہب کا تو بنیادی نعرہ ہی محبت سب کے لیے اور نفرت کسی کے لیے نہیں ہے۔یہ اسلام مخالف فلم بنانے والے اور اسکی کی حمائت کرنے والوں سے اور اس کے مخالفیں سب سے محبت کرتے ہیں کیونکہ انکی لغت میں نفرت کا لفظ نہیں ہے یہ ظالم سے بھی حقیقی محبت کرتے ہیں اور مظلوم سے بھی محبت کا ڈھونگ کرتے ہیں جو اپاہج اور خسی سوچ اور نظریے کا برملا اظہار ہے۔

چودہ سو سال کے بعد بھی آج تک یہ فیصلہ نہیں ہو سکا کہ مسلمان کون ہے اور کافر کون ہے نماز ٹخنوں سے اوپر شلوار کر کے ہوتی ہے یا نیچے۔نماز ہاتھ چھوڑ کر ہوتی ہے یا ہاتھ باندھ کر، عید کے چاند پر تفرقے بازی ہر بار کا معمول بن چکا ہے۔ہم کو شعوری طور پر ان غیر ضروری مسائل میں الجھا یا جا رہا ہے تاکہ مولویوں اور حکمرانوں کے مالی دھندے چلتے اور

ترقی کرتے رہیں۔ جبکہ اصل مسائل جن میں چائلڈ لیبر ، ناخواندگی ، بے روزگاری ، بجلی پانی کی لوڈ شیڈنگ ، غربت ، مہنگائی ، صحت اور علاج کی سہولتوں کا فقدان، رہائش سمیت تمام دوسری انسانی بنیادی معاشی اور سماجی محرومی کی آگ میں عوام کو آہستگی کی موت دے رہے ہیں اور یہ مذہبی اشتعال انگیزیاں جو مغرب کی طرف سے ہوں یا ملاوں کی طرف سے عوامی مالی اور سماجی عذابوں میں مسلسل اضافہ کا ہی باعث ہیں۔

مذہب ہر شخص کا ذاتی معاملہ ہے جس میں مداخلت کا کسی کو کوئی حق حاصل نہیں ہے جیسے ریاست کو یقینی بنانا چاہیے لیکن ریاست اسے خود استعمال کرتی ہے ایسی بنیاد پرست اور استحصالی حکمران ریاست سے کیا امید کی جاسکتی جو اپنے مالی مفادات کے لیے مذہب کو شعوری طور پر سماجی مسئلہ بنا کر اس کی رسوائی سے اس پرخوب دھندہ کرتے ہیں جو آج ہو رہا ہے مذہب بھی تب ہی حقیقی آزاد ہو سکتا ہے جب انسان طبقات سے پاک سماج میں قدم رکھے گا اور تمام معاشی ضرورتوں سے آزاد ہو گا تب اس کے تمام فیصلے بھی رضا کارانہ اور آزادانہ ہوں سکیں گئے اور پھر خدا بھی تمام مسائل کے حل کا ٹھیکدار نہیں رہے گا۔

اکیس ستمبر دو ہزار بارہ

ٹوٹس